AF178170

ro
ro
ro

Rowohlt Verlag GmbH, Kirchenallee 19, 20099 Hamburg

Kontaktadresse nach EU-Produktsicherheitsverordnung:
produktsicherheit@rowohlt.de

ro
ro
ro

«Die Stimmung im Land bereitet mir keine Sorge. Sie befremdet mich eher. Ich verstehe nicht, wie man Angst vor den Menschen haben kann, die hierherfliehen. Viele sehen die Geflüchteten nicht einmal; die kennen die nur aus dem Fernsehen. Was ich mich häufig frage: Wenn die Bevölkerung von allen Medien abgeschnitten wäre – würde sie merken, dass so viele Menschen hierherfliehen?

Komisch, wie abstrakt diese Angst ist. Ich will sie verstehen. Ich will endlich wissen, woher das kommt.»

Till Reiners erblickt 1985 das trübe Licht Duisburgs. Er wächst am Niederrhein auf und zieht nach Trier, um Politikwissenschaft zu studieren. 2008 entdeckt er Poetry Slam und tritt bald im gesamten deutschsprachigen Raum auf. Nachdem er 2011 sein Studium abgeschlossen hat, schreibt er sein erstes Kabarettprogramm «Da bleibt uns nur die Wut», wird dafür mehrfach ausgezeichnet und hat plötzlich einen Beruf. Im Frühjahr 2015 feiert sein zweites Programm «Auktion Mensch» Premiere. Er lebt in Berlin und wurde schon mit diversen Preisen ausgezeichnet, u. a. 2015 mit dem Deutschen Kabarettpreis (Förderpreis).

Till Reiners

Von einem, der auszog, das Fürchten zu lernen

Begegnungen mit besorgten Bürgern

ROWOHLT TASCHENBUCH VERLAG

2. Auflage Mai 2023
Originalausgabe
Veröffentlicht im Rowohlt Taschenbuch Verlag,
Reinbek bei Hamburg, September 2016
Copyright © 2016 by Rowohlt Verlag GmbH, Reinbek bei Hamburg
Umschlaggestaltung ZERO Werbeagentur, München
Umschlagabbildung Mathias Becker
Satz Scala PostScript (InDesign) bei Dörlemann Satz, Lemförde
Druck und Bindung BoD - Books on Demand GmbH, Bad Hersfeld
ISBN 978 3 499 63214 3

Inhalt

Neugier

Es ist Anfang 2016, meine Freundin und ich trennen uns. Ich sitze in einer Neuköllner Bar und lasse mich volllaufen, um mich ein bisschen wie ein Tatort-Kommissar zu fühlen, die machen das ja auch immer so.

Um mich herum haben die Menschen andere Probleme. Deren Ursprung heißt «Flüchtlingskrise», und seit einigen Wochen hat sich die Stimmung in Deutschland endgültig zugunsten derer gedreht, die keine Flüchtlinge mehr aufnehmen wollen. Das Politbarometer des ZDF veröffentlicht eine Umfrage, die besagt, dass 60 Prozent die Frage «Kann Deutschland die vielen Flüchtlinge verkraften?» mit «Nein» beantworten.

Es ist noch nicht lange her, dass die Bundesvorsitzende der *Alternative für Deutschland*, Frauke Petry, gefordert hat, dass Polizisten als «Ultima Ratio» auch auf Geflüchtete schießen sollen.

Sogar die NPD Baden-Württemberg distanziert sich von diesem Vorschlag. Die AfD rudert zurück, aber es wird klar: Die hat das eigentlich so gemeint, das war kein Versehen. Die neuesten Umfragen zeigen, dass das die AfD-Wähler nicht stört. Mit um die 12 Prozent sehen alle Umfrageinstitute die *Alternative für Deutschland* als drittstärkste Kraft im Bundestag, «wenn morgen Bundestagswahl wäre», wie es so schön heißt.

Neben mir am Tresen sitzt ein Mann Mitte 40, irgendwann kommen wir ins Gespräch. Es stellt sich heraus, dass er Israeli und Jude ist sowie Geschichtsdozent an einer deutschen Uni.

Wir sprechen über Gott und die Welt, Geschichte und Politik natürlich. Wir philosophieren über die ideale Gesellschaft, so wie Betrunkene das machen, immer etwas zu ergriffen von den eigenen Worten. Ich stelle fest, dass sich ALLES (ich werde sehr pauschal, wenn ich betrunken bin), was Gesellschaft ausmacht, auf das alte Rosa-Luxemburg-Zitat «Freiheit ist immer Freiheit der Andersdenkenden» herunterbrechen lässt, und mein Nebenmann nickt etwas zu ernst.

Irgendwann frage ich ihn, ob ihm die Entwicklung in Deutschland Angst mache. Er nickt. «Ja, na klar hab' ich Angst. Aber nicht so viel. Du solltest viel mehr Angst haben. Ich bin Jude. Ich mag die israelische Regierung nicht, ich habe meinen Wehrdienst gehasst, aber eines kann ich sagen: Wir sind wehrhaft. Gegen eine Langstreckenrakete mit Atomsprengkopf sagt man so schnell nichts. Aber du, mit dieser Rosa-Luxemburg-Einstellung, du solltest Angst haben. Dich schützt niemand.»

Na ja, denke ich am nächsten Morgen. Nee, die Stimmung im Land bereitet mir keine Sorge. Sie befremdet mich eher. Ich verstehe nicht, wie man Angst vor den Menschen haben kann, die hierherfliehen. Die Mehrheit denkt anders, seit klar ist, dass unter den Tätern in Köln Menschen «nordafrikanischer» Herkunft waren. Bei über einer Million Flüchtlingen, die pro Jahr nach Deutschland kommen, ist es doch verständlich, dass da auch Idioten drunter sind. Aber über ein Drittel der Deutschen sagen, dass sich ihr Standpunkt danach geändert habe. Warum? Ich verstehe das nicht. Ich verstehe nicht, wie einige schreckliche Bilder eine Meinung kippen können. Als wäre irgendjemand jetzt stärker bedroht als vor der Flüchtlingsdebatte! Viele sehen die Geflüchteten nicht einmal; die kennen die nur aus dem Fernsehen. Was ich mich häufig frage: Wenn die Bevölkerung von allen Medien abgeschnitten wäre – würde sie merken, dass so viele Menschen hierherfliehen?

Komisch, wie abstrakt diese Angst ist. Ich will sie verstehen. Ich will endlich wissen, woher das kommt. Wovor haben diese Menschen Angst? Und wovor haben sie wirklich Angst? Mir geht es mit besorgten Bürgern wie mit Flüchtlingen: Ich weiß, dass es sie gibt, kenne sie nur aus dem Fernsehen, denn sie leben woanders als ich, ich weiß, dass es viele sind, aber sie machen mir keine Angst.

Das liegt bestimmt auch an meiner Prägung. Meine Familie ist sozialdemokratisch, da weiß man um Gut und Böse, man ist gesellschaftskritisch, aber nicht so sehr, dass man nicht mehr Teil dieser Gesellschaft ist. Auch ich war an der Uni politisch aktiv, in Kreisen, in denen es teilweise darum ging, wer am vehementesten das Schlaraffenland einforderte, und einem der Stempel «reaktionär» auf die Stirn geknallt wurde, wenn man sich das Schlaraffenland nicht paradiesisch genug ausmalte. Etwas gegen Flüchtlinge zu haben, war außerhalb des Meinungsspektrums meiner Mitstreiter. Dass jeder Mensch Asyl bekommen sollte, war so selbstverständlich, dass man darüber nicht mehr diskutierte. Und manchmal denke ich: Ist das nicht vielleicht ein großer Fehler? Nicht mehr zu diskutieren? Wann wird eine Überzeugung eigentlich zum Lifestyle? Ist das nur noch Distinktion, sich an die WG-Tür «Refugees welcome» zu pappen? Ich bin seit einigen Jahren raus aus der Uni, aber meine Kreise haben sich nicht geändert. Ich mache politisches Kabarett, da trifft man keine Kollegen, die ernsthaft eine andere Meinung haben als ich: «Klar, wir müssen denen helfen, wer hierherflieht, der soll mit offenen Armen empfangen werden.» Die meisten meiner

Freunde wurden so sozialisiert wie ich, manchmal streiten wir darüber, wie gut oder schlecht die DDR war, versuchen das in Relation zur BRD zu sehen, und überhaupt geht es viel um Perspektivenwechsel: Hier der tolle ethische Westen, da die anderen – das ist Quatsch, das wissen wir. Diskutiert wird nur noch, wie groß der Quatsch ist. Es geht wieder nur darum, wie radikal man eine Meinung vertritt, aber die Meinung steht schon. Der Perspektivenwechsel geht nie so weit, dass jemand sagt: «Ich kann die Asylkritiker verstehen. Hier sind wir als gute Linke, dort die bösen Rechten, das ist doch auch Quatsch, da müssen wir mal die Perspektive wechseln.» Das meinen wohl auch viele Rechte, wenn sie von «Gutmenschen» sprechen: Sie nervt die moralische Überlegenheit, die Grundeinstellung, die Weisheit mit Löffeln gefressen zu haben.

Ich kann mich nicht davon frei machen. Aber ich kann es probieren. Ich will die anderen Leute mal kennenlernen, die andere Meinung hören. Denn ich habe ein Zerrbild vom besorgten Bürger – genau wie besorgte Bürger vom Flüchtling. Und wenn ich «besorgte Bürger» höre, denke ich an zahnlose Ossis, die «Ausländer raus» plärren. Besorgte Bürger stellen sich wiederum einen Flüchtling wahrscheinlich groß und durchtrainiert vor, mit Islamisten-Bart, und er klaut irgendwas, während er laut schreit: «Nix Integration, nix Integration, Allahu akbar, wollen ficki ficki machen!»

Solche Zerrbilder entstehen, weil es beides tatsächlich gibt. Ich habe sie gesehen, die zahnlose Ossi-Frau, die in die Kamera sagt: «Ich bin voller Hass!», und ich habe von dem Marokkaner gelesen, der einer Zeitung sagte, er habe an Silvester in Köln nur «ficki ficki» machen wollen. Wenn es um Flüchtlinge geht, habe ich sofort den Reflex zu sagen: Die sind ja nicht alle so. Bei den besorgten Bürgern gibt es diesen Reflex nicht. Da reagiere ich sehr viel träger; um zu relativieren, muss ich mich aufraffen. «Nee, stimmt, die sind bestimmt nicht alle so», sage ich dann und merke, wie schal das klingt, wie sehr ich den Anschein von Differenziertheit erwecken möchte.

Dabei fordern die Linken immer Empathie ein. Warum sollen wir den Flüchtlingen helfen? «Weil wir es könnten.» Das Argument ist einfach und klar. Aber muss man dann nicht auch sagen: «Wir könnten ein besorgter Bürger sein?»

«Nee, nee, die haben sich ja dazu entschieden, die Geflüchteten auszuschließen, aber die, die flüchten, haben sich nicht ausgesucht, auf der Flucht zu sein.»

Ja. Aber haben wir uns unsere Meinung ausgesucht? Was wäre passiert, wenn ich nicht in einer Sozi-Familie groß geworden wäre, sondern als Kind eines «Nein-zum-Heim»-Initiators in Heidenau? Wäre meine Meinung dann nicht eine andere? Politische Haltungen kommen mir oft vor wie eine Konfession: Man übernimmt die, die dort herrscht, wo man aufwächst.

Oder liege ich da falsch? Entscheidet man sich, wofür man steht, reflektiert man seine Herkunft so, dass das möglich ist? Halten sich Menschen, die kritisieren, dass Deutschland Flüchtlinge aufnimmt, für die «Guten»? Oder haben die Flüchtlingsgegner insgeheim ein schlechtes Gewissen, weil alle Menschen eigentlich die gleiche Vorstellung von Gut und Böse teilen? Und entscheiden sich Flüchtlingsgegner bewusst für das Böse?

Es könnte auch sein, dass ich es bin, der ein Brett vor dem Kopf hat. «Sei tolerant» – das habe ich jahrelang in meiner Blase eingetrichtert bekommen. Bin ich mittlerweile den Falschen gegenüber tolerant? Machen sich hier Leute breit, deren Einstellung ich bekämpfen würde, wenn sie Deutsche wären? Und was weiß ich eigentlich wirklich über die Menschen, die hierherfliehen? Klar, die kommen aus dem Krieg, denen muss man helfen – auf diese Lesart haben sich unsere Kreise geeinigt. Aber stimmt das? Ich habe wenig Faktenwissen darüber, wie viele Menschen aus welchen Gründen hierherkommen. Und was wollen die besorgten Bürger eigentlich wirklich? Geht's denen vielleicht um eine konstruktive Kritik an der Flüchtlingspolitik? Haben sie recht, wenn sie sich verunglimpft fühlen?

All dem will ich nachgehen. Für mich ist das eine größere Exkursion, als nach Kambodscha zu reisen. In Kambodscha weiß ich, wie ich mich den Menschen gegenüber verhalte: aufgeschlossen, freundlich. Und den besorgten Bürgern gegenüber? Ist man da «nett»? Keine Ahnung. Denn tatsächlich habe ich mich noch nie mit Menschen unterhalten, die ich rechts von der CDU verorten würde. Wie geht man mit denen um? Kann man sich verständigen, vielleicht sogar einigen? Ich will diese Leute kennenlernen. Aber wo trifft man besorgte Bürger? Wer ist denn alles besorgt? Ich mache mir einen groben Reiseplan: Zuerst will ich Pegida-Anhänger kennenlernen, weil ja dort alles begann, dann die Leute, die nicht politisch engagiert, aber besorgt sind, und zuletzt die AfD, als die Partei der besorgten Bürger. Zeit habe ich ja jetzt, ohne Beziehung.

Pegida

Bärgida: «Die Stimmung dreht sich.»

Es ist Ende März 2016, und ich bin ein besorgter Bürger. Ich mache mir nämlich Sorgen, ob meine Tarnung auffliegt. Zuerst habe ich mich für Bärgida entschieden, den Berliner Ableger der Pegida-Bewegung; das liegt nahe, weil ich in Berlin wohne.

Jeden Montag trifft sich Bärgida zum mittlerweile «64. Abendspaziergang», wie es bei Facebook heißt. Je näher der Termin rückt, desto mehr Sorgen mache ich mir, dass die Demonstranten sofort sehen, dass ich nicht dazugehöre. Deswegen kommt ein guter Freund als Beistand mit. Er fragt mich am Telefon, wie er sich anziehen solle, und ich antworte: «Deutsch!» Als wir uns am Hauptbahnhof treffen, müssen wir beide lachen: Wir tragen das Gleiche. Deutsche Kleidung ist für uns offenbar: Turnschuhe, Jeans, schwarze Jacke, eine Mütze.

Vor dem Bahnhof haben sich gegen halb sieben schon ein paar Leute versammelt, die Polizei lässt uns klaglos zu ihnen durch, am Bahnhofsausgang werden die Taschen einiger Leute mit bunten Haaren und Rastas kontrolliert – Gegendemonstranten. Zum ersten Mal habe ich das Gefühl, dass drei Parteien gegen mich sind: Die Bärgida-Leute, die Polizei und die Gegendemonstranten. Auf der Demo nimmt niemand Notiz von uns. Neben uns unterhalten sich zwei Männer Anfang 60: «Du, die halten sich jetzt bei der Berichterstattung über die AfD erstaunlich zurück. Ich habe die heute-show gesehen, die guck ich ja sonst nicht mehr, weil die so viel hetzen. Aber das war wirklich mal okay. Sogar der Böhmermann hat sich zurückgehalten. Die wissen wohl, wer bald der neue Herr ist.»

Ich weiß, auf welche Sendungen er sich bezieht: In der heute-show gab es einen Einspieler über eine Parteiveranstaltung in Magdeburg, in der die Moderatoren quatschige Antworten von AfD-Anhängern zusammengetragen hatten, lustig, aber nicht böse. Jan Böhmermann meinte: «Die AfD ist 'ne Partei wie jede andere, das hab ich ja schon immer gesagt.» Am Ende der Show sang er allerdings ein Lied namens «Frühling für Frauke und Beatrice», es wurden Fahnen im Stile der Hakenkreuzfahnen entrollt, nur statt des Hakenkreuzes prangt das geschwungene AfD-Zeichen auf weißem Kreis. Ich finde das nicht zurückhaltend.

Aber die Wahrnehmung, auf die man sich hier einigt, ist eine andere. Auch der erste Redner spricht davon, dass der Wind sich gedreht habe und manche Medienvertreter jetzt von der AfD sogar als Opposition sprächen. Nach zweistelligen Ergebnissen in Sachsen-Anhalt, Rheinland-Pfalz und Baden-Württemberg sieht man sich auf der Siegerstrecke. Dass nur 50 Personen gekommen sind, ist kein Grund, an der kommenden Überlegenheit zu zweifeln. Eine Mauer dient als Bühne, es sind vier Boxen aufgebaut, im Hintergrund ist der Reichstag, und im näheren Hintergrund stehen ähnlich viele Gegendemonstranten. Beide Gruppen sind mit Zäunen abgeschirmt, ein paar Polizisten stehen davor; sie scheinen sich darauf zu verlassen, dass kein Demonstrant zur anderen Veranstaltung durchbrechen möchte. Es geht los, der Versammlungsleiter begrüßt die Anwesenden, allerdings setzt das Mikrophon immer wieder aus, neben mir macht ihm jemand

Mut: «Egal, red' einfach laut.» Der Redner redet lauter, aber die hinteren Reihen bekommen nichts mit, nach einer Weile wird dem Versammlungsleiter ein Megaphon gereicht. Es ist jetzt laut genug, aber undeutlich, trotzdem lässt sich niemand durch technische Widrigkeiten aus der Ruhe bringen; wie fiebern alle mit, dass unser Mann nicht den Faden verliert. Er ist tapfer und kündigt schnell den Hauptredner an. Als er die Bühne, also das Mäuerchen betritt, pfeift die Gegenseite und ruft «Alerta, alerta, antifascista!»

«Mehr habt ihr nicht drauf?», brüllt jemand aus dem Bärgida-Publikum zurück. Beide Parteien wirken in ihrer Aufregung routiniert. Der Mittfünfziger auf der Mauer ruft mit rheinischem Singsang ins Mikro, dass «noch vor Sommer» ein Flächenbrand in Deutschland ausbräche. Es wirkt, als glaube ihm das hier niemand, aber man honoriert seinen Elan mit Applaus, die meisten schauen die ganze Zeit zu ihm. Er ist eine «aparte Erscheinung»; seine langen schwarzen Haare kräuseln sich unter einem Zaubererhut, und man weiß nicht, wo das Haupthaar endet und der zerzauste Vollbart anfängt. Dazu trägt er einen langen schwarzen Mantel. Er sieht aus wie eine verlebte Version von Gandalf. Eigentlich könnte er auch gut auf der Gegendemo reden: ein leicht verwirrter Rollenspieler, immer etwas zu uncool und zu nervig für alle, aber im Herzen ein netter Kerl. Anscheinend bemüht, diesen Eindruck sofort zu zerstreuen, dreht er sich zu den Gegendemonstranten und schimpft, dass die «vom Staat alimentiert» seien, dass die meisten von denen wohl Hartz IV kriegen würden. «Die rufen ‹Deutschland abschaffen›, aber in einem neuen Deutschland ginge es denen an den Kragen!»

In der DDR-Diktatur seien solche Leute als das bezeichnet worden, was sie sind: als Asoziale! Applaus. Auch von uns. Bloß nicht auffallen, ich bin immer noch etwas paranoid. Mein Freund ist es wohl auch, deswegen klatschen wir immer etwas zu überschwänglich. Das erste Mal, als ich klatsche, ekele ich mich vor mir selbst. Dann aber kommen wie beide gut rein. Man kann ansonsten auch nichts tun, es ist kalt, und das Klatschen ist einer der wenigen Momente, in denen wir interagieren. Irgendwann lässt sich mein Freund sogar zu einem «Jawohl!» hinreißen, und als wir nach einiger Zeit «Merkel muss weg!» skandieren, geht mir das sehr gut über die Lippen.

Was genau der Redner sagt, ist wirklich schwer wiederzugeben. Zuerst geht es sehr lange um die Gegendemonstranten, dass man durch sie Woche für Woche Mut schöpfe, dass man genau wegen denen hier stehe, dass sie eigentlich aber auch gar nicht wichtig seien. Das wird sehr oft betont, und ich bin erstaunt, dass sich viele der Teilnehmer offensichtlich sehr über die Gegendemo ärgern. Irgendwann schallt laut «Say it loud, say it clear, refugees are welcome here» herüber. Bukowski-Gandalf reagiert darauf: «Es geht eben nicht darum, dass wir gegen Flüchtlinge sind. Es geht darum, dass Deutschland wieder ein souveräner Staat wird.»

Warum Deutschland das nicht ist, wird nicht ausführlich erklärt, aber der Redner gibt Hinweise: Lobbyismus, Abgehobenheit der Politiker. Er zeigt auf das Kanzleramt und ruft: «Die wissen doch gar nicht mehr, wie viel ein Liter Milch oder ein Pfund Butter kosten! Die wissen nur noch, wie viel sie kosten!» Seine Stimme zittert vor Wut, und die Emotion kittet kleinere Sinnlücken. Gemeint ist natürlich: Die machen sich die Taschen voll, ohne ans normale Volk zu denken. Außerdem geht es gegen Amerika. Merkel stecke im Arsch der Amerikaner, wie die NSA-Affäre gezeigt habe. Dass man sich sicher sein könne, dass diese Veranstaltung auch mitgeschnitten würde, dass jeder, der ein Handy besäße, auch überwacht würde. Ich denke allerdings, dass 50 Bärgida-Leute nicht besonders spannend für Sicherheitsbehörden sind. Das stört hier aber niemanden – man versteht sich als historische Bewegung. Der Redner zitiert zwischendurch Jesus und Lenin, trägt alles frei vor, und obwohl er sich selten verspricht, reißt seine Rede niemanden richtig mit. Zum Schluss ruft er zum Generalstreik auf und wirkt wirklich fasziniert von seinem eigenen Gedanken, dass, wenn keiner mehr Steuern zahlt und keiner mehr arbeitet, alles zusammenbricht. Bei allem Wohlwollen wird pflichtschuldigst applaudiert. Zu sehr merkt man, dass da einer einfach nur gerne vor Leuten steht und erzählt, was ihm so einfällt. Immer mal wieder laufen Touristen durch die Menge, irritiert davon, was hier stattfindet. Die Gegendemonstranten gehen nach einer halben Stunde. «Für mehr Zeit sind sie wohl nicht bezahlt worden», sagt jemand aus unseren Reihen. Ich bin neidisch auf die Linken.

Früher wurde bei uns auf dem Dorf immer eine kleine Kirmes aufgebaut, ein Karussell, zwei Losbuden, ein Angelstand (die mit den magnetischen Fischen, die größte Abzocke von allen, bloß nie machen!) und drei Fressbuden. Selbst als kleines Kind merkte ich: Das ist keine richtige Kirmes, das ist die Idee einer Kirmes. Bei Bärgida kann man erahnen, wie groß es sein könnte: mit mehr Leuten, mit anderen Rednern, wie geil es wäre, wenn es nicht hier in Berlin wäre. Hier stehen die Leute, die es nicht nach Dresden, Halle, Leipzig geschafft haben. Es ist eine Werbeveranstaltung für ebendiese Städte, ein Schnupperstudium. Es kommt mir vor, als würde ich zwei Stunden lang einen Trailer gucken.

Redner Nummer drei liest eine auf Deutsch übersetzte Rede von Victor Orbán vor, die dieser am 15. März, also ein paar Tage zuvor, gehalten hatte. Jetzt geht es endlich gegen Flüchtlinge. Victor Orbán sagt, dass die meisten Menschen, die nach Europa fliehen, gar keine richtigen Flüchtlinge seien. Dass Europa seine Nationalstaaten abschaffen würde, dass man sich nicht alles von Brüssel diktieren lassen dürfe. «Sollen wir Sklaven sein, oder sollen wir frei sein? Keine Freiheit ohne Wahrheit. Heute ist es in der EU verboten, die Wahrheit zu sagen.»

Ich blicke mich um. Es gibt ordentlich Applaus, an vielen Stellen. Hier kann sich niemand leisten, nicht zu klatschen – es sind einfach zu wenige Menschen. Der Altersschnitt liegt weit über fünfzig, nur ein paar schwarz angezogene Jugendliche, sie sehen aus wie Hooligans oder Nazis, senken den Altersschnitt. Ansonsten sind die alten Männer in der Überzahl, manche in Begleitung ihrer Frauen; sie wirken, als seien sie froh, mal unter Leute zu kommen.

Langsam erkenne ich den ideologischen Kitt der Redebeiträge. Was man eigentlich will, ist die Renaissance des Nationalstaats. Dass sich die Staaten wieder allein um ihre Angelegenheiten kümmern. Alle Parteien, die EU-freundlich sind, werden als korrupt angesehen. Man glaubt, dass die Menschen, die hierherfliehen, mehrheitlich Böses im Sinn haben. Immer wieder ist natürlich von Ungarn die Rede. Dafür, dass man so viel auf Deutschland hält, ist man ganz schön international aufgestellt. Es sind fünf deutsche Fahnen zu sehen, eine mit einer Rune, dem Zeichen der «Identitären», einer neorassistischen Strömung, eine schwarz-weiß-rote Reichsflagge und auch zwei russische. Nach einer knappen Stunde sind alle durchgefroren, der Versammlungsleiter tritt noch mal ans

Mikro und fordert die «lieben Patrioten» auf, zur Friedrich-straße zu fahren, um von da aus Merkel einen Besuch abzu-statten, also friedlich in der Nähe ihrer Wohnung vorbeizulau-fen, wie er betont. Meinem Freund und mir ist zu kalt, und wir gehen nach Hause. Wahnsinn, diese eigene Welt. Noch aber habe ich wenig verstanden. Ich weiß auch nicht, wie repräsen-tativ diese 50 Leute sind, wie vernetzt das Gedankengut der Pegida-Bewegung ist – das sind diejenigen, über die so viel geschrieben wurde? Von den Ängsten der Menschen habe ich wenig gespürt. Ich habe den Ausschnitt eines Weltbildes ken-nengelernt, das mir fremd ist. Aber ich habe nicht erfahren, wovor sich die Menschen fürchten; alles wirkte merkwürdig weit weg, zu verkopft. Ich fühle mich, als hätte ich einen lan-gen Arthouse-Film gesehen, bei dem ich nachlesen muss, was er mir sagen will. Ich muss mehr von denen sehen, um zu verstehen. Also nicht die Arthouse-Filme, das habe ich schon vor Jahren aufgegeben, sondern mehr Pegida, aber diesmal im großen Kino: Ich muss nach Sachsen.

Legida: Angst ist ein Allesfresser

Ich starte in Leipzig, denn einige Tage nach meinem Bärgi-da-Besuch erscheint ein großer Artikel im *Tagesspiegel*. Es geht darin um Legida, den Leipziger Pegida-Ableger. Man erfährt, dass am 11. Januar, dem Jahrestag von Legida, das linke Vier-tel Connewitz in Leipzig von 250 Hooligans demoliert wurde, in einer Straße wurden Scheiben eingeschlagen. Es ist unge-wöhnlich, dass es in Leipzig rechte Gewalt gibt, weil die Stadt lange Zeit im Vergleich zu Dresden als weltoffener galt, und als genauso ungewöhnlich wird die Hartnäckigkeit von Legida herausgestellt. Der Autor des Artikels endet etwas ratlos mit der Suche nach Gründen, warum auch in Leipzig solch eine Bewegung entstehen kann, die sich so standhaft hält wie in Dresden – wenn auch auf niedrigerem Niveau.

Also fahre ich nach Leipzig und mache mir selbst ein Bild. Wieder will ich bei den Demonstrierenden mitlaufen und am liebsten mit jemandem ins Gespräch kommen, fragen, wovor die Menschen Angst haben und was der Kern ihres Weltbildes ist. Ich schlafe bei Freunden, und als ich ihnen erzähle, was ich vorhabe, sind sie besorgt. «Ich würde mich das nicht trauen», sagt mein Freund, und seine Freundin fügt hinzu: «In Leipzig sind die schlimmer als in Dresden, weil hier so viele Hooligans mitlaufen.»

Angespannt fahre ich zum Hauptbahnhof. Auf dem Weg dorthin sehe ich bereits unzählige Mannschaftswagen der Polizei und abgesperrte Straßen. Diesmal wäre es wirklich nicht gut, wenn ich auffliege. Meine «Tarnung» ist die gleiche wie in Berlin: Ich trage eine Jeans und eine alte Kunstlederjacke, die ich in einem Army Store gekauft habe. Schon von weitem sehe ich die Gestalten vor dem Treffpunkt und atme auf: So viele sind es überhaupt nicht, ich hatte mir ein Pulk von aggressiven Hooligans ausgemalt. Die gibt es zwar auch, aber es überwiegen die normal Gekleideten. Generell gilt: Je älter, desto unscheinbarer sehen sie aus, die jüngeren sind eindeutiger der rechten Szene zuzuordnen. Schwarze Pullover, New-Balance-Turnschuhe, Jeans, Böhse-Onkelz-Pullover (Wahnsinn, dass es die immer noch gibt), viele Deutschlandfahnen, ein paar tragen sogar Legida-Shirts, über einen dicken Männerbauch spannt sich ein T-Shirt mit der Aufschrift «Wir sind das Pack». Ich stehe mutterseelenallein in der riesigen Bahnhofshalle und tue so, als würde ich auf jemanden warten. Neben mir steht ein junger Typ, der auch wartet, und ich frage ihn, wann es denn losgehe. «Was denn?», fragt er zurück. Oh Gott.

«Na, die Legida-Demo», sage ich.

«Achso, nee, ich warte hier nur auf jemanden.»

«Achso.»

«Meine Meinung ist: Ob Antifa oder Legida, das sind beides Idioten.» – «Ah», sage ich und stelle mich woandershin. Das hat ja prima geklappt, das mit dem Ins-Gespräch-Kommen. Eine Gruppe Männer und Frauen steht jetzt neben mir, und ein südländischer Tourist mit starkem Akzent fragt sie, was das denn hier für eine Versammlung sei. «Legida», antworten sie. «Ahhh, Pegida», lächelt er, glücklich, das Wort schon einmal gehört zu haben. «Nee», korrigiert ihn eine Frau mit lila Haaren, «Legida, wie Pegida, aber in Leipzig heißt es Legida.»

«Ah», sagt er und fragt interessiert weiter, worum es denn ginge. Die Frau erklärt, dass sie gegen kriminelle Ausländer seien und gegen Islamisten und dass er gerne mitkommen könne. Er kommt nicht mit, und man sieht ihm an, dass er überhaupt nicht versteht, was hier passiert. Als ginge es mir anders.

Der Zug kommt endlich in Gang. Wir gehen geschlossen zum Versammlungsplatz, eskortiert von der Polizei. Viele sind wir nicht, «aber auch nicht zu wenige», denke ich ernsthaft. «Sähe ja sonst peinlich aus.» Was mir sowieso schon peinlich ist, müssen wir ja wenigstens nicht noch mit peinlich wenigen tun.

Später wird von 500 Teilnehmern gesprochen werden. Der Platz ist umgeben von Eisengittern und Polizisten, dahinter machen die Gegendemonstranten beeindruckenden Lärm. An den Seiten der Bühne werden zwei große Lautsprecher aufgedreht. Es erklingt der Pegida-Song. Ja, es gibt einen Pegida-Song. Der Refrain: «Wiiiir sind das Volk. Wir lassen uns nicht mehr spalten von den feigen Gestalten.» Es ist wirklich eine eigene Welt. Es gibt einen eigenen Song, T-Shirts und sogar eine eigene Zeitung. Ein älterer Herr stellt sich zu mir und sagt mir, ich müsse unbedingt das Magazin *Compact* lesen. «Die schicken sich an, der neue *Spiegel* zu werden. Kann man hier überall kaufen.» Das Pegida-Fanzine. Eigentlich brauchen die nur noch ihre eigene Währung. Ach ja, gäbe es ja: D-Mark.

Ein Mann im Sakko, Anfang 50, betritt die Bühne. Er heißt Nikos und geleitet durch den Abend, wenn man so will. Er stellt sich vor: «Mein Name ist Nikos, ich komme aus Dresden, mein Name verrät: Nikos hat 'n griechischen Hintergrund, ich weiß also, wenn's ums Thema Migration geht, woher das kommt, wie das vonstattengeht.»

In der öffentlichen Ankündigung wurde versprochen, dass man auch «drei sehr gute Redner» hätte. Und dass man doch bitte Leute mitbringen solle. Es klingt etwas verzweifelt. Nikos ist aber guter Dinge und kündigt den ersten Redner an: Simon, der «die Thematik Kriege und Geostrategie bearbeiten wird».

Ich merke, wie schwierig es ist, über die Gedanken der Pegida-Welt zu berichten. Das liegt zum einen an den Reden. Zwischen den Thesen liegen oft gewaltige Gedankensprünge. Das liegt zum anderen an mir. Diesen Teil des Kapitels musste ich dreimal neu schreiben, bis ich zufrieden war, weil ich zwei Versuchungen erlegen bin – zuerst der Versuchung, mich lustig zu machen. Legida macht es einem leicht. Spätestens, als

Nikos aufzählt, wo die angeblich 200 weitere Pegida-Ableger stattfinden, kann ich mir ein Grinsen nicht verkneifen. Er liest mit salbungsvoller Stimme die Orte der Bewegung vor, als werde man hier und jetzt gerade Zeuge eines historischen Ereignisses. Es sind unzählige Käffer, von denen ich noch nie gehört habe. Gleich viermal werden Stadtteile von Dresden genannt. Der Gegensatz zwischen Tonfall und Inhalt der Rede ist ungefähr so, als ob der Brautvater die Hochzeitsgesellschaft großzügig zum Essen einlädt und dann sagt: «Aber jeder nur einen kleinen Salat.»

Die Leute hier essen auch den kleinen Salat mit großer Geste, über allem liegt eine schwere Feierlichkeit, und die bierernste Stimmung schreit danach, gebrochen zu werden. Der Kabarettist in mir fühlt sich, als würde die ganze Zeit jemand mit einem großen Lolli vor meiner Nase wedeln.

Die zweite Versuchung ist, alles gleich zu kommentieren. Denn es gibt einen anderen Teil in mir: Zeigefinger-Till! Zeigefinger-Till mahnt, warnt, differenziert und weiß es besser. Zeigefinger Till streicht die «kruden Thesen» mit Rotstift an, «krude», das ist Zeitungsdeutsch – und das sagt euch: Zeigefinger-Till liest Zeitung, er weiß ganz viel und eines sowieso: Er hat recht und die Pegida-Leute nicht.

Beide Versuchungen sind kontraproduktiv. Ich habe fast Mitleid, wenn der zwanzigste Reporter auf einer Pegida-Veranstaltung Verarschungsfragen stellt. Und wenn in Talkshows AfD-Politiker abgebügelt werden, sieht vor allem der schlecht aus, der abbügelt. Ein Taxifahrer sagte neulich zu mir: «Ich finde oft unfair, wie mit der AfD umgegangen wird.» Ich dachte, er wäre Sympathisant, aber er meinte dann: «Ich komme politisch wirklich von der anderen Seite. Ich bin Punkrocker. Früher war ich richtiger Punk. Aber ich bin dann irgendwann ausgestiegen. Weil ich gemerkt habe: Eigentlich bin ich der Spießer. Wir waren nur besoffen und hatten recht, das war bequem, aber du merkst irgendwann, das stimmt nicht.»

Haben wir doch mal kurz nicht recht und lachen mal nicht aus. Es gibt zwar gute Gründe, diesen Versuchungen nachzugeben. Aber verarschen hilft nicht, um zu verstehen, recht haben schon gar nicht. Und wie viel Kommentar braucht man? Warum schreiben, wie die Musik ist, wenn man sie auch gleich hören kann? Also: Machen wir uns locker und hören zu.

Ich will ein gelehriger Schüler sein, gerade auch, weil ich hier neu in der Klasse bin. Also, Hefte raus, Diktat, ich klebe wie ein Streber an den Lippen meines Lehrers.

Der heißt jetzt Simon, ist schwarz gekleidet und trägt eine große Sonnenbrille. Er wettert gegen die internationalen Finanzmärkte und den Kapitalismus. «Viele glauben ja, sich eher vorstellen zu können, es gäbe einen Kapitalismus ohne Erde, als sich vorstellen zu können, dass es auch eine Erde ohne Kapitalismus geben könnte.»

Ich klatsche das erste Mal, zuerst, um nicht aufzufallen, dann, weil ich, tja, es eigentlich ganz gut finde. Ich denke an den Chef der Herkuleskeule, dem Kabaretthaus in Dresden, der mir sagte: «Am Anfang, als es mit Pegida losging, war ich bei der Gegendemo. Und da hatte ich das Gefühl, dass ein Teil von mir auf die andere Seite gehört.» Ich kann das verstehen. Ich höre erleichtert zu, denn der Sound ist mir vertraut, ich komme mit.

Allerdings ist Nikos mit der Kapitalismuskritik nicht einverstanden und sagt dazu: «Kapitalismus ist vordergründig ein Wirtschaftssystem. Und das Wirtschaftssystem Kapitalismus ist das, was den Naturgesetzen gerecht wird. Das, was wir nicht zulassen werden, sind Ideologien. (...) Unser Protest richtet sich gegen die Pervertierung der Demokratie. Gegen die Parteien und die Mediendiktatur.»

Ich streiche das mit «gegen den Kapitalismus» in meinem imaginären Collegeblock und ergänze, was Nikos gesagt hat.

Aber zurück zu Simon, der ruft: «Wir erleben dieses System (...) als die mafiöse Zusammenrottung von Superreichen, die sich über ihre Banken abhängige Parteien geschaffen haben, die sich über die Presse die willkürliche Manipulation der öffentlichen Meinung leisten können oder eben die über die Rüstungskonzerne gigantische Profite generieren vorbei an den Lebensinteressen der breiten Masse unserer Völker.»

Ich merke, dass es jetzt schwierig wird; ich muss mich sehr konzentrieren, um die Kausalketten zu verstehen und zu behalten. Wenn mich jetzt jemand beobachten würde, sähe er jemanden, der Augen und Stirn zusammenkneift und starr auf den Redner blickt, wie ein Verliebter, der nicht lächelt. Man könnte mich durchaus für einen Verrückten halten, der sich verlaufen hat. Oder sich nicht verlaufen hat, je nach Standpunkt. Egal, ich muss mich jetzt konzentrieren, denn schon ist das nächste Thema dran, es geht um Terror: «Sie erklären uns ständig ‹Wir stehen im Krieg›. Die ganze Gesellschaft soll permanent in Kriegsbereitschaft versetzt werden. Ein endloser Krieg ist uns angekündigt worden mit dem sogenannten Krieg gegen den Terror. Der Terror selbst aber ist nichts anderes als eine Kriegsstrategie, und eine Kriegsstrategie kann man akzeptieren oder nicht, aber man kann eine Strategie niemals besiegen.»

Das ist mir wieder vertraut. Das kenne ich von Linken und Superlinken. Konservative reden vom Terror, nur um noch ein «Sicherheitspaket» mehr durchzudrücken, mehr Bürger zu überwachen und pauschal zu verdächtigen. Ich blicke mich um. Wie reagieren die anderen? Ich habe das Gefühl, sie haben so oft gehört, was da geredet wird, dass sie nicht mehr aufmerksam sind. Die meisten applaudieren in längeren Redepausen oder wenn ihnen ein Schlagwort gut gefällt. Wieder andere reagieren gar nicht, ein Mann schräg neben mir sagt manchmal «Na ja».

In den ersten Reihen sind einige Eifrige dabei, die auch mal ein «Jawohl!» rufen oder «Genau» oder «Pfui», wenn sie zeigen wollen, dass ihnen etwas genauso missfällt wie dem Redner. Die Eifrigen kenne ich auch von den Demos, an denen ich teilgenommen habe. Wenn ein NPD-Aufmarsch angekündigt war, ging man mit zur Gegendemo. Ich tat das immer aus Pflichtgefühl, nie aus Begeisterung. Aber die Begeisterten gab es eben auch. Die, die etwas ins Megaphon brüllten, die Sprechchöre anstimmten, trommelten oder pöbelten. Das habe ich nie gefühlt. Ich kann mich aufregen, wenn Nazis Hassparolen verbreiten, wenn ich sehe, wie sie andere Menschen schlagen, aber nicht, wenn sie bloß da sind. Ich weiß, dass es Nazis gibt, aber deswegen schreie ich nicht jeden Tag. Dadurch haben Demos oft etwas Rituelles für mich, so wie Karneval. Da verabredet man sich zum Gute-Laune-Haben, auf Demos zum Dagegen-Sein. Das ist wichtig, aber um mitzuschreien, müsste ich eine Gefühlskonserve aufmachen.

Mein Eindruck ist: Den meisten auf dieser Seite geht es wie mir. Wie soll man auch zu all dem ein konkretes Gefühl bekommen? Globalisierung, Atomkraftwerke, Terror. Die meisten stehen hier aus Pflichtgefühl, und ab und an macht sich jemand eine Gefühlskonserve auf. «Jawohl!»

Die Gegenseite hat vor Augen, was sie ablehnt, jeder Wortfetzen, der von Simons Rede herüberschallt, peitscht sie höher, und man merkt: Das hier nehmen viele persönlich, es geht darum, wem die Stadt gehört. Um uns herum toben Pfiffe, Sprechchöre, es wird getrommelt und ununterbrochen gelärmt.

Simon redet ungerührt weiter: «Ziel des Terrors sind mittlerweile nicht nur europäische Städte, sondern unter anderem auch Atomkraftwerke.»

Das war ein Abzweig, den ich nicht erwartet hätte. Ich dachte, Simon setzt an, um gegen Überwachung zu wettern. Stattdessen geht es jetzt um die Folgen von Fukushima und über Atomkraft im Allgemeinen:

«Dieses Risiko geht man bewusst ein, auch wenn man die Kosten für diese Technologie weit in die Zukunft verschiebt und heute für uns unkalkulierbare Risiken schafft, nicht nur indem man dem Terror freien Raum lässt. Sondern in dem man auch solche sehr anfällige und störfällige Technologie weiterhin forciert und nutzt, um Profite zu generieren für eine kleine Clique von Superreichen.»

Applaus. Ich merke, dass ich mir Mühe geben muss, um mitzukommen. Ich weiß nicht mehr, in welcher Klasse ich bin, geschweige denn, welches Fach wir haben. Aber es geht schon weiter, Thema ist jetzt die Souveränität Deutschlands: «Wir haben in unserer Heimat als Zeichen unserer Besatzung über 200 Atombomben stationiert. Es gleicht ja fast der Ironie der Geschichte, dass diese möchtegernsouveräne Bundesrepublik noch nie einen souveränen Regierungschef hatte, der das ablehnte, wie zum Beispiel es sich ein Erich Honecker geleistet hat, der im Jahre 1984 sagte: Das Teufelszeug von Ost und West, das brauchen wir von beiden Seiten nicht. Wo ist denn diese Courage unter diesen Politikerdarstellern in der Bundesrepublik jemals gewesen?»

Erich Honecker wird zitiert! Bei Legida ist für alle etwas dabei. Auf dem Banner an der Bühne steht: «Nicht Rechts. Nicht Links». Die Querfront-Strategie, also der Zusammenschluss von Links- und Rechtsextremen ist ein Ziel der Legida-Bewegung. Sogar die Aktivistin und Leipziger Linken-Politikerin Jule Nagel ist anfangs gefragt worden, ob sie nicht bei Legida reden möchte (sie lehnte ab). Simon kommt jetzt richtig in Fahrt: «Was sind die hierzulande mit den Kriegstreibern Operierenden denn anderes als Schakale und Hyänen eines internationalen Finanzkapitals?»

Mir raucht der Kopf, ich denke daran, was Nikos zu Beginn der Veranstaltung sagte: «Die Gesellschaft radikalisiert sich von Tag zu Tag. Und wenn nicht dringend etwas dagegen getan wird, dann wird Bürgerkrieg die schlussendliche Konsequenz sein. Und verdammt noch mal genau das wollen wir nicht. Wir wollen keinen Bürgerkrieg in Deutschland!»

Nach einer halben Stunde warte ich darauf, dass wir endlich losgehen.

Alle Redner, die ich bisher erlebt habe, konnten sich nicht kurz fassen. Das liegt auch daran, dass alle frei vortragen und sich nicht an ein Skript halten. Irgendwann gibt Nikos ein Zeichen, dass man jetzt mal losmüsse. Es ist kurz vor acht, endlich.

Der Tross setzt sich in Bewegung. Links von uns toben die Gegendemonstranten, die Polizei hält sie zurück, und eine Gruppe von Polizisten eskortiert uns. Ich bin froh, dass sie da sind. Zweimal versuchen Linke vergeblich, unseren Zug zu stürmen. Es wird langsam dunkel, und viele haben entlang der Strecke Lichter angezündet. «Haut ab!», schreien sie, und wir schreien: «Wer Deutschland nicht liebt, soll Deutschland verlassen.»

Die Gegendemonstranten sind etwa drei- bis viermal so viele wie wir. Ich bin beeindruckt und gerührt, darf mir das aber nicht anmerken lassen und gucke starr auf den Boden. Über mir erschallt eine Trompete. Wir passieren die Hochschule für Musik und Theater, jemand spielt aus einem der höheren Stockwerke. Ich erkenne die Melodie nach einiger Zeit: Es ist «Bella Ciao», ein Partisanenlied gegen die spanischen Faschisten. Es gibt eine Version von Konstantin Wecker, die ich sehr mag und schon oft mitgesungen habe. Ich bekomme politisches Heimweh, und mir kommt in den Sinn, was der Kabarettchef Schaller noch sagte: «Aber dann wurde dieser Hass auf Ausländer so groß, dass einer auf der Pegida-Tribüne bedauerte, dass es keine KZs mehr gibt. Und da muss ich allen, die da mitlaufen, sagen: Ich habe doch eine Verantwortung, wem ich da hinterherlaufe. Von Pegida-Anhängern hört man häufig: Es ist egal, was dort vorne gesagt wird, es ist der einzige Ort, wo ich meinen Protest anmelden kann, wo ich andere um mich habe, die so denken wie ich.»

Schaller meint den Auftritt des Autors Akif Pirinçci, für den sich Pegida-Gründer Bachmann im Nachhinein entschuldigte. Eine komische Einstellung: «Hier fühle ich mich wohl, egal was die auf der Bühne sagen.» Ich fühle mich überhaupt nicht wohl. Am liebsten würde ich jetzt über die Absperrung springen und mich zu den Gegendemonstranten stellen. Egal, weiterlaufen, Fresse halten, denke ich und zünde mir noch eine Zigarette an, obwohl mir längst schlecht ist vom Rauchen.

Nach einiger Zeit dreht unsere Gruppe wieder um, und es geht zurück zum Versammlungsplatz. Als wir dort ankommen, skandieren die vorderen Reihen: «Eins, zwei, drei – danke Polizei.»

Das war schon immer eine Strategie von Pegida: sich gut stellen mit der Polizei. Lutz Bachmann hat direkt am Anfang der Polizei gedankt und den Schulterschluss gesucht. Die, die nerven, sind die Linken, das sollte die Botschaft sein.

Jetzt allerdings sind wir wieder auf dem Platz, sicher abgeschirmt von den Gegnern. Von allen fällt Anspannung ab. Ich kaufe mir am Legida-Getränkestand eine Fanta, neben mir steht ein Teilnehmer und bestellt Bier für seine Truppe. «Willste auch eeens?», fragt er. «Nee, danke», antworte ich reflexhaft, weil ich keine Lust auf Bier habe, und ärgere mich im gleichen Moment. Mist. Das wär die Gelegenheit gewesen, ins Gespräch zu kommen. Ich sollte selbst mal einen Versuch starten. Aber wie anfangen? «Na, auch gegen Flüchtlinge?» Mist, Mist. Ich trinke betrübt meine Fanta.

Der Song wird noch einmal gespielt, es geht weiter. Nikos moderiert jemanden an, der einfach nur «Der Lange» genannt wird. Er ist von der Bürgerinitiative «Roßwein wehrt sich gegen Politikversagen». Es geht gegen Angela Merkel, gegen den Leipziger Oberbürgermeister und gegen den Leipziger Polizeichef, der sich kritisch über Legida geäußert hat. Dann ist das Thema Flüchtlinge dran. «Diese sogenannten Linken sind dabei, unsere ganzen Sozialkassen an die ganze Welt zu verschenken.» Einige aus dem Publikum skandieren «Volksverräter, Volksverräter», der Lange hält kurz inne. Dann spricht er von 50 Milliarden im Jahr, die die Flüchtlinge kosten würden.

Schon vorher hatte Nikos diese Zahl genannt, nachdem er vorgerechnet hatte, wie viele Flüchtlinge überall unterwegs seien:

«Nimmt man mal nur an, was aktuell wanderungswillig ist, dann sind das 540 Millionen Menschen. Und davon sind schon 60, 70, 80, 100 Millionen unterwegs. Wie viel Einwohner hat Europa? Ungefähr 500 Millionen. Wie viel Einwohner hat Deutschland? 82 Millionen aktuell. Okay, Frau Merkel sagt, ‹kommt alle her›. Das sind knallharte Zahlen, mehr ist das nicht.»

Und knallhart geht es weiter mit Zahlen: «Wie viele sind echte Flüchtlinge? 1, 2 Prozent, das wissen wir, das ist Statistik. Ilse Aigner hat so nebenbei gesagt, dass 90 Prozent von den Migranten nicht für unseren Arbeitsmarkt zur Verfügung stehen, weil sie einfach ungeeignet sind.»

Der Lange greift diese Zahlen auf und rechnet vor: «Gleichzeitig stand in der Zeitung, es ging um die Rentenreform für die Geringerverdienenden, um die Mindestrente, dort reden wir von 180 Millionen; 180 Millionen! Und da wurde gesagt: nicht finanzierbar. 180 Millionen haben wir nicht, aber 50 Milliarden haben wir – findet den Fehler im System!»

Die, die den Fehler gefunden haben, sind hier und stehen in Grüppchen herum. Ein Gemeinschaftsgefühl strahlen vor allem die Hooligans aus. Hier ist die Stimmung gut, man merkt: Die Jungs (ich entdecke keine Frau) fühlen sich zu Hause, auch wenn sie sich kaum für das interessieren, was da geredet wird. Sie wirken geschäftig, als seien sie beim Betriebsausflug. Darüber hinaus gibt es hier viele, die gekommen sind, um gemeinsam allein zu sein. Es ist eine merkwürdige Atmosphäre, die ich nirgends zuvor so wahrgenommen habe.

Auch wenn die Stimmungslage bei Demos gegen rechts

unterschiedlich ist, gibt es ein großes «Wir»-Gefühl; man fühlt sich verbunden in dem Glauben, das Richtige zu tun, und hat sowieso an der Uni, auf Partys, auf der Arbeit, im Viertel miteinander zu tun. Hier hat man sonst nichts gemeinsam. Oder zumindest selten. Die Masse ist merkwürdig schweigsam, fast apathisch, kaum offen.

Ich sehe jemanden, der allein herumsteht, er ist in meinem Alter. Er blickt sich unsicher um, als schäme er sich, alleine zu sein, irgendwann setzt er sich in meine Nähe. Ich spreche ihn an, frage, wie lange die Veranstaltung geht, ob er auch das erste Mal hier ist, wer redet.

«Weiß nicht.» «Ja.» «Weiß nicht.»

Okay, muss ja nicht. Dass hier die Stimmung so gedämpft ist, liegt wahrscheinlich daran, dass ich nicht beim Original bin, stelle ich später fest, als ich mit Pegida-Forscher Prof. Werner Patzelt rede. Er ist der Überzeugung: «Leipzig ist ziemlich schnell in rechte Hände geraten, weil die ganz Normalen dieses Spießrutenlaufen in Leipzig nicht mehr mitmachen wollten. In anderen Städten [als Dresden] ist die Bewegung sehr schnell von Rechten unterwandert worden.»

Den jetzigen Redner ärgert es offenbar, dass so wenige zu Legida kommen. Er richtet an die Zuhausegebliebenen die Frage: «Wovor habt ihr Angst? Wenn du Angst hast, dann fahr irgendwohin, wo eine sichere Demo ist.»

Spannend: Hier gelten die als ängstlich, die zu Hause bleiben, die Mutigen sind hier. Immer mehr Menschen gehen, der Abend wird jetzt wirklich zäh, viele haben sich bereits an einen der Springbrunnen des Platzes gesetzt, einige starren auf ihre Handys. Aber der Lange hört nicht auf, er ist berauscht davon, sein Wissen mitzuteilen, immer wieder gibt er Tipps zu weiterführenden Seiten im Internet oder verspricht, dass man das später auch alles online stelle. Die Rede gleicht wirklich einer Vorlesung. Ein YouTube-Video wird auf die Leinwand neben der Bühne projiziert. Es sind G-8-Demonstranten zu sehen, die Sitzblockaden üben und wie man Polizeiketten durchbricht – wobei die Aktivisten abwechselnd die Rolle der Polizei und der Demonstranten spielen. Die Veranstaltung wird von der Polizei bewacht. Der Lange regt sich darüber auf. «Leute, daran seht ihr eindeutig, wie krank dieser Staat schon ist, und wenn wir hier nichts dagegen machen, wird es ein ganz böses Erwachen geben.» Die Polizisten, die unsere Veranstaltung verteidigen, hören mit ausdrucksloser Miene zu. Der Lange muss jetzt aufhören, weil ihm gezeigt wird, dass seine Zeit um sei. Endlich, es ist vorbei. Ich muss pinkeln – es gibt dort keine Toiletten, manche gehen in die Büsche. Man kann sagen: Wer hier mitgekommen ist und bis zum Ende durchhält, hat wirklich Bock.

Nach drei Stunden gehen die meisten Richtung Hauptbahnhof, immer beschützt von Polizisten; jetzt fällt mir auf, dass dieser Polizeischutz ja irgendwo enden muss. Und tatsächlich, es werden immer weniger Polizisten, und direkt vor mir pöbelt ein Paar einen Teilnehmer an, eine Frau Mitte zwanzig schreit: «Weißt du eigentlich, wie scheiße du bist? Wie kann man so kacke und dumm sein?»

Gemeinsam mit ihrem Freund läuft sie dem Demonstranten direkt vor meiner Nase nach, spukt Gift und Galle. Ich gehe stumm weiter, der Mann auch, am Hauptbahnhof beschwichtigen Polizisten die Frau und ihren Partner, mein Herz pocht, am nächsten Tag wache ich mit Muskelkater am ganzen Körper auf – so angespannt war ich drei Stunden lang.

Später überlege ich, was ich gelernt habe, und krame meinen inneren Collegeblock hervor. Wir sind gegen Merkel, Atomkraft, die USA, Politiker, das Finanzkapital, die Antifa, offene Grenzen. Für Souveränität, mehr Rente für Deutsche, die Polizei. Außerdem immer wieder diese Zahlen: 50 Milliarden kosten die Flüchtlinge pro Jahr. Nur ein bis zwei Prozent sind «richtige» Flüchtlinge.

Es bleibt unklar, was genau die Redner wollen, aber mir wird klar: Das ist keine Demo von Rechten gegen Flüchtlinge. Es geht hier um mehr. Es geht darum, dass man meint, begriffen zu haben, was die anderen noch begreifen müssen, man hat die großen Zusammenhänge verstanden, die viele nicht durchschauen. Nein, man gehört nicht zu den Ängstlichen, man sieht sehr klar, dass Deutschland in einer Katastrophe enden wird, wenn es so weitergeht, wie Nikos auch sagt: «Es geht um Verteilungskämpfe. Es geht um Unterwerfung oder Bürgerkrieg, und zwar hier in Deutschland!»

Wer unterwirft? Der Islam. Darin sei die Scharia «ein integraler Bestandteil», meint Nikos: «Und die Scharia ist ein Rechtssystem. Wir haben aber hier in Deutschland ein Rechtssystem. Und ich gebe dieses Rechtssystem in Deutschland nicht auf.»

Aber die Islamisierung Deutschlands ist nur ein Symptom dafür, dass die Politiker gegen den Willen des Volkes handeln. Denn die Mehrheit der Bevölkerung will die Islamisierung nicht! Und die anderen? Die, die behaupten, «links» zu sein? Tja, die wissen nicht, was sie tun, leider. Das sind Kinder, die noch glauben, was man ihnen in den Mainstream-Medien tagein, tagaus erzählt. Und: «Viele von denen sind gekauft», sagt mir ein Teilnehmer in Leipzig, und er ist nicht der Einzige. Das Kernziel der Bewegung, mit Nikos' Worten:

«Wir wollen, dass die regionale Wirtschaft wieder funktioniert, wir brauchen keine Globalisierung. Wir wollen ein Recht auf Heimat, und für uns steht der Wesenskern unserer Gesellschaft im Mittelpunkt: die Familie.»

Puh, ganz schön viel für die zweite Unterrichtsstunde. Das Gute ist: Es gibt häufige Wiederholungseinheiten, also: Die Programme in Berlin und Leipzig ähneln sich, und die Reden auch. Leipzig dauert länger. Man sorgt sich offenbar gerne. Um was? Eigentlich um alles. Um den inneren Frieden, die Islamisierung, Atomkraft, die Amerikaner.

Ich glaube aber nicht, dass das der Kern ist – es geht eher um Bedeutung, darum, Teil von etwas Historischem, nicht klein und hilflos zu sein. Je größer man die Probleme wahrnimmt, desto größer ist auch die Bedeutung der eigenen Bewegung. Dazu passt das Ergriffene, das Bierernste, das ich im Publikum erlebt habe. Langsam verstehe ich, worum es geht, aber das ist noch längst nicht genug. Zumal mir ein älterer Mann auf der Demo vorschwärmte, dass ich unbedingt mal nach Dresden solle. «Da ist es auch viel sicherer.» Das lasse ich mir doch nicht zweimal sagen! Auf nach Dresden.

Dresden: Angst ist ein Publikumsmagnet

Jetzt also endlich: Das Highlight! Der Blockbuster! Pegida in Dresden. Oh yeah. *Widerstand is coming home.* Das Mekka für alle Islamhasser. Die Hauptstadt der Bewegung. Geballte Action, fette Demo, und mit dabei sind alle Stars der Szene. Und als Megagast: Lutz Bachmann – oh ja, *der* Lutz Bachmann himself wird reden. Ich fühle mich ein bisschen wie ein Fanboy und, ich kann es nicht anders sagen: Ich freue mich drauf.

Mit mir in Dresden ist auch der befreundete Journalist David Ehl. Er reist mit mir einige Tage herum, weil er das Gleiche vorhat wie ich – nur für Zeitungen, nicht für ein Buch. Er hat vor unserem Treffen bereits einen Pegida-Kenner und Kollegen kennengelernt. Besagter Kenner macht uns das Angebot, uns alles zu erklären. Eine *guided tour* durchs Pegida-Land – was gibt es Schöneres? Ich nehme dankend an.

Wir stehen bald in einem Pulk Dresdener Journalisten und schauen zu, wie sich der Wiener Platz direkt neben dem Hauptbahnhof mit Menschen füllt. Alle Journalisten beantworten geduldig unsere Fragen. Für sie ist das, was passieren wird, lästige Routine. Die erste Pegida-Demo fand im Oktober 2014 statt, seitdem meistens in wöchentlichen Abständen.

Bevor hier die Demo losgeht, mache ich hier mal einen kleinen Rundflug durch die Stadt.

Dresden ist etwas ganz Besonderes – meinen zumindest viele Dresdener. Besonders ist auf jeden Fall der Stolz der Dresdener auf ihre Stadt. Dresden wird von seinen Bewohnern auch gerne Elbflorenz genannt. Das Hotel, in dem ich schlafe, heißt so, Elbflorenz. «Wir sind wie Florenz, nur an der Elbe.» Dresden ist wirklich eine schöne Stadt. Aber penetranter kann man anderen seinen Minderwertigkeitskomplex nicht auf die Nase binden, denn darin steckt ja schon die Botschaft: Die richtig krasse Stadt ist Florenz – aber hey, wir sind fast genauso schön. Da kommen andere Städte nicht drauf. «Dortmund – das Ruhr-Paris» oder «Wanne-Eickel – das Barcelona des kleinen Mannes» wird man niemals lesen, weil die Leute in Wanne-Eickel und Dortmund wissen: «Nee, sind wa nich, müssen wa nich, woanders is auch scheiße.» Dresden will gerne mehr sein. Neben dem Hotel Elbflorenz findet sich übrigens der Gebäudekomplex «World-Trade-Center». Ja, wirklich, drunter geht es offenbar nicht. Wo wäre eine Bewegung von Leuten, die bedeutender fühlen wollen, besser aufgehoben, als in einer Stadt, die sich gerne aufplustert? Und wo, wenn nicht hier in dieser Stadt mit dem großem Sendungsbewusstsein könnte so eine Bewegung bundesweit bekannt werden? Aber das reicht nicht als Erklärung. Nirgendwo ist Pegida so stark wie hier, und es der Startpunkt der Bewegung. Warum gerade Dresden?

Pegida-Forscher und Professor für Politikwissenschaft Werner Patzelt fragt als eine Art Gedankenspiel: Wenn ich so etwas wie eine Pegida-Bewegung etablieren möchte, welche Stadt soll ich mir dafür aussuchen? Fest steht: Es muss eine Stadt in Ostdeutschland sein, weil es hier einen guten Nährboden für diese Art von Strömung gibt, insbesondere in Sachsen (dazu später mehr). Und wir brauchen eine große Stadt, die ein großes Echo produziert. Also, meint Patzelt: «Wir brauchen eine ostdeutsche Großstadt mit konservativer Grundprägung.»

Da kommt eigentlich nur noch Dresden in Frage. Die Stadt war schon immer konservativer als andere, sie ist groß und hat ein enormes Geltungsbewusstsein. Dazu kommt die Zerstörung Dresdens im Zweiten Weltkrieg, um die sich bis heute viele Mythen ranken. Silvio Lang, Linken-Politiker und ehemaliger Sprecher vom Bündnis «Dresden Nazifrei», erzählt: «Die Stadt hat sich eingerichtet in einem Opfer-Mythos, den Goebbels nach dem ersten Tag der Bombardierung von Dresden begründet hat, als er davon sprach, das

300 000 Menschen gestorben sind. 2008 ist herausgefunden worden: Es sind 25 000 Tote gewesen. Bis heute laufen die Leute rum und erzählen, es waren 300 000 Tote.»

Außerdem, meint Michal, ein Aktivist aus Dresden: «Teile der Polizei lassen die Rechten gewähren. Ich habe Polizeiautos gesehen, die bei Pegida-Demos vorne auf der Ablage eine Deutschlandfahne liegen haben. Es gibt Polizisten, die umarmen Leute aus Reihen der Pegida-Demonstranten, als seien alle eine große Familie. Der Frust der Polizisten, jeden Montag Überstunden machen zu müssen, geht hier leider nach hinten los. Das hat zum großen Teil mit dem Stellenabbau zu tun, gewiss aber auch mit fragwürdiger Gesinnung bei manchen Beamten und Politikern.» Für Michal ist das längst nicht mehr «konservativ», was hier in Dresden abläuft: «Das Problem heißt Rassismus. Viele Menschen hier in Dresden haben leider ein sehr abgeschlossenes Weltbild, und Rassismus ist Teil davon.»

Besagter Aktivist Michal ist ein gutes Beispiel, dass es auch noch eine andere Seite von Dresden gibt. Er hat eine Band, die Banda Comunale. Er spielt Klarinette, sie machen im ureigenen Sinne Volksmusik. Nach häufiger Beteiligung an Gegendemonstrationen auf der Straße haben sie ihre Band auf unbestimmte Zeit für geflüchtete Musiker aus Syrien, Iran und Irak geöffnet und sind jetzt auf das Doppelte angewachsen, neuer Name: Banda Internationale.

«Jetzt telefoniere ich quasi wöchentlich mit Veranstaltern, Politikern, Ministerien. Weil unser Projekt funktioniert und auf einfache Weise verdeutlicht, worum es eigentlich geht ... und weil es leider eins der wenigen dieser Art in Sachsen ist.»

Wer durch die Stadt läuft, sieht auf den ersten Blick, wie gespalten sie ist. Am Opernhaus hängen bunte Plakate mit der Aufschrift «Für ein weltoffenes Dresden». Vier Fahnen auf dem Platz davor drücken ebenfalls Protest aus; auf ihnen steht «Augen auf.», «Herzen auf.», «Türen auf.» Und auf der letzten Fahne: «Die Würde des Menschen ist unantastbar.»

Und es gibt auch viele Flüchtlingshelfer in Dresden, den Kinderarzt Bruno Kolterer zum Beispiel. Er ist da, als in Dresden eine Zeltstadt aus dem Boden gestampft wird, dort leben 1000 Menschen, darunter etwa 100 Kinder. Seine Klinik wird angefragt: «Könnt ihr mal nach den Kindern gucken?» Bruno Kolterer: «Der Großteil der Mitarbeiter in der Klinik war bereit mitzuhelfen. Das entspricht ja auch unserem Berufsethos. Wir gucken nicht nach Geschlecht, nach Religion, noch nach sonst was.»

Es gibt die, die gegen Pegida sind, aber das sind oft die üblichen Verdächtigen. Das Bürgertum in Dresden gilt als besonders verschlafen. Bruno Kolterer erzählt: «Ich ärgere mich hier immer. Davor habe ich in Leipzig gewohnt, jetzt bin ich drei Jahre in Dresden. In Leipzig gibt es eine bürgerliche Mitte, die war aktiv, wenn Nazis kamen, kamen Gegendemonstranten, und durch die schiere Masse wurde alles geblockt. Zur Jahresfeier von Pegida waren wir auf der Gegendemo 15 000 Menschen – das ist ein Armutszeugnis. Da standen 20 000 Deutschlandfahnenträger vor der Oper. Warum waren wir nicht 50 000? Warum tolerieren alle, dass montags keine Straßenbahn mehr in der Altstadt fährt, weil Pegida genau da laufen muss? Ich habe die Kollegen gefragt, wer bei der Gegendemo war. Die Studenten waren da. Die Kollegen nicht.»

Michal, 37, kommt gebürtig aus Polen, zog vor der Wende

nach Niedersachsen und kam zum Zivildienst vor 17 Jahren nach Dresden.

Ich frage ihn, warum gerade im Osten und warum gerade in Dresden die Begeisterung für Pegida so groß ist.

Er antwortet: «Ich glaube, es gibt mehrere Gründe. Viele Leute fühlen sich immer noch abgehängt, weil die DDR einfach so in die BRD überführt wurde. Man hatte vielleicht einen angesehenen Job, und auf einmal war da nichts mehr. Dresdner haben sich außerdem immer schon besonders als Opfer gefühlt. Durch die Zerstörung Dresdens 1945 und später durch die Wiedervereinigung. Und hier gibt es keine Ausländer. Der Ausländeranteil hier betrug zur Wiedervereinigung 2,5 Prozent, 2015 lag er bei 3,2 Prozent. Es gibt keine Chance, Vorurteile auf ihren Wahrheitsgehalt zu überprüfen.»

«Wie ist denn so der Zulauf?», frage ich die Journalisten, mit denen ich jetzt vor dem Hauptbahnhof stehe. «Das hat sich hier bei etwa 3000 Leuten eingepegelt. Es werden nicht mehr, aber auch nicht weniger.»

Ich bin erstaunt darüber, wie frei zugänglich diese Demo ist. Hier und da stehen Polizisten, aber es gibt keine Zäune wie in Leipzig, keine Eskorte, nichts, hier ist ungezwungenes Beieinandersein angesagt. Ich habe nicht mal das Gefühl, dass wir als Journalisten schief angeguckt werden. Das soll sich später ändern. Tatsächlich sind 2000 bis 3000 Menschen gekommen. Es gibt eine Hymne, eine andere als die aus Leipzig, rein instrumental und epochaler, Richtung Wagner, also so, wie man sich Wagner vorstellt, wenn man ihn nie bewusst gehört hat – wie ich.

«Ne Hymne hammse, aber reden wollen sie nie mit uns», knurrt einer der Journalisten. Wirklich komisch: Bei so viel

Selbstdarstellung ist es erstaunlich, dass Pegida kaum mit der Presse spricht. Lutz Bachmann wurde am Anfang einmal zu oft darauf angesprochen, warum denn auch Nazis mitlaufen, daraufhin wurde nur noch über Facebook kommuniziert. Nur einmal hatte Bachmann mit der *Bild* geredet, als bekannt wurde, was für ein Vorleben der Pegida-Initiator hatte. Mittlerweile spricht Lutz Bachmann nur noch mit ausländischen Medien. In diesem Moment tritt er an Mikro.

Der älteste der Redakteure meint: «Ich bin gespannt, ob Lutz heute was zum Prozess sagen wird. Wahrscheinlich wird er die Wahl in Österreich erwähnen.»

Der Redakteur kennt seinen Lutz. Tatsächlich sagt Bachmann etwas zum Prozess. Er war dort mit einer Balken-Brille erschienen, angelehnt an den Zensurbalken, mit dem man auf Fotos Gesichter unkenntlich macht. Man kann sie im Internet bestellen. Für Bachmann ist das ein politisches Statement; dazu passt auch, dass er gut sichtbar eine Zahnbürste in die Vordertasche seiner Weste gesteckt hat. Pegida-Frontfrau Tatjana Festerling erklärte, die Bürste sei seit 1989 ein Erkennungszeichen, dass man bereit sei, für seine Überzeugung notfalls auch ins Gefängnis zu gehen. Bachmanns Überzeugung ist zuerst einmal, unschuldig zu sein.

Möchte man Bachmann wohlwollend begegnen, ist es eine Herausforderung zu beschreiben, wie er sich im Prozess positioniert hat.

Er soll im September 2014 auf seiner Facebook-Seite Flüchtlinge und Asylbewerber als «Gelumpe», «Viehzeug» und «Dreckspack» bezeichnet haben. Deswegen ist er wegen Volksverhetzung angeklagt.

Als Bachmann schon angeklagt ist, sagt er auf einer Pegida-Veranstaltung im Februar 2015: «Es sind Screenshots aufgetaucht, die zum Teil bearbeitet und gekürzt waren, in denen ich einfach ein paar Worte benutzt habe, die jeder von uns, da bin ich mir sicher, schon mal am Stammtisch benutzt hat.»

Am ersten Prozesstag, dem 19. April, hatte seine Verteidigung drei Gegenargumente: Die Äußerungen sind nicht volksverhetzend. Die Äußerung sind nicht von Lutz Bachmann bzw. von irgendeinem anderen Lutz Bachmann, das war ein Fake-Profil. Die Äußerungen sind privat und nicht öffentlich gewesen.

Alle drei Verteidigungsstrategien schließen die jeweils andere aus – so als würde ich, wenn mir Mord vorgeworfen würde, einfach behaupten: «Ich habe ihn nicht ermordet. Das war Notwehr. Und ich glaube nicht, dass das Opfer tot ist.»

Die Verteidigung darf alles versuchen, das ist erlaubt. Nur: Eigentlich hatte Bachmann ja schon zugegeben, diese Äußerungen bei Facebook veröffentlicht zu haben. Am zweiten Prozesstag erklärt deswegen seine Verteidigerin, dass Bachmann damit gar nicht die Vorwürfe aus dem Prozess meinte. Er habe sich auf einen anderen Facebook-Kommentar bezogen. In dem schrieb er über den Ku-Klux-Klan: «Three k's a day keeps minorities away.» Bachmann sagt also: «Nee, das mit der Volksverhetzung war ich nicht, ich war das mit dem Rassismus-Posting.»

Wie gesagt: Es ist ein Herausforderung, das Verhalten von Bachmann im Prozess wohlwollend zu betrachten. Für das Pegida-Publikum ist es offenbar nicht so schwer, ihn trotzdem zu feiern. Ich kann das nachvollziehen: Für viele hier ist der Staat längst ein Repressionsorgan, das jedem verbietet, seine Meinung zu sagen – «wenn Bachmann etwas dagegen sagt, ist das gut, der ist einer von uns.» Das kann ich sogar nachvollziehen: Wenn man großer Fan seiner Fußballmannschaft ist, die zwar kämpft, der anderen Mannschaft aber spielerisch zwei Klassen unterlegen ist, drei Spieler der eigenen Mannschaft vom Platz müssen und man am Ende null zu eins verliert, ist wer schuld? Der Schiedsrichter! Bachmann gegen den Staat ist für Pegidianer der DFB-Pokal des Rechtsstaats: Es ist klar, wer gewinnt, aber manchmal ist ein Wunder möglich.

Hier auf der Bühne wirft er der *Bild* vor: «Anstatt über die Widersprüche und offensichtlichen Lügen und Ausflüchte zweier Zeuginnen zu streiten, die natürlich beide vom Staat ihre Mittel beziehen und ihr Leben so bestreiten, mussten wir nun lesen über irgendwelche Flecken auf meiner Hose.»

Die *Bild* hatte die Schlagzeile «Ist der Pegida-Führer nicht ganz dicht?» über ein Foto gesetzt, auf dem er im Gerichtssaal zu sehen ist, auf seiner Hose ein eingekreister Fleck. Bachmann schlägt vor, dass man lieber den Staatsanwalt hätte zitieren sollen. Er fasst dessen Argumentation so zusammen: «Er kann zwar nicht beweisen, dass der Angeklagte tatsächlich Urheber der fraglichen Sache ist, das müsse er aber auch gar nicht, reichten doch die diversen Indizien und Zeugenaussagen aus, das ohne Beweis zu belegen. Das bedeutet, ganz klar übersetzt, dass es in Deutschland jetzt so aussieht: Die Schuld muss nicht mehr nachgewiesen werden, es reicht wenn es irgendwie ein paar zusammengeschusterte Bildlein gepaart mit willigen Zeuginnen gibt. Oberreichsanwalt Lautz wäre stolz gewesen auf diese Art der Beweisführung.»

Ernst Lautz war ein nationalsozialistischer Jurist, sagt Wikipedia mir. Die Menge applaudiert.

Anfang Mai 2016 wird Bachmann wegen Volksverhetzung verurteilt. Ein Journalist, der häufig über Prozesse berichtet, meint: «Mich wundert, dass er nicht auch wegen Betruges vorbestraft ist. Der hat immer wieder Straftaten begangen und ändert sich offenbar nicht.»

Im kriminellen Vergnügungspark hat Lutz Bachmann schon so ziemlich jedes Fahrgeschäft ausprobiert: Schwerer Diebstahl, Trunkenheit im Straßenverkehr, Anstiftung zu Falschaussage, Unterhaltspflichtverletzungen. Zweimal wurde er wegen des Handels mit Kokain verurteilt, bisher größtes Ding waren berufsmäßige Einbrüche, dafür bekam er 1998 drei Jahre und acht Monate auf Bewährung, deswegen floh er vor dem Gefängnis nach Südafrika, flog zwei Jahre später auf und saß seine Strafe danach in Dresden ab.

Wegen Volksverhetzung war Bachmann bisher noch nicht angeklagt worden. Man kann dafür von drei Monate bis fünf Jahre Haft bekommen; Lutz Bachmann soll 9600 Euro Strafe zahlen. Kein Gefängnis, wieder eine neue Chance. Das Publikum hier gibt sie ihm gerne. Warum? Silvio Lang, ehemaliger Sprecher von «Dresden Nazifrei», erklärt das so: «Die Bewegung hat 'ne Art negative Helden. Bachmann und Siegfried Daebritz [auch Pegida-Akteur] sind Leute, die jegliche Moral abgelegt haben und durchziehen, was die Anhänger heimlich gerne machen würden: Mal in den Puff gehen, 'ne Striptease-Tänzerin heiraten, sich mit Waffen fotografieren lassen, Harley fahren und Drogen nehmen. Wie Bachmann 16-mal einbrechen und dann, bevor er verknackt wird, nach Südafrika abhauen und sich ein schönes Leben machen.»

«Aber», sagt in diesem Moment Bachmann auf der Bühne passenderweise, «lasst uns über Erfreuliches reden. Freunde, was soll ich sagen: Österreich zeigt, wie es geht!»

In Österreich hat bei der Präsidentschaftswahl am Tag zuvor die FPÖ mit ihrem Kandidaten Norbert Hofer 36 Prozent der Stimmen bekommen. Es war nur der erste Wahlgang, aber niemand hat damit gerechnet, dass das Ergebnis so deutlich ausfällt, die Kandidaten der SPÖ und ÖVP erhielten nur jeweils 11 Prozent der Stimmen.

«Norbert, herzlichen Glückwunsch hier aus Dresden und viel Erfolg für den zweiten Wahlgang.» Es wird fröhlich applaudiert. «Bei diesem zweiten Wahlgang werden zwar selbstverständlich sämtliche Volksverräterparteien Österreichs gegen dich und die FPÖ zusammenarbeiten, um den Einzug eines Bundespräsidenten des Volkes, und das bist du, zu verhindern, aber sie werden es nicht schaffen. Wir glauben fest an dich und an deinen Sieg und den Sieg der freiheitlichen Kräfte, und natürlich wird Pegida wieder mit allen zur Verfügung stehenden Mitteln über die sozialen Medien versuchen, dich zu unterstützen auf unsere Weise.»

Allerdings kann diese Hilfe nicht in vollem Umfang erfolgen, weil die Facebook-Seite von Lutz Bachmann gesperrt wurde:

«Auch wenn das Maasmännchen [gemeint ist Heiko Maas] es mittlerweile geschafft hat, dass unter anderem meine Facebook-Seite abgeschaltet mit über 28 000 Followern wurde, es wurden Administratoren gesperrt, sodass momentan nur zwei Personen überhaupt noch unsere große Pegida-Seite bedienen können. Das ist Meinungsfreiheit in Deutschland.»

Die Menge pfeift, «Dreckschweine» ruft jemand, dann wird immer wieder «Widerstand» skandiert, Lutz Bachmann spricht über die «patriotischen Kräfte in ganz Europa», die alle für direkte Demokratie seien.

«Und was unsere Politiker davon halten, haben wir schon

oft erwähnt. Sie trauen dem Volk nicht zu, vernünftig zu entscheiden und die Tragweite der Entscheidung zu erfassen. Diese arrogante, volksferne, fettgefressene, selbstverliebte Politikerbrut maßt sich an, uns alle, jeden einzelnen Bürger unseres Landes zu vertreten. Sie maßen sich an, uns als dumm zu bezeichnen, und über das Schicksal unseres Landes mitzuentscheiden, trauen sie uns nicht zu.»

Nach einer Viertelstunde übergibt Bachmann an Michael Stürzenberger mit den Worten «Es gibt wohl kaum einen, der intensiver und besser sich mit dem Koran und dem Islam beschäftigt hat.»

Auch Michael Stürzenberger redet zuerst über Österreich, das sei ein Zeichen, dass der Wind sich dreht. Danach zählt er die jüngsten Wahlergebnisse der AfD in den drei Bundesländern auf. «Klasse, weiter so! Und Björn Höcke von der *Alternative für Deutschland* hat gesagt, Pegida ist die Vorfeldorganisation der AfD. Das ist ein Riesenkompliment an euch alle.»

Einer der Journalisten erzählt mir: «Immer wieder haben die Pegida-Leute gesagt: Wir wollen eine Partei gründen. Haben sie aber nicht gemacht. Das wird erzählt, um die Leute bei der Stange zu halten. Und die glauben das. Egal, wie sehr wir aufklären. Uns war am Anfang bewusst: Unter den 6000 Leuten, die da gerade marschieren, sind auch 2000 Abonnenten unserer Zeitung. Wir haben antizipiert, dass wir auch für die schreiben. Also haben wir aufgeklärt. Aber bringt nichts. Die kommen immer wieder.»

Ich verstehe zuerst nicht, warum das Versprechen, eine Partei zu gründen, so relevant ist, dann aber schon, denn was kann Pegida bewirken? Die Gründung eine Partei zeigt: Es geht voran, unsere Meinung bekommt politisches Gewicht. Die zweite Frage ist aber: Warum überhaupt noch demonstrieren, wenn man auch einfach AfD wählen kann?

Aus der Sympathie wird auch hier kein Hehl gemacht. Michael Stürzenberger lobt jetzt die AfD, weil sie gesagt habe, dass der Islam eine politische Ideologie sei, dass man die etablierten Parteien «mächtig ins Schwitzen gebracht» habe und: «Das wird weitergehen. Heute veröffentlicht Thilo Sarrazin sein neues Buch. Und ihr kennt ihn alle, Thilo Sarrazin hat Anfang 2010 ein erstes Zeichen gesetzt, dass der Wind sich drehen muss. Danke, Thilo!»

Stürzenberger zitiert den türkischen Präsidenten Erdoğan mit einem Gedicht, das wiederum Erdoğan zitiert hatte, in dem es heißt: «Die Demokratie ist nur der Zug, auf den wir aufsteigen, bis wir am Ziel sind. Die Moscheen sind unsere Kasernen, die Minarette unsere Bajonette, die Kuppeln unsere Helme und die Gläubigen unsere Soldaten.» 1998 wurde Erdoğan dafür zu zehn Monaten Haft verurteilt wegen, einfach formuliert, Anstiftung zu religiösem Hass. Das Zitat hat vielleicht auch dazu beigetragen, dass die AfD in ihrem Programmentwurf schreibt, dass sie Minarette als «islamisches Herrschaftssymbol» verbieten wolle.

«Aber solche Bajonette wollen sie euch jetzt auch hier in Dresden reinpflanzen in den Boden. Ihr habt es mitbekommen: nach Leipzig und Chemnitz wollen sie jetzt auch bei euch im schönen Dresden eine Moschee bauen! Wollt ihr das?»

«Nein!», rufen die meisten zurück.

«Freunde, es ist unser Land. Und wie jeder Hausbesitzer in sein Haus nur reinlässt, wen er will, lassen wir nur diejenigen rein, die vom Gesetz her legitimiert sind, und das sind nur politisch Verfolgte. Und die anderen, die vor irgendwelchen islamischen Kriegen flüchten, sollen in die Nachbarländer. Aber nicht durch die halbe Welt nach Europa zu uns in das gemachte Nest und die Sozialtöpfe abgreifen.»

Ich höre staunend zu. Ich dachte, hier beim Original sei der Ton milder, differenzierter? Für mich gibt es in der Schärfe kaum einen Unterschied zu Leipzig, nur dass hier häufiger konkret benannt wird, was die Leute stört – es gibt keine großen Theoretiker. Es werden gegnerische Positionen aufgezeigt, und dann werden diese Positionen zerpflückt – und der, der sie vertritt. Ich bekomme den Eindruck, dass die meisten hier geübte Zuhörer sind; man hat sich auf eine gemeinsame Linie eingeschworen, die Redner wissen, wie sie ihr Menü zusammenstellen müssen, damit es allen schmeckt. Ich bin wieder froh, außen zu stehen.

Dann berichtet Stürzenberger von den Anfängen. «Freunde, als der Lutz Anfang 2014 auf den Straßen Dresdens gesehen hat, wie sich Kurden und Türken gegenseitig bekriegt haben, das war die Geburtsstunde von Pegida, da hat er gemerkt, hier läuft was falsch. Und wie weit er damals schon war, haben wir neulich gesehen. Überall in Deutschland waren Demonstrationen von Türken, die gegen die Kurden demonstriert haben, da flogen Steine, die haben sich bekriegt. Freunde, wenn sich Türken und Kurden die Köpfe einschlagen wollen, sollen sie das in der Türkei machen!»

Die Menge skandiert: «Abschieben! Abschieben!»

Wie Pegida begann: «Friedlich? Das ist ein Missverständnis.»

Genau genommen startet Pegida mit einem Missverständnis. Denn tatsächlich sieht Bachmann im Oktober 2014 eine Demonstration von Kurden, allerdings demonstrieren die für eine Waffenlieferung an die PKK. Das regt ihn so auf, dass er Freunde und Bekannte zusammentrommelt, gegen die Islamisierung mobil zu machen, vorläufig im Internet. Das ist das Missverständnis – Waffenlieferungen an die PKK wären dazu benutzt worden, gegen den IS, also gegen Islamisten, zu kämpfen. Wer gegen «Islamisierung» ist, müsste das eigentlich gutheißen. Dieser Widerspruch fällt aber niemandem auf. Bachmann findet bei seinen Freunden Gehör, er gründet eine Facebook-Gruppe mit dem Namen «Friedliche Europäer gegen die Islamisierung des Abendlandes». Pegida hieß also mal Fegida, allerdings nur vier Tage lang, berichtet Silvio Lang: «Dann gab es eine heftige Diskussion, unter anderem angestoßen von einem Mann namens Stephane Baumann, der hat gesagt: Mit Friedlichkeit und so – da finde ich mich aber nicht wieder. Da sagte Lutz Bachmann: Du bist hier genau richtig. Einen Tag später haben sie die Gruppe umbenannt in *Patriotische Europäer*, weil das *friedlich* einigen Leuten gegen den Strich ging. Die Gruppe war zwei, drei Wochen offen, deswegen konnte man das nachlesen.»

Weil Bachmann und seine Freunde tatsächlich bisher keine politisch engagierten Bürger sind, keine Rechtsradikalen, findet die Bewegung Anklang: Zuerst sind es 350 Menschen, in der vierten Woche sind es schon über 1000. Am Anfang fragen sich die meisten, was diese Gruppierung überhaupt will.

Im Dezember 2014 veröffentlicht Pegida dann ein 19-Punkte-Papier. Es ist auffällig liberal, manchen Positionen merkt man allerdings an, dass sie aus einer sehr konservativen Ecke kommen, wenn sich zum Beispiel für die Umsetzung von Abschiebung einsetzen und feststellen: «PEGIDA ist für Null-Toleranz-Politik gegenüber straffällig gewordenen Asylbewerbern und Migranten!»

Teilweise sind es auch nur konservative Andeutungen, die in die Aussagen eingewoben sind: «PEGIDA ist FÜR den Widerstand gegen eine frauenfeindliche, gewaltbetonte politische Ideologie, aber nicht gegen hier lebende, sich integrierende Muslime!»

Ein Punkt passt überhaupt nicht zu den anderen, er wirkt, als habe dort jemand sein Herzensthema untergebracht. So steht auf Punkt 17 der Liste: «PEGIDA ist GEGEN dieses wahnwitzige «Gender Mainstreaming», auch oft «Genderisierung» genannt, die nahezu schon zwanghafte, politisch korrekte Geschlechtsneutralisierung unserer Sprache!»

Ansonsten klingen viele Positionen auf den ersten Blick so, als könnten Linke sie geschrieben haben, beispielsweise wenn es direkt zu Beginn heißt: «PEGIDA ist FÜR die Aufnahme von Kriegsflüchtlingen und politisch oder religiös Verfolgten. Das ist Menschenpflicht!»

Außerdem werden dezentrale Unterkünfte und ein deutlich verbesserter Betreuungsschlüssel für die Geflüchteten durch Sozialarbeiter und Betreuer gefordert.

Davon ist an diesem Tag, hier vor dem Dresdner Hauptbahnhof, nichts zu hören. Redner Michael Stürzenberger zitiert gerade Thilo Sarrazin:

«‹Wenn ein Land glaubt, dass es Einwanderung braucht,

so soll es die am besten geeigneten Kandidaten dort anwerben, wo ihm dies zweckmäßig erscheint.› Jawohl, danke Thilo, so isses! Wir wollen nur diejenigen Leute, die wir brauchen, wirkliche Facharbeiter und keine Facharbeiter zum Klauen und zum Vergewaltigen und zu sonstigen Dingen. Die brauchen wir nicht.»

Ein letztes Relikt bleibt aus Anfangszeiten. Punkt 15 lautet: «PEGIDA ist GEGEN Waffenlieferungen an verfassungsfeindliche, verbotene Organisationen wie z. B. PKK.»

Mitte Februar werden aus den 19 Punkten die sogenannten zehn «Dresdener Thesen». Jetzt klingt Pegida nach Pegida: In den Thesen ist keine Rede mehr von der Aufnahme von Kriegsflüchtlingen als Menschenpflicht. Dafür sind einige neue Punkte dazugekommen, nämlich die Normalisierung des Verhältnisses zu Russland und das Anstreben eines europäischen Verbunds souveräner Nationalstaaten «in freier politischer und wirtschaftlicher Selbstbestimmung».

15 Monate nach diesen Dresdener Thesen befinden wir uns wieder im Hier und Jetzt. Michael Stürzenberger nimmt sich gerade einen «Faktencheck» der SPD zur Brust. Dieser informiert im Internet zum Islam – beziehungsweise desinformiert, erklärt der Redner und ruft: «Kennt ihr eine christliche Terrorbande? Die rumläuft und schreit ‹Jesus Christus ist größer› und tötet? Kennt ihr eine jüdische Terrorbande? Nein! Aber wir kennen 20 islamische Terrorbanden. Sie rufen ‹Allah ist größer›, sie töten und morden und berufen sich auf dieses Buch hier!» Er hält den Koran in die Luft. «Das gibt es im Christen- und Judentum nicht, und deswegen ist es eine gottverdammte Lüge, wenn die sagen, der Islam kann wie das Christentum und Judentum politisch missbraucht werden. Schimpf und Schande, SPD!»

«Schimpf und Schande» – rein sprachlich ist die Rückkehr ins 20. Jahrhundert auf jeden Fall gelungen. Es ist schon etwas dran: Momentan sind christliche oder jüdische Terroristen weltpolitisch kein so großes Thema mehr wie radikale Muslime. Das genügt hier als Beweis, dass der Islam an sich nur Probleme macht und Deutschland bedroht. Wer zwischen Islam und Islamismus trennt, ist auf Heuchler hereingefallen, stellt der Redner klar:

«Und jetzt noch mal zu den Kirchen. Die Kirchenfunktionäre sind vollkommen verblödet, die setzen sich für den Islam ein. Freunde, das ist fortgeschrittenes Stockholmsyndrom, dass das Opfer sich mit dem Täter gemein macht. Wie kann man so idiotisch sein? Das Christentum wird verflucht vom Islam. Wie kann man so idiotisch sein, das als Christ auch noch zu verteidigen? Diese Pfaffen sollten aus ihren Kirchen rausgejagt werden!»

Die Demonstration setzt sich in Bewegung. Sechs Frauen positionieren sich an den Anfang des Zuges. Sie haben sich Pappen wie Schürzen umgebunden, auf die ein nackter Frauenkörper gemalt ist. Darauf sind schwarze Hände abgebildet, die durchgestrichen sind, darüber: «Hände weg!» Wahrscheinlich eine Anspielung auf die Vorfälle in Köln. Ein paar Journalisten machen artig Fotos.

Durch diese Aktion wirkt der Protest wie ein Karneval der Ängste. Stimmung kommt aber nicht auf. Lutz Bachmann hatte vorher zu «mahnender Ruhe» aufgerufen – «Wir haben es nicht nötig, zu schreien wie die linken, gestörten Kinder» –, und so setzt sich ein sehr stiller Haufen in Bewegung. David und ich machen uns auf den Weg zur Gegendemo. Die ist überschaubar: 170 Leute, meint das Studentenprojekt «durchgezählt», das dokumentiert, wie viele Leute zu Pegida-Demos kommen. Pegida geht ruhig in einigem Abstand an ihnen vorbei, die Linken sind tatsächlich laut – hier sind die Rollen im Vergleich zu Leipzig vertauscht: Die Polizei muss die Linken schützen.

Wir gehen wieder Richtung Bahnhof, an der Demo vorbei. Um den Weg abzukürzen, laufen wir ein Stück mit der Demo mit. Plötzlich werden wir von einem alten Mann angepöbelt: «Ey, euch kenn' ich doch! Ihr wart doch an der Frauenkirche und habt interviewt, oder? Wollt ihr hier wieder die Tatsachen verdrehen?» Ich habe keinen Schimmer, was er meint, offenbart verwechselt er uns, und weil David seine Kamera dabeihat, werden wir sofort als Journalisten gebrandmarkt. «Nein», antworte ich. «Jaja, doch, ich kann mir gut Gesichter merken», antwortet der Mann triumphierend. «Offensichtlich nicht», sage ich. Ein anderer Herr neben ihm schaltet sich ein: «Wovon seid ihr denn?»

«Ich bin von gar nichts», antworte ich. Jetzt nickt der Fragende triumphierend und raunt dem anderen zu: «Du, die sind von *Compact*.»

«Ihr seid von *Compact*, ne?»

Compact, das Fanzine von Pegida, das mir in Leipzig schon empfohlen wurde. «Ja, genau», antworte ich genervt. «Siehste?!» Der Skeptische ist sich weiterhin sicher, dass er uns kennt. «Nee, sind die nicht.» Irgendwer ruft «Lügenpresse», immer mehr Menschen starren uns an. David und ich werfen uns Blicke zu. Ja, wir sollten abhauen. Als wir gehen, ruft uns der erste alte Mann hinterher: «Jaja, und jetzt haben sie's auf einmal eilig», als hätte seine lückenlose Beweisführung dazu geführt, dass wir die Wahrheit nicht länger verbergen können. Jeder Inquisitor hätte hier seinen Spaß gehabt – logische Beweisführung wie Schiffeversenken: Wenn man mal danebenliegt, ist es auch nicht schlimm.

David und ich haben genug. Ich fahre nach Hause. Auf dem Weg zurück überlege ich, wie ich es fand. Würde mich ein Freund fragen: «Till, ich hab' mal Bock auf 'ne Pegida-Demo, wo sollte ich denn mal hinfahren?», würde ich ihm antworten: Dresden. Fahr nach Dresden. Die Stimmung ist gut, es sind dort wenige Leute, die aussehen wie Nazis, man wird nicht von Gegendemonstranten gestört, und die Redner bringen meistens knackig auf den Punkt, was sie wollen. Es gibt weniger Kapitalismuskritisches, es geht gegen den Islam und Flüchtlinge, man weiß, wer der Gegner ist. Gleichzeitig ist die Atmosphäre leicht und beschwingt, es wird viel gelacht. Vor allem Lutz Bachmann gibt sich Mühe, lustig zu sein. Dafür stehen zum Beispiel die vielen Namens-Neuschöpfungen:

SPD = Schariapartei

Heiko Maas = Maasmännchen

Ralf Stegner = Pöbler-Ralle

Yasmin Fahimi = Fahimimimimi

Sigmar Gabriel = Fast-Sonderschüler Sigmar

Erdogan: = Möderan

Angela Merkel = Üngülü Merkel

Und was ich gelernt habe? Ich bin erstaunt, wie extrem die Leute auch in Dresden reden. Von außen wirkt diese Pegida-Veranstaltung harmlos, wie ein Familienfest, es würde das Bild nicht stören, wenn neben der Bühne eine Hüpfburg aufgebaut würde. Erst, wenn man genauer hinhört, merkt man, dass dieses Familienfest sehr exklusiv ist und genau diese Exklusivität gefeiert wird: Wer Flüchtling ist, wer Moslem ist, wer linker ist als Pegida, sollte die Hüpfburg nicht betreten. Durch die Vermischung von Volksfest und knallharter Agitation wirkt alles surreal, so wie der Joker aus Batman: Aus den Augenwinkeln sieht man einen normalen Clown, und wenn man genau hinschaut, kann man erkennen, dass seine Mundwinkel eingeritzt sind und das Rot um seine Lippen Blut ist. Okay, vielleicht gehen gerade die Pferde mit mir durch, und ich übertreibe. Aber nicht sehr. Das Publikum hier ist routiniert, es wird nicht mehr überrascht, die Urteile und Positionen sind festgeklopft, es geht nur noch um die Show, welche «Politiker-Darsteller» bekommen «ihr Fett weg», über welche Geschichte von falscher Toleranz können wir uns aufregen?

Eigentlich ist es Battle-Rap für Rechte.

Auch beim Battle-Rap gibt es die klare Regel: Eins gegen eins, es geht darum, den anderen möglichst kunstvoll und böse zu beleidigen, dabei sind keine geschmacklichen Grenzen gesetzt. Es gibt einen Werkzeugkasten, aus dem Mann sich bedienen kann, das Grundwerkzeug, also der Hammer, ist die Beleidung, dass man mit der Mutter des anderen schläft. Hier, bei Pegida, sind Flüchtlinge, die den Staat plündern dieser Hammer, und Muslime, die auf unschuldig machen, aber deutsche Frauen angrapschen und islamisieren. Entscheidend ist nicht mehr, dass es gesagt wird, sondern wie.

Dass es so stark es gegen den Islam insgesamt geht, hätte ich nicht gedacht – so als würden sich AfD und Pegida wechselseitig beeinflussen: Auch in der Partei ist gerade Thema geworden, dass der Islam nicht zu Deutschland gehöre.

Aber mit den Leuten ins Gespräch gekommen bin ich nicht. Ich hatte die Vorstellung, dass ich mitlaufe, sich eine Gruppendynamik entwickelt, man sich zwangsläufig kennenlernt und ratzfatz die Nationalhymne grölend in der nächsten

Kneipe steht und Brüderschaft trinkt. Das ist alles nicht passiert, denn es gibt wenig Gruppe und noch weniger Dynamik. Ich hätte wohl aktiver werden müssen, die Leute ansprechen, mich profilieren. Ich hab es nicht gemacht, weil ich zu feige bin. Mich hat diese Gruppe eingeschüchtert, ich habe mich fremd gefühlt, ich konnte die meisten Reden, sosehr ich es auch wollte, nicht feiern, ich kann meine politische Sozialisation nicht leugnen. Als ob man als Allergiker auf einer blühenden Wiese steht und nicht niesen darf – man hat keine Chance, der Körper wehrt sich nach Leibeskräften. Mein politisches Immunsystem war kaum auszutricksen. Vielleicht ist es auch okay, Angst zu haben; ganz unberechtigt war sie nicht: In Leipzig bin ich mehrmals von einem der Oberhooligans kritisch angeschaut worden, der kleine Vorfall mit David hat mir gezeigt, wie skeptisch die Leute reagieren, wenn sie sich in den Kopf gesetzt haben, dass man Journalist sei.

Es ist okay, dass ich kein Pegidianer geworden bin, denn ich glaube, trotzdem genug zu wissen, genug erlebt zu haben – und kaum eine Bewegung ist so häufig und umfassend untersucht. Und überhaupt: Brauche ich Method Acting, um Pegida nachvollziehen zu können? Muss ich Heroin nehmen, um einen Junkie zu verstehen?

Was ist aus der guten alten Empathie geworden? Ich versuche mein Glück. Ich spiele Profiler. Tun wir so, als wäre ich Pegidianer, basierend auf dem, was man bisher über Pegida-Teilnehmer weiß, mit freundlicher Hilfe von Prof. Patzelt, los geht's:

Mein Name ist Rico, ich bin 55 Jahre alt und wohne im Umland von Dresden. Ich habe hier in der Stadt einen kleinen Laden, ich mache Schilder. Das lag nahe: Ich habe vor der Wende in einer Fabrik gearbeitet, da war ich Schichtleiter. Jetzt bin ich selbständig und habe einen Laden, in dem ich Nummernschilder stanze, vor allem, aber in den letzten Jahren auch immer mehr so Gebrauchsschilder, «Einfahrt verboten» oder so Partysachen, die werden auch gut nachgefragt. Der Laden läuft okay, ich habe sogar zwei Mitarbeiter, die mir helfen. Mein Sohn ist ja leider zum Studium nach Göttingen. Er kann überhaupt nicht verstehen, warum ich da mitlaufe bei Pegida. Aber da kann ich eben meine Meinung sagen, dass kann man ja heutzutage kaum noch, es müssen ja alle immer hurra schreien. «Hurra», wenn wir alles für Griechenland zahlen müssen, «hurra», wenn wir auf einmal Flüchtlinge aufnehmen sollen. Es ist immer alles schon beschlossene Sache, und der Bevölkerung wird das dann einfach mitgeteilt. Und dann darf man keine unbequemen Fragen stellen, ob das überhaupt alles wirkliche Flüchtlinge sind oder ob die nicht einfach hier in Deutschland ein schönes Leben haben wollen. Ich mache mir Sorgen, ob wir das alles überhaupt noch zahlen können. Und dann wird einem mitgeteilt, dass morgen Ali, oder wie immer der auch heißt, neben einem wohnt. Klar, natürlich ein Moslem, das müssen wir auch wieder toll finden. Ich finde es aber nicht toll. Klar hört man viel Schlechtes über den Islam, ich weiß nicht, was der da im Schilde führt. Vor allem aber wird von heute auf morgen hier alles anders. Da verändert sich ein ganzes Land, ohne dass man gefragt wird. Ich habe das alles schon mal durchgemacht und meine Heimat verloren, mit der Wende, noch mal fange ich hier nicht neu an. Und das alles ohne Not, einfach weil es der Kanzlerin passt. Beziehungsweise: den USA. Mit denen fängt es ja an. Die machen Krieg, wir müssen die Flüchtlinge ausbaden. Und Deutschland sagt brav danke. Anstatt zu merken: So schaffen es die Amerikaner doch, immer die Vormachtstellung zu haben. Indem sie Europa schwächen. Anstatt mal auf den Trichter zu kommen: dass man mit Russland ein Gegengewicht bilden könnte. Dass Deutschland so wieder souverän werden könnte. Aber solange das nicht passiert, muss man sich auch Sorgen machen, dass Deutschland in einen Krieg gezogen wird. Und dass wir uns das alles, Finanzkrise, Griechenlandrettung, Millionen Flüchtlinge nicht leisten können. Wie gesagt: Mein Sohn belächelt mich, aber der hat das vor der Wende auch nicht mehr erlebt. Ich verdiene okay, aber ich kann nicht groß was vererben. Und ich will einfach nicht, dass der jetzt unter dieser beschissenen Politik leiden muss. Deswegen fahr ich einmal die Woche in die Stadt zu den Spaziergängen, man muss was tun. Meistens nehme ich noch ein paar Leute mit, die ich dort kennengelernt habe. Ungefähr die Hälfte der Leute, die dort sind, stammen aus dem Umland.

Wenn mein erfundener Rico jetzt genau zehn Freunde treffen würde, die das Pegida-Publikum abbilden, würde er erzählen:

Zuerst habe ich die drei Krügers kennengelernt, die waren lustig, die tragen immer so Deuschlandhüte, haben die noch von der WM, das sind echte Patrioten, nur eben sehr deutsche Patrioten, also mit Ausländern muss man denen nicht kommen. Später erst haben wir die beiden Fischer-Brüder getroffen, die sind immer für die Medien ein gefundenes Fressen. Ja, schon weil die Glatzen haben und so T-Shirts, «Blood and Honour» und so, da hatten die Krügers noch gescherzt, richtig deutsch wäre das nicht. Ja, das sind schon Rechtsradikale, würden die auch selbst so sagen. Aber die gibt es ja nicht nur!

Es gibt auch welche, die einfach Angst vor dem Islam haben! Der Wolfgang und die Beate, die waren letztes Jahr in Istanbul. Tolle Stadt, aber so soll meine Heimat nicht aussehen, meinte die Beate. Ja und dann gibt's Achim, der trauert einfach nur der CDU hinterher, «Wo soll ich denn sonst hin?», sagt der immer augenzwinkernd. Und der Thorsten kommt immer mit seinem Arbeitskollegen noch im Anzug direkt zur Demo. Die sind manchmal auch nicht einverstanden mit dem, was gesagt wird, die sagen immer: Klar müssen wir helfen, wenn die aus'm Krieg fliehen – aber das muss man sehr genau prüfen. Und dann sollen Leute kommen, die hierhingehören.

So ungefähr klänge wohl der ideale-Pegida-Besucher. Der Linken-Politiker Silvio Lang fast es rustikaler zusammen, das hat aber auch seinen Charme, finde ich: «Bei Pegida laufen zu über der Hälfte Leute aus dem Umland mit. Leute, die aus kleinen Dörfern kommen, wo nichts mehr geht. Wo einmal am Tag der Bus fährt. Und man muss sehen: Sachsen hat in den letzten 25 Jahren ungefähr eine Million Einwohner verloren. In erster Linie weggezogen sind junge, gut ausgebildete Frauen. Du hast Regionen in Ostsachsen, da kommen auf 80 Frauen hundert Männer. Du hast von hundert Männern 20, die keine Frau abkriegen. Das führt zu Frustration. Bei Pegida sind es überwiegend weiße Männer zwischen 35 und 60 und meistens sexuell frustriert.»

Das lasse ich meinen Rico jetzt aber nicht sagen, ich habe ihn schon ein wenig liebgewonnen. Ich will nicht, dass er sexuell frustriert ist. Und, wie finden Sie meine Profiler-Fähigkeiten? Nicht überzeugt? Das meiste habe ich einfach aus bereits erschienen Studien zusammengefasst, vertrauen Sie mir. Aber Kontrolle ist besser, soll ja Lenin gesagt haben, und von dem kann man sich ohnehin ein paar Lebenskniffe abgucken – lief ja bei ihm. Also: Kontrollieren Sie nur. Haben Sie meinen Rico mal im Kopf, wenn Sie in den folgenden Kapiteln neue Leute kennenlernen.

Im Juli 2016 wird bekannt, dass Lutz Bachmann tatsächlich eine Partei gegründet hat, die Freiheitlich Direktdemokratische Volkspartei (FDDV). Sie soll laut Bachmann nicht in direkte Konkurrenz zur AfD treten: «Wir werden die AfD unterstützen beim nächsten Bundestagswahlkampf und nur in ganz, ganz wenigen Landkreisen oder Wahlbezirken Direktkandidaten stellen.»

Besorgte Bürger in Syrien

Nach meinen ersten Reiseerlebnissen atme ich wieder durch – in meiner Wahlheimat Berlin, genauer gesagt in meiner Blase der coolen 20- bis 40-jährigen Kreativen, irgendwo in Kreuzberg, in der sich niemand wegen der Flüchtlinge sorgt.

Genau hier treffe ich einen Freund und Kollegen, Tim. Es ist einer der ersten warmen Tage, es riecht nach Sommer, wir sitzen draußen in einem Strandkorb eines Clubs und warten, dass eine Lesebühne beginnt, wir werden dort auftreten. Tim hat einen Syrer bei sich aufgenommen, Arif. Er ist alleine hierhergeflohen. Auf dem Weg hat er sieben Tage an der mazedonischen Grenze gewartet und einen günstigen Moment abgepasst, bei dem er von den Grenzern unbeobachtet nach Mazedonien durchschlüpfen konnte, und seit einigen Monaten lebt er in Deutschland in einer Zweier-WG mit meinem Freund. Ich frage Tim, wie es Arif gerade geht. «Schlecht. Seine Familie ist ja noch in Syrien, und die Bomben kommen näher, aber sie können nirgendwohin. Weder die Truppen von Assad noch vom IS erlauben zu passieren. Die sind da eingeschlossen, und es gibt einfach keine Möglichkeit zu fliehen.» Arif hat mit seiner Schwester per Internet telefoniert. Zehn Minuten kosten 40 Dollar, aber es geht, es gibt Internet. «Sie hat Angst», sagt Arif nur. Arif kann auf Tims Küchenstuhl sitzen, wie ich es schon zig Male getan habe, und in den Krieg telefonieren.

Ich bin mir sicher, dass die allermeisten Pegida-Leute sagen würden: Die müssen da raus, na klar nehmen wir die auf, die brauchen doch Hilfe. Aber es gibt keine Begegnung. Die kennen Arif und seine Familie nicht.

Tim und ich gehen in den Club und lesen lustige Geschichten aus der Blase für die Blase in der Gewissheit, dass sie so schnell nicht platzen wird. Nur manchmal klopft die Realität an und fragt, ob sie kurz auch eine Geschichte erzählen darf, bevor man wieder getrennte Wege geht. Schön, endlich Frühling.

Die besorgten Bürger in Deutschland

Weil es mir bisher nicht gelungen ist, mit den Leuten bei Pegida direkt und ausführlich ins Gespräch zu kommen, will ich einen weiteren Versuch starten und mir Informationsveranstaltungen heraussuchen, auf denen Bürgerinnen und Bürger über die Einrichtung einer Flüchtlingsunterkunft und die genauen Umstände unterrichtet werden. Anscheinend entlädt sich auf diesen Veranstaltungen immer viel Wut besorgter Bürger, und ich würde dort gerne nachfragen, was genau ihnen Sorge bereitet. Ich erwarte Bürgerinnen und Bürger, die nicht politisch organisiert sind, sich aber vielleicht politisieren, nur dadurch, dass Asylsuchende in ihrer Nachbarschaft wohnen. Vielleicht ist das sogar spannender, als Leute zu treffen, die bereits eine gefestigte Meinung haben.

Informationsveranstaltung in Leipzig: «Das erinnert mich gewaltig an 1989.»

Ich habe von einer Veranstaltung in Leipzig erfahren, bei der über eine Flüchtlingsunterkunft informiert wird. Oder, wie es auf dem Flyer steht: «Informationen zum Standort Höltystraße 51 werden Gegenstand der Veranstaltung am Montag, dem 18. April, zwischen 19:00 und 20:30 Uhr in der Aula des Beruflichen Schulzentrums 1 der Stadt Leipzig, Crednerstraße 1, 04289 Leipzig, sein. Bürgermeister Thomas Fabian und Sozialamtsleiterin Martina Kador-Probst werden jeweils über die Vorhaben informieren und für die Beantwortung von Fragen zur Verfügung stehen.»

Wenn die Behördensprache abschrecken sollte, hat sie ihr Ziel verfehlt. Als ich um 19 Uhr ankomme, stehen vor der Schule bereits rund 70 Leute, die nicht mehr eingelassen werden. Zwei Männer von der Security versperren mir den Weg. Ich lüge ein bisschen, dass ich Journalist sei (keine Lüge), extra aus Berlin gekommen (keine Lüge) und angemeldet sei (Lüge!) und dass ich David Ehl heiße (krasse Lüge!). «Moment!», sagt einer der Türsteher im roten Polohemd und gibt über sein Headset meine Daten durch. Ich sehe, dass auf seinem Unterarm in altdeutscher Schrift «Loyal» tätowiert ist. «Neee, Sie dürfen nicht rein.» Mist. Immerhin ist besagter David Ehl im Saal. Ich stelle mich zu den anderen genervten Menschen, die nicht reingekommen sind, und sehe eine SMS von David, die ich gleich beantworte.

«till, bist du schon unten?»

«ja, komme nicht rein»

«fuck»

«fuck»

«ist ziemlich explosiv hier oben»

Ja, so klingt es auch. Ab und zu hört man jemanden schreien, dann gibt es donnernden Applaus. Währenddessen kommen immer mehr Polizeiwagen; die Polizisten steigen aus und eilen nach oben. Irgendwann stehen ungefähr zehn Mannschaftswagen vor der Schule.

«stehen noch viele draußen?»

«etwa 60, 70»

«hm, okay. hier ist für knapp über 200
bestuhlt. alles voll, etwa 20 stehen.
aber immer mehr stehen auf. gab
schon kleine randale»

«ja. sind da radikale?»

«ja, ein paar.»

An der Eingangstür hat sich ein Polizist postiert und teilt mit, dass die Veranstaltung gleich wegen des zu großen Andrangs abgebrochen würde. Ein untersetzter Mitfünfziger mit rotem Kopf raunzt den Polizisten an: «Das sollen die uns selbst sagen! Dann soll ein Verantwortlicher runterkommen! Die können euch doch nicht einfach vorschicken!»

Der Polizist steht einfach nur da und versucht erst gar nicht, zu widersprechen.

Der Wütende spricht mich direkt an. «Weißt du, an was mich das verdächtig erinnert? 1989!»

Mehr sagt er nicht, so als sei jetzt alles klar. Es rumort gewaltig, alle, die hier stehen, sind aufgebracht und beschweren sich darüber, dass sie etwas vor die Nase gesetzt bekommen, wie schlecht diese Veranstaltung organisiert sei. Und viele Sätze enden mit den Worten «Man darf ja nichts sagen, dann ist man ja gleich rechts» oder «Man ist dann gleich Nazi.»

Das Durchschnittsalter der Menschen vor dem Gebäude liegt bei 50 Jahren, und sie sind meist schlecht gekleidet. Die Farben passen nicht zusammen, die Kleidung sieht aus, als röche sie nach Polyester. Ein Vater steht mit seinen zwei Kindern etwas abseits an zwei Fahrradständern. Er trägt eine Jack-Wolfskin-Jacke, seine Kinder sind ähnlich gekleidet, ich tippe auf Lehrer. Er wirkt hier wie ein Fremdkörper. Auch bei den vermeintlich Unpolitischen sind die Fronten klar zu erkennen, denn es geht nicht nur um verschiedene Meinungen, sondern ein anderes Lebensgefühl. Ich merke das sofort an meinen eigenen Vorurteilen.

Ein Mann mit Glatze und einer langen Narbe, die sich über die ganze Stirn bis zur rechten Augenbraue zieht, verteilt Zettel. Er lächelt, als wären wir hier auf einem netten Volksfest, und er lächelt auch mir zu, als ich einen Flyer nehme. Der Flyer ist von den Reichsbürgern.

Ich schreibe David wieder.

«ist zu ende? hier sagen sie,
dass es abgesagt würde.»

«die gerüchte dringen hoch.
bisher nur buschfunk.»

«hier ist das offizielle ansage der polizei»

«hier oben ist polizei,
die haben noch nichts gesagt.»

«krass.»

«die leute, die gehen,
haben angst gehabt, haben sie gesagt.»

Es sind vor allem Ältere, die jetzt kopfschüttelnd aus dem Gebäude kommen.

«krass. es gehen auch noch mehr»

«ich führe hier oben ein minuten-
protokoll.»

«jetzt ist es vorbei.»

So ganz ist es dann doch noch nicht vorbei. Zwei Leute, die auf dem Podium saßen, kommen mit Bodyguards heraus, es bildet sich sofort eine Menschentraube um sie, viele zücken ihr Handy und filmen. Eine Frau wird angeblafft, warum sie die Veranstaltung abgebrochen habe. «Die ist von der Stasi.» «Die wollten doch, dass das hier ausfällt, das ist doch alles so geplant», hört man viele laut rufen. Es kommen einige schwarz gekleidete Gestalten mit Kurzhaarschnitten aus der Schule, die offenbar für Stress gesorgt haben. Endlich sehe ich David, der mir bestätigt, dass sie sich gewaltsam Zutritt verschafften, drei Sicherheitskräfte vor sich hergetrieben und sich dann im Saal positioniert haben. Die Stimmung war auf ihrer Seite.

Sosehr ich mich bemühe, die Nazis von den Fast-Nazis von den Konservativen von den bösen Naiven von den netten Naiven zu unterscheiden: Das Grauen ist immer nur einen Katzensprung entfernt. Hier gibt es Menschen, die sich Sorgen machen, fünf Meter weiter stürmen Nazis eine Veranstaltung.

Die meisten glauben, dass es Kalkül war, die Veranstaltung ausfallen zu lassen. Man ist hier skeptisch allen gegenüber: der Presse, der Polizei, der Stadt. Ich frage einen der Polizisten, warum man denn nicht vorher schon mehr Einsatzkräfte organisiert hat. Er antwortet: «Da ist doch nie was passiert.» Ich erwidere: «Aber so was passiert doch häufig, das steht doch in der Zeitung.»

«Ja, aber doch nicht hier.»

Man hätte es dennoch ahnen könne: Bereits vor einigen Monaten ist in der geplanten Unterkunft, einem leerstehenden Schulgebäude, ein amateurhaft gebauter Sprengsatz explodiert – er richtete allerdings keinen Schaden an.

Tage später rufe ich bei der Leipziger Stadtverwaltung an und frage, wann und wo die Veranstaltung nachgeholt wird. Eine Mitarbeiterin antwortet mir: «Ich nehme nicht an, dass das vor den Ferien noch etwas wird.» Gemeint sind die Sommerferien, also wird es frühestens im August eine Wiederholung geben. «Aber da muss man ja auch sehr viel im Vorfeld planen. Da muss man erst mal einen geeigneten Ort finden und ein Datum.» Ja, das kann schon mal vier Monate dauern. Jetzt bin auch ich sauer. Mittlerweile finde ich den Verdacht, dass hier ganz bewusst auf den Ausfall der Veranstaltung spekuliert wurde, nicht mehr ganz so abwegig. Zumindest muss man Stadt und Polizei vorwerfen, sehr schlecht geplant zu haben. Seit Wochen liest man in den Zeitungen, dass solche Veranstaltungen eskalieren. «Das ist hier noch nie passiert.» Na dann.

Schon Wochen zuvor kursierte in der Stadt ein Flugblatt, auf dem stand: «Nachdenken! Die Information ist in der Welt, und niemand kann sie wieder verschwinden lassen: Die Stadt Leipzig plant, das leerstehende Gebäude in der Höltystraße für «Flüchtlinge» als Unterkunft zu nutzen. Das betrifft uns als Anwohner jetzt also hautnah. Dabei ist es leider eine Tatsache, dass viele Bürger nicht wissen, dass die ‹Flüchtlinge› in der überwiegenden Mehrzahl illegale Einwanderer sind. Deswegen besitzen sie kein Recht, in Deutschland Asyl zu beantragen bzw. sich den Status eines Flüchtlings (nach der Genfer Flüchtlingskonvention) anerkennen zu lassen.»

Es folgen Auszüge aus der Asylgesetzgebung. Der Flyer endet mit einem Appell: «Noch besteht die Möglichkeit, die geplante verfehlte Maßnahme in der Höltystraße zu beeinflussen. Handeln Sie jetzt. Wenn Unrecht zu Recht wird, wird Widerstand zur Pflicht!» Das hat Bertolt Brecht gesagt. Der hatte ja auch immer wieder mit Flüchtlingsheimen zu kämpfen.

Jetzt habe ich zwar einen kleinen Eindruck bekommen – aber gesprochen habe ich immer noch mit niemandem. Wenn diese Informationsveranstaltungen häufiger so ablaufen, wird das ein kurzes Buch, denke ich. Im Zug zurück nach Berlin schmiede ich einen neuen Plan. Ich mache erst einmal das Naheliegendste: Ich frage in meinem Freundes- und Bekanntenkreis nach, ob sie jemanden kennen, der mit Flüchtlingspolitik nicht einverstanden ist. Ich bin überrascht: Über ein oder zwei Ecken kennt anscheinend jeder jemanden. Allerdings wollen die wenigsten sich öffentlich äußern. Fündig werde ich dann aber doch und lerne Kai, Lisa und Benjamin kennen. Der Fairness halber muss ich erwähnen, dass keiner der drei sich mir gegenüber als «besorgte Bürgerin» beziehungsweise als «besorgter Bürger» bezeichnet – und wer bei diesem Begriff an geifernde Frauen und Männer denkt, die gegen Flüchtlingsheime demonstrieren, wird enttäuscht: Keiner der drei hat sich in irgendeiner Form gegen Flüchtlinge engagiert, niemand ist bei Pegida gewesen, niemand ist politisch aktiv. Wenn ich von «besorgten Bürgern» rede, ist das erst mal neutral gemeint: Bürger, die sich angesichts der aktuellen Flüchtlingspolitik sorgen. Ich erwähne das ausdrücklich, weil ich allen drei versprochen habe, nicht unfair zu urteilen und niemanden bloßzustellen. Kai und Benjamin sind echte Namen, Lisa ist ein Pseudonym.

Kai: «Ich hab' da natürlich ein paar Nachrichtenkanäle, die ein wenig einseitig sind.»

Über einen Bekannten habe ich einen Aufruf in einem Forum für Verbindungsstudenten platziert. Ich frage, ob jemand, der etwas gegen die aktuelle Flüchtlingspolitik hat, bereit wäre, sich von mir interviewen zu lassen. Kai meldet sich. Er ist um die 40 und wohnt in der Umgebung von Berlin. Er ist groß, trägt Hemd und Brille, ist Versicherungsmakler, hat drei Kinder und ist irgendwann von Schöneberg ins Berliner Umland gezogen.

Tja, für viele sei er wohl rechts, erzählt er mir; er ist in einer Sängerschaft organisiert, bezeichnet sich selbst als Konservativen und überlegt schon länger, sich in der AfD zu engagieren, hat aber Zweifel, ob nicht vor allem in der Brandenburger AfD problematische Leute zu finden sind, sprich: ob die zu rechts sind. Er ist mit dem Handeln der Bundeskanzlerin absolut nicht einverstanden und findet, dass Merkel Werbung dafür gemacht hat, dass alle nach Deutschland kommen – vor allem die, die gar nicht vom Krieg bedroht sind, oder solche, die eine Gefahr darstellen. Außerdem fragt er sich, wie all das finanziert werden soll: «Wir reden ja nicht mehr von Milliarden, wir reden von Billionen Euros, mit allem, was dazugehört. Das sind Summen, die sprengen einfach alles.»

«Billionen» ist ein neuer Höchstwert; bei Pegida war von 50 Milliarden die Rede. Allerdings sagt Kai auch «mit allem, was dazugehört» – bei 50 Milliarden pro Jahr ist eine Billion nach 20 Jahren erreicht. Aber was macht man mit denen, die da sind, frage ich Kai.

Er findet: «Aus der Integration, von der immer die Rede ist, wird nichts. Ich bin überzeugt davon, dass es in die gleiche Richtung gehen wird wie in der Vergangenheit.»

Ich erzähle ihm von Arif, der zu Hause sitzt und nichts tun kann, außer zu bangen, dass seine Familie überlebt. «Was würdest du denn mit Arif machen?»

Kai: «Dass es da etliche gibt, die einfach nur dankbar sind, da will ich dir absolut recht geben. Das ist so, aber leider können wir nicht alle aufnehmen. Und wo ist da die Gerechtigkeit? Es werden sich natürlich einige vernünftig integrieren, wenn das Fachkräfte sind, die wir gebrauchen können. Aber wenn ich das Flüchtlingslager bei uns vor der Tür sehe: Das sind sehr einfache Leute, teilweise auch Analphabeten, denke ich.»

«Hast du die mal kennengelernt?»

«Nein, ich kenne sie nur vom Sehen, aber man gewinnt schon seine Eindrücke.»

Kai möchte noch mal über das Thema Gerechtigkeit sprechen: «Wenn man die Lage nach humanen Aspekten beurteilt, hat man folgende Situation: In halb Afrika ist Bürgerkrieg, und im Grunde sind Milliarden von Menschen auf der Suche nach einem besseren Leben.»

«Aber dann müsste man ja alle aufnehmen.»

«Ja, natürlich. Das ist doch ungerecht den Leuten in Idomeni gegenüber, die jetzt warten, nur weil die anderen schneller waren.»

So, wie Kai den Flüchtlingszulauf beschreibt, scheinen düstere Zeiten anzubrechen. Hier merkt man davon noch nicht viel. Als wir uns unterhalten, sitzen wir am Rande Berlins in einem Biergarten, das Restaurant ist zur Hälfte besetzt, es ist Frühling, man kann schon draußen sitzen, es ist so ruhig und idyllisch, dass man nicht merkt, dass das hier noch Berlin ist. Deswegen frage ich: «Woran merkst du die Zuwanderung von Flüchtlingen in deinem Leben, so ganz konkret?»

Er antwortet: «Hier gab's bisher noch keine Ausländer, die sind jetzt eben da. Das sind jetzt in unserer Gemeinde ungefähr hundert.»

Aber es gab nicht viel Protest dagegen, meint Kai. Und weiter:

«Dieses Flüchtlingsheim ist uns einfach von der Gemeinde ohne Ankündigung auf die Wiese gestellt worden. Das war eine richtig schöne Naturwiese, wo früher die Rehe rumgehüpft sind. Da steht jetzt ein Containerdorf, das ist aber auch alles. Die hundert Nasen bereiten mir keine Sorge. Ich mache mir mehr Sorgen über die Entwicklung, wenn ich mir eine Situation wie in Nordrhein-Westfalen vorstelle, wo schon jeder Zweite unter 25 einen Migrationshintergrund hat.»

Man hört, dass Kai aus Berlin kommt, weil für ihn Nordrhein-Westfalen das Schreckensszenario ist. Das Verhältnis von Angst und Schreckenszenario ist das gleiche wie von Beamer zu Leinwand: Je größer der Abstand, desto größer wird das Bild. Asylkritische Menschen aus Nordrhein-Westfalen sagen, dass es bei ihnen nicht so schlimm wie in Berlin werden soll.

Ich folge Kais Argumentation und frage, was denn schlimm an Parallelgesellschaften ist.

Kai sagt: «Du kennst die Wahlergebnisse von Erdoğan in Kreuzberg, der bekommt satte Mehrheiten von Deutschtürken. Ein alter Freund von mir hat neulich in seinem Schöneberger Kiez mal eine Umfrage gemacht zum Thema Erdoğan, unter Deutschtürken. Der meinte, er habe sich noch nie in seinem eigenen Kiez so fremd gefühlt.»

Dass viele Deutschtürken Erdoğan-Fans sind, überrascht mich auch immer wieder negativ. Ich weiß nicht, wie viele es sind, aber wenn ich höre, dass 30 000 zu einer Demonstration in Köln erwartet werden, finde ich, dass das viel zu viele sind. Aber trotzdem wohne ich gerne in Kreuzberg – nicht alle unterstützen Erdoğan, und um ehrlich zu sein: Das spielt auch in meinem Leben kaum eine Rolle. Ich begegne Deutschtürken oder Deutschen, deren Eltern mal aus der Türkei kamen, im türkischen Supermarkt, im Dönerladen, im Taxi. Man bekommt selten mit, ob jemand Erdoğan-Fan ist.

Ich frage Kai: «Wie erklärst du dir, dass an Orten, an denen nur wenige Ausländer leben, die Abneigung am größten ist und umgekehrt?»

Kai meint: «Wenn man das auf die Wahlergebnisse bezieht, muss man sagen: Das liegt in der Natur der Sache. Dass ein Deutschtürke nicht AfD wählen wird, ist klar. Wenn, dann müsste man nur alle Biodeutschen befragen.»

Ein neues Wort. Ich kann schon jetzt sagen: Es wird nicht das letzte Mal sein, dass es mir begegnet. Ich frage nach, was genau Biodeutsche sind. Kai ist irritiert und fragt, ob ich den Begriff nicht kenne; er denkt, dass ich ihn auf den Arm nehmen will. «Nein», sage ich, «ich habe es schon mal gehört, aber ich weiß nicht genau, was man darunter versteht – ich kann mir vorstellen, dass es für jeden etwas anderes bedeutet.»

Für Kai ist die Definition klar: «Ein Biodeutscher ist jemand, der einen deutschen Vater und eine deutsche Mutter hat. Die,

die eben keinen Migrationshintergrund haben. Mit Migrationshintergrund meine ich jetzt nicht Russlanddeutsche, sondern eben Personen aus einem fremden Kulturkreis.»

So ganz will ich ihm das nicht durchgehen lassen: «In Kreuzberg fühlen sich auch sehr viele Deutsche wohl.»

Kai meint: «In Kreuzberg, klar, da hast du massiv Leute, die bereit sind, für ihre politische Überzeugung über Probleme hinwegzusehen, zum Beispiel islamische Gewalt gegen Homosexuelle. Wenn irgendwo Schwule von Nazis verprügelt werden, wird darüber groß berichtet. Aber wenn die Herkunft der Täter einem nicht passt, wird das eher vertuscht. Oder die Gewalt an Schulen mit hohem Migrationsanteil. Ein deutsches Kind geht da unter. Entweder passt es sich an oder wird fertiggemacht, dann ist es ein deutsches Opfer. Das sind keine Einzelfälle, das ist eine Entwicklung, die sich deutlich verschärft, wenn du jetzt hier zwei Millionen zusätzliche Muslime ins Land reinlässt.»

Schon wieder «zwei Millionen». Ich halte dagegen, krame nach einer Zahl und klinge ein bisschen wie ein naives Kind: «Die haben gesagt, letztes Jahr waren es 800 000.»

Oh Gott, das klingt wie: Die Mama hat gesagt, dass das Wetter morgen schön wird. Aber zu meinem Erstaunen räumt Kai selbstkritisch ein: «Ich hab' da natürlich ein paar Nachrichtenkanäle, die ein wenig einseitig sind.»

In Kais Nachrichten würde ich wahrscheinlich als «naiver Gutmensch» bezeichnet. Das will ich gleich mal überprüfen.

«Kannst du Menschen verstehen, die sich keine Sorgen machen?»

«Nein, nicht angesichts dieser ganzen Entwicklung, der

Zahlen, Daten, Fakten. Nimm die libanesischen Clans in Berlin. Die sind aus dem Libanon vor dem Bürgerkrieg geflohen, jetzt gehört ihnen die gesamte Berliner Unterwelt.»

Das Interessante ist: Kai gebraucht immer wieder solche Schlagwörter, libanesische Clans, eine Übermacht von Türken an den Schulen, Erdoğan-Fans, Gewalt gegen Schwule – und mir fällt dazu immer etwas ein, ein Bild nach dem anderen ploppt auf, ich erinnere mich an die eine vage Geschichte eines Bekannten, an den Zeitungsartikel, ich kann nichts Konkretes dazu sagen, es gibt die Bilder auch in meinem Kopf, klar, aber es gibt auch kein Fakten-Wissen dazu. Die Frage, die eigentlich über allem allem steht, lautet: Wie groß ist das Problem? Ist das ein Einzelfall oder nicht? Und die Nachrichtenkanäle, die laut Kais Aussage «etwas einseitig» sind, wissen sogar darum: Höhnisch wird eine Meldung über einen Flüchtling, der geklaut hat, von Pegida-Anhängern mit den Worten «Natürlich wieder nur ein Einzelfall» kommentiert. Es gibt sogar eine Facebook-Seite, die «Einzelfall» heißt, einziges Thema: Asylmissbrauch.

Ich frage Kai, was er denn jetzt mit den Leuten tun will, die hierhergekommen sind.

Er weiß es: «Die muss man wieder zurückschicken. Wenn ich als Familienvater die Bilder aus Idomeni mit den Kindern im Schlamm sehe, muss ich sagen: Das ist furchtbar. Aber eigentlich muss man auf die Eltern sauer sein. Die versuchen uns mit diesen Bildern zu erpressen.»

Ich bin ernsthaft verblüfft. «Aber die müssen doch ihre Kinder mitnehmen?!»

«Natürlich», sagt Kai, «aber die könnten in reguläre Flüchtlingslager gehen. Ist ja bekannt, dass es Flüchtlingslager gibt, wo die nicht hingehen, sondern sich in Idomeni an die Grenze setzen bei Regen und Nässe, um uns bewusst moralisch unter Druck zu setzen, weil sie eben nach Deutschland wollen.»

Tatsächlich sind viele der Geflüchteten in Idomeni bewusst nicht in ein offizielles Lager gegangen. Eine Erklärung, die ich dafür gehört habe ist, dass man dort autonom und frei von staatlicher Kontrolle unterkommen wollte.

Ich frage mich, warum die Flüchtlingssituation überhaupt ein Thema ist, wo sie doch im täglichen Leben der meisten gar keine so große Rolle spielt. Das will ich auch von Kai wissen.

«Warum stürzen sich viele eigentlich auf die Flüchtlingskrise und nicht auf ungerechte Verteilung? Jetzt wurden die Panama Papers veröffentlicht, die zeigen, wie Firmen und Reiche vermeiden, Steuern zu zahlen.»

Kai antwortet: «Das sieht man natürlich nicht. Dass Superreiche sich ihrer Steuerpflicht entziehen, kostet mehr Geld als die Flüchtlinge derzeit, ganz klar. Da ist eine unterschiedliche Wahrnehmung.»

Wir haben offenbar immer eine unterschiedliche Wahrnehmung. Für Kai ist der Islam wirklich ein Problem: «Wenn man einen Moslem fragt: Was wirst du machen, wenn deine Tochter später einen Christen heiratet? Dann wird man merken, dass da ganz schnell die Toleranz endet.»

Ich frage ihn, was er machen würde, wenn seine Tochter einen Moslem heiraten will. Kai ist sich sicher: «Das wäre mir absolut nicht recht, ganz klar.»

«Ist das nicht die gleiche Form von Intoleranz?»

«Aber es gibt große Unterschiede in der Handhabung. Mit

dem Koran kann man durchaus rechtfertigen, dass man sein Kind deswegen umbringt.»

Ich erinnere mich dunkel an meinen Religionsunterricht und behaupte mehr, als ich feststelle: «Aber in der Bibel steht ‹Steinigt die Schwulen›, im Buch Leviticus.»

Das ist Halbwissen im Quadrat. Aber ehrlich gesagt wollte ich, dass es nach etwas klingt. «Buch Leviticus», hört, hört, das geht doch gut rein. Ich hätte auch sagen können: Aber in der Bibel stehen auch schlimme Sachen. Wahrscheinlich wäre Kais Antwort die gleiche gewesen: «Das ist das Alte Testament. In der Bibel sind beide Testamente. Das Neue Testament kann man nicht mit dem Koran vergleichen.»

Zwei Sachen sind mir bei Kai deutlich aufgefallen – zum einen eine völlig andere Sicht auf die Welt, was sicherlich damit zu hat, das wir unterschiedlich aufgewachsen sind und aus verschiedenen politischen Lagern kommen – aber auch damit, dass Kai häufig andere Medien nutzt. Er hat eine Menge Beispiele, die zeigen, dass Integration nicht funktioniert, weil Einwanderer kriminell werden. Das Einzige, was ich dem entgegenzusetzen habe, ist mein Alltag in Kreuzberg.

Zum anderen höre ich, dass Kai eine sehr klare Vorstellung davon hat, was Deutschland ist: Viele Biodeutsche, und ein paar Ausländer sind okay, aber nicht zu viele – weil die nicht mehr integriert werden können.

Ich bin gespannt, ob ich diese Argumentation häufiger zu hören bekommen werde.

Als wir uns verabschieden, sagt Kai zu mir: «Das kannst du ruhig aufschreiben: Ich würde mir wünschen, dass ich mich irre, aber ich habe mich in der Vergangenheit selten geirrt, leider.»

Ich wünsche mir auch, dass er sich irrt.

Lisa: «Kennst du einen gebildeten Syrer?»

Da, wo Berlin im Osten aufhört, cool zu sein, liegt Lichtenberg, und dort wohnt Lisa. Über eine Bekannte entsteht ein Kontakt. Sie empfängt mich in ihrer Wohnung, ihre Freundin Tanja ist auch da. Ob ich Kaffee wolle, ja, klar, gerne, erst mal wird in der Küche eine Zigarette geraucht. Dann geht es ins Wohnzimmer. Ich setze mich auf die große, weiße «Wohnlandschaft», die ein auf den Fernseher ausgerichtetes U bildet. Lisa fragt mich, wie viele Leute ich denn schon interviewt hätte, was die meisten sagen würden und ob ich schon einmal Ärger bekommen hätte. Ich bin etwas verdutzt. Wie, Ärger bekommen? Na ja, weil die Leute so wütend seien. Ich antworte: «Nein, ich frage ja eigentlich nur nach.» Ich merke schnell, warum Lisa fragt: Sie wird bei dem Thema sehr schnell wütend. Auf ihre Meinung zur Flüchtlingsdebatte muss ich nicht lange warten. «Ich bin dagegen!», sagt sie. Gegen was genau?

«Gegen die ganzen Asylbewerber, weil die uns überfluten, die sind nicht geschult, die haben eine so niedrige Schulbildung, dass sie noch nicht mal wissen, dass die Frauen genauso viele Rechte haben wie die Männer, und die werden erniedrigt, ich habe einfach Angst davor, dass es in fünf Jahren nur noch Frauen gibt, die Kopftücher tragen müssen.»

Sie ist schnell aufgeregt, so geht es noch eine ganze Weile. Sie zählt auf, was man in Berlin schon nicht mehr machen könne wegen der ganzen Südländer:

«Man wird belästigt von den Menschen, ich fahr' schon gar nicht mehr nach Neukölln, und wenn, dann ziehe ich mir mit Absicht eine Jogginghose an und schmink' mich gar nicht, dass die mich bloß nicht ansprechen. Wenn ich in Neukölln bin, wird man von sieben von zehn Leuten angesprochen, ‹Gib mal deine Nummer› oder ‹Komm' mal Kaffee trinken›, und wenn du antwortest, kein Interesse, dann sagen sie ‹Du Nutte› oder ‹Verpiss dich› oder wie auch immer. Wo die Ausländerrate sehr hoch ist, werde ich permanent angequatscht.»

Lisa ist vor 15 Jahren von Polen nach Deutschland gekommen. Ihr Vater war Alkoholiker, die Mutter starb früh an einem Schlaganfall. Sie hat sich durchgekämpft, ist putzen gegangen: «Und irgendwann habe ich mein Mann kennengelernt, wir haben geheiratet und zwei Kinder, ich habe keine Ausbildung, habe mindestens zehn Jahre gebraucht, um die Sprache zu beherrschen.»

Irgendwie schafft sie es, eine Ausbildung zu machen, und arbeitet als Arzthelferin. Aber irgendwann macht die Arbeit sie krank – es ist zu viel Arbeit in der Praxis, sie sind hoffnungslos unterbesetzt, aber ihre Chefin lässt nicht mit sich reden: «Ich habe mit meiner Chefin gesprochen, dass wir unterbesetzt sind, ich war ganz alleine in der Praxis, alle 15 Minuten kommen bestellte Patienten, nebenbei muss man die ganzen Schwangeren betreuen, noch nebenbei assistieren und Termine vereinbaren am Telefon. Ich war ein Jahr da, du kannst meine Freunde fragen, wie ich aussah. Ich habe nichts mehr gegessen, ich konnte mich nicht anziehen. Ich konnte nicht. Dann bin ich zum medizinischen Dienst geschickt worden, die haben mich wieder gesundgeschrieben. Nach zehn Minuten Gespräch, obwohl ich wusste: Ich kann nicht mehr. Ich arbeite wirklich viel und bin sehr fleißig, aber meine Chefin hat das nicht anerkannt und mir mehr Aufgaben gegeben, weil meine Kollegin nicht hinterhergekommen ist. Das schaffst du doch gar nicht, da machst du Fehler. Ich bin 'ne Fachkraft, normalerweise sollte ich 13 Euro die Stunde bekommen, ich habe für 9 Euro 70 gearbeitet.»

Drei Wochen nachdem sie erkrankt ist, wird sie entlassen. Von ihrem Gehalt ist es für Lisa nur ein kleiner Schritt zur Flüchtlingsdebatte:

«Ich finde das blöd, dass die Flüchtlinge so viel Geld bekommen, 670 Euro als Unterhalt stand im Internet, und ich kriege jetzt 1000 Euro für mich und meine beiden Kinder, ich muss 550 Euro für die Miete bezahlen, 48 Euro für den Strom.»

Sie stört, dass die Asylbewerber so undankbar seien, erzählt, wie die Menschen in Asylunterkünften Geschenke weggeschmissen hätten, sich in der ersten Nacht wegen des Essens beschwerten.

«Das sind für mich keine Flüchtlinge, die hierherkommen, um Schutz zu suchen. Weißt du, ich bin dankbar dafür, dass ich mal Hilfe habe, das ich in 'ner Wohnung sitze, und klar ist es zu wenig, aber ich bin froh darüber, und die kommen hierher und haben nur Forderungen und können sich trotzdem nicht benehmen. Das sind keine Kriegsflüchtlinge, das sind Wirtschaftsflüchtlinge, denn bei Kriegsflüchtlingen merkt man, dass die dankbar sind, dass sie überhaupt einen Platz haben.»

Sie hatte diese Geschichten aus «erster Hand», wie sie

betont, denn ihr Freund arbeitet beim Sicherheitsdienst in einem Flüchtlingsheim in Berlin. Er heißt Sascha, wohnt mit ihr zusammen, und ich bin heilfroh, dass er nicht da ist. Irgendwann schaltet sich Tanja, Lisas Freundin, in unser Gespräch ein:

«Ich habe auch Angst, wenn meine Kinder alleine in die Schule gehen, gerade im Winter, wo es dunkel ist. Du weißt ja nicht, was für Gestalten draußen auf der Straße sind, es kann ein Deutscher sein, es kann auch ein Ausländer sein. Aber ich traue mich noch nicht mal mit meinen Kindern in Urlaub zu fliegen, ich trau' mich einfach nicht, wegen der ganzen Attentate, den Bombenanschlägen, alles. Ich trau' mich nicht, ich habe einfach Angst, dass mir und meinen Kindern was passiert.»

Ich sage ihr, dass die Chance, bei einem Attentat zu sterben, doch immer noch sehr gering ist.

Tanja antwortet: «Aber trotzdem hast du Angst. Ich habe auch gesagt, ich besuche jetzt keine Veranstaltung, nehme keinen Bus, in dem viele Menschen sind.»

Hier gibt es kaum ein Durchkommen, merke ich. Ich versuche es anders und frage Lisa, warum sie glaubt, dass die heutigen Flüchtlinge undankbar seien und den Staat plündern wollten. Von Geschichte zu Geschichte ist Lisa etwas wütender geworden, redet laut, engagiert, gestikuliert groß, wird scharf im Ton. Sie ist sauer auf die Flüchtlinge, natürlich, nicht auf mich. Aber ich habe Angst, dass sich ihre Wut auf mich richten wird, wenn ich die Frage stelle, die mir schon die ganze Zeit unter den Nägeln brennt. Aber egal. Ich muss. Ich frage, was den an der Situation der Flüchtlinge anders sei als bei ihr, denn streng genommen sei sie ja auch ein Wirtschaftsflüchtling.

Tina eilt sofort zur Unterstützung: «Die ist ja nicht reingekommen und hat gebettelt. Sie hat ja Arbeit und alles.»

Ich frage Lisa noch mal, warum sie glaubt, dass die Flüchtlinge von heute sich nicht so integrieren werden, wie sie es getan hat – ich möchte vermeiden, konkret zu sagen: Warum glaubst du, du seist besser als eine Frau, die aus Syrien flüchtet?

Sie antwortet: «Weil die Politik das zulässt. Weil die sagen, die kommen her, die haben nichts, also geben wir denen etwas, und die haben aber Spaß. Ich kann nicht von dem Geld, was ich habe, mit den Kindern zum Reiterhof fahren.»

Spätestens hier werde auch ich emotional. Wie Neid und Missgunst schwer in der Luft liegen, wie unendlich klein man sich durch so eine Rechnung macht: Ist sie ernsthaft eifersüchtig auf Flüchtlinge? Das ist doch nicht ihr Ernst, denke ich und halte dagegen: «Aber die bekommen doch nicht mehr Geld als du?»

«Sie haben 140 Euro Taschengeld. Guck mal auf mein Konto, ob ich 140 Euro Taschengeld für mich habe, wo ich damit ins Kino gehen kann. Ich hab' jetzt für meine Kinder nicht mal für Sommersachen Geld.»

Man hätte es spätestens hier dabei belassen können, eigentlich spricht es für sich – sie will ungerecht sein, aber ich bin angespitzt: Jetzt will ich auch gewinnen! Ich sage, dass die Flüchtlinge doch viel weniger Taschengeld bekämen als sie Hartz IV, sie entgegnet, dass viele Flüchtlinge Sachen geschenkt und umsonst Essen bekommen. Ich erwidere, dass man als Flüchtling zu Anfang mit Glück mit drei weiteren Flüchtlingen auf einem Zimmer sei. Sie antwortet:

«Ich teile meine Wohnung auch mit drei Leuten.»

Ich gebe noch nicht auf. «Eine 3-Zimmer-Wohnung ist nicht das Gleiche wie ein Zimmer in einer Erstaufnahmestelle.»

Lisa antwortet: «Ehrlich, bei sich im Land, was haben sie denn? Eine Bude, wo sie zu acht in einem Loch wohnen, wo sie in ein Loch scheißen. Ist das nicht so? Und dann kommen die hierher und können sich nicht mal benehmen, weißt du?»

Es ist unfassbar. Auch was sie sagt, aber vor allem, dass ich immer noch nicht aufhöre zu diskutieren. Ich frage sie, ob sie wirklich glaubt, dass sich hier alle Flüchtlinge danebenbenehmen. Ich will das jetzt einfach mal durchdiskutieren, das darf doch nicht wahr sein! Sie muss nicht lange nachdenken: «Ja. Man muss sich nur die Videos angucken, wie die sich früher im Irak benommen haben, als sie Probleme mit dem Hussein hatten. Menschen, die auf eine Statue losgehen und mit Latschen schlagen. Die sind für mich keine gebildeten Menschen, die sich vorstellen können, wie die Welt denn draußen aussieht.»

Später merke ich: Man hätte eigentlich an dieser Stelle auch lachen können. Aber mir ist es jetzt ernst. Ich will wissen, ob man Lisa nicht überzeugen kann. Ich sage ihr, dass es in jedem Land Gebildete und Ungebildete gäbe, wie in Deutschland auch.

Auch Lisa ist angeschlagen, ihr Ton ist mittlerweile sehr kühl, als sie sagt: «Nenne mir Leute, die da gebildet sind.»

Ich mache immer noch weiter. «Ich kennen einen Syrer, der wohnt in Hamburg.»

Lisa beendet die Diskussion, indem sie sagt: «Das ist die Lügerei von oben», und gleich darauf schaltet sie wieder auf Angriff, erzählt von ihrem Thema, der Dreistigkeit der Flüchtlinge: «Und es gibt Menschen, die sagen, ich möchte wieder zurück nach Hause, ich dachte, wenn ich nach Europa komme, bekomme ich ein Haus und Auto. Das geht ja gar nicht. Wenn sie sich wenigstens integrieren können. Aber die können sich nicht integrieren.»

Dann erzählt sie, dass niemand sich um die Obdachlosen kümmern würde, dass man doch zuerst an die Deutschen, «die eigenen Leute» denken müsse, berichtet davon, sie hätte in der Zeitung gelesen, man würde die Bevölkerung bitten, keine Miniröcke mehr zu tragen.

Als hätte auch sie Angst, dass wir uns nicht erwürgen, schlägt sie vor, dass wir erst mal in der Küche eine Zigarette rauchen. Super, sehr gut. Wir rauchen und reden über etwas anderes, uns allen tut diese Pause gut, und als ich gerade beginne, mich wieder wohl zu fühlen, wird ein Schlüssel ins Türschloss gesteckt. «Das ist Sascha», sagt Lisa. Ja, es ist Sascha. Ich fühle mich schlagartig so, als hätte ich drei Kannen Kaffee getrunken. Sascha scheint bei seiner Berufswahl alles richtig gemacht zu haben. Es ist einer von den richtigen Sicherheitsleuten, kein Rentner, der sich ein paar Euro dazuverdient und nachts mit Taschenlampen in Ecken leuchtet, sondern aus der Liga «Freundchen, noch einmal, dann ist Schluss für dich, verstanden?!».

Sascha isst solche Leute zum Frühstück. Er ist sehr groß und sehr breit und sieht aus wie jemand, den man nicht zum Feind haben will. Schön, dass wir jetzt auch mal die Gelegenheit haben, uns ausführlich über seine Arbeit in Flüchtlingsunterkünften und vor allem über seine Ansichten unterhalten zu können. Das meint auch Lisa: «Der Sascha kann dir auch ein paar Geschichten erzählen», sagt sie. Wir schütteln uns die Hände, was bedeutet: Ich darf mein Kinderhändchen von Saschas Pranke umschließen lassen. Als er sie öffnet, ist meine Hand noch da, ich freue mich. Ohne es zu wollen, stehe ich emotional in der Schlange einer Großraumdisko: Man ist etwas zu betrunken und spielt nüchtern. Ich bin nicht betrunken, aber diesmal spiele ich nüchtern, damit man mir nicht anmerkt, dass ich ein bisschen Angst habe und außerdem, das ahne ich jetzt schon, andere politische Ansichten. Es stellt sich allerdings schnell heraus, das Sascha ganz freundlich ist und weniger aufbrausend als seine Frau. Wir gehen zurück ins Wohnzimmer, und ich frage ihn, wie er denn über die ganze Flüchtlingsthematik denkt. Er antwortet: «Dass es Menschen gibt, die Hilfe brauchen, verstehe ich, dass es Menschen gibt, die es ausnutzen, verstehe ich auch, leider ist meine Erfahrung, dass es viele ausnutzen.

Ich mache das ja schon paar Jahre. Und da kam die sogenannte Doppelnutzung.»

Ich frage nach, was Doppelnutzung bedeutet. Saschas Antwort:

«Indem man einfach zwei Namen angibt. Als sie aufgenommen wurden, wurden Pässe nicht großartig kontrolliert, oder Pässe waren nicht vorhanden. Und ich habe noch nie so viele getroffen, die am 01. 01. 1980 geboren sind. Weil man sich das anscheinend gut merken kann. Dementsprechend haben sie eben diese Doppelauszahlung genutzt, indem sie sich in zwei Heimen unter verschiedenen Namen angemeldet haben. Das ist erst viel später aufgefallen. Also, es wurde viel Schindluder getrieben. Dazu kommt Versandhandelbetrug, alle haben bei Otto und Neckermann bestellt und nicht bezahlt. Mittlerweile liefern die Versandhäuser nicht mehr dahin. Ich habe noch nie so viele neue Handys, Laptops, noch nie so viele Tablets gesehen, so schlecht kann's denen dann nicht gehen. Tut mir leid, wenn ich das so sage.»

Die gute Nachricht ist sicherlich: Lisa und er haben in diesem Punkt die gleiche Meinung. Ich glaube, dass Gemeinsamkeiten wichtig sind für eine Beziehung. Sascha klingt wie eine entschärfte Version von Lisa, ist weniger polemisch, hat dafür aber mehr Beispiele. Das stimmt mich milder, denn ich denke: Ja, kann alles sein, dass er das so erlebt.

Die schlechte Nachricht ist: Ich habe das Gefühl, in einer Zeitschleife gefangen zu sein und immer wieder das Gleiche zu sagen. Jetzt sage ich zu Sascha, dass die Menschen in Erstaufnahmeeinrichtungen doch nur Kost, Logis und etwa 140 Euro Taschengeld bekommen würden.

«Sage ich nichts zu», meint Sascha.

«Sondern?» frage ich.

«Ist stellenweise höher.»

Sascha hat es wirklich raus, geheimnisvoll zu tun. Nach jeder Antwort lächelt er und signalisiert: Frag nach. Klassisches Ködergespräch.

Ich frage, wie viel höher, und er antwortet:

«Das sind teilweise Zahlungen bis zu 600 Euro».

Ich frage ihn, wie das zustande kommt.

Sascha meint: «Wie das zusammenkommt, kann ich auch nicht sagen, wir betreuen nur die Sicherheit.»

Aha. Was heißt denn das jetzt? Ist das eine Vermutung oder eine Tatsache?

Sascha antwortet: «Ja. Also ansonsten wäre das mit 140 Euro nicht zu erklären, wo dieser ganze Besitz herkommt. Dass man ein Handy braucht, das verstehe ich, wenn man Flüchtling ist, dass man in Kontakt mit seiner Familie bleiben kann. 140 Euro mag der normale Satz sein, es gibt deutlich höhere Bezüge.»

Das klingt, als habe er nie gesehen, dass jemand mehr Geld bekommt, aber der viele teure Technikkram für ihn keinen anderen Schluss zulässt als den, dass manche mehr Geld bekommen. Ich frage ihn, ob er denn auch Menschen erlebt, die das System nicht ausnutzen.

«Absolut», meint er. Und weiter: «Wer mein absolutes Verständnis hat, sind Familien, die flüchten. Kriegsflüchtlinge, so sage ich das jetzt einfach mal. Was ich nicht befürworten kann, sind Wirtschaftsflüchtlinge, die sagen, Deutschland ist das Gelobte Land.»

Sascha erzählt, dass es ihm komisch vorkomme, dass vor allem junge Männer hierherkämen, dass man seine Familie nicht zurücklassen dürfe. Ich sage, dass ich das logisch fände, zuerst die loszuschicken, die stark genug sind zu fliehen. Er entgegnet, dass aber auch Frauen und Kinder hierherkämen, und: «Es gibt ja auch den normalen Flüchtlingsweg, man muss nicht in einer Nussschale illegal irgendwo lang schippern, wenn man flüchtet, gibt's auch dafür Lösungen.»

Der normale Flüchtlingsweg? Ich frage nach, was das ist.

«Na, indem man sich am Hafen sammelt, da gibt's so Fähren, die Leute abtransportieren, wenn's richtige Kriegsflüchtlinge sind. In Ländern, die als Kriegsländer eingestuft sind. Klappt wahrscheinlich nicht hundertprozentig, verstehe ich auch, aber ich kann mir nicht vorstellen, dass es einfach Millionen Menschen betrifft, die da flüchten.»

Diesmal mache ich kein Fass auf. Ich will lieber von Sascha wissen, wie seine Arbeit ist, was er in den Unterkünften, in denen er in Berlin eingesetzt wird, erlebt. Ich frage nach, ob die Erstaufnahmestellen leerer werden.

«Also, es sind jetzt aktuell welche geräumt worden, hatte aber hygienische Gründe. Es wird jetzt einfach wieder verteilt, weil diese Turnhallen auf Dauer keine Lösung sind.»

Ich frage ihn, wie man denn jetzt mit den hierher Geflohenen umgehen sollte. «Die sind ja erst mal da», sage ich.

Sascha antwortet: «Wer sich integrieren möchte, kann das von mir aus tun. Warum nicht. Wir sind ein Einwanderungsland. Das beginnt für mich bei der Sprache. Die lernen Deutsch, die unterhalten sich mit dem Sicherheitspersonal, es kommen Freiwillige, die Deutschkurse anbieten.»

Er berichtet von vielen Freiwilligen, die in den Unterkünften arbeiten:

«Wir haben Ärzte, die sich da engagieren, die sich ein kleines Zimmerchen einrichten, in dem sie ein bisschen behandeln können. Dann Lehrer oder auch Studenten, die unterrichten und bei der Bürokratie helfen.»

Und ja, manchmal gebe es Stress in den Unterkünften, dann muss Sascha mit seinen Kollegen eingreifen. Aber Sascha kann sich das erklären: «Das ist der sogenannte Lagerkoller, so würd' ich's nennen. Ist natürlich verständlich, die Leute haben nichts zu tun, außer zu warten, und das sind junge Männer, die kommen auf Ideen, die nicht so praktisch sind. Und manchmal sind es auch Leute, die sich kennen oder sogar in ihren Herkunftsländern verfeindet sind, also es kommt dann gelegentlich zu kleinen Raufereien. Ich persönlich würde auch nicht in einer Turnhalle mit Doppelstockbetten und 200 anderen wohnen wollen, wo jeder rülpst und pupst. Und die Kinder machen den ganzen Tag Krach.»

Ich frage ihn, wie es ihm damit geht, mit einer kritischen Einstellung den Flüchtlingen gegenüber dort arbeiten zu müssen, und dann noch als Sicherheitspersonal. «Ich könnte mir vorstellen, dass man dann nie die guten Momente erlebt.»

Sascha antwortet: «Das kann man so nicht sagen. Ich will nicht sagen, dass sich da Freundschaften bilden. Aber es gibt da auch ganz tolle Leute, Familien, die kochen auch für die Sicherheitsmitarbeiter. So was gibt's auch. Im Gegenzug gibt es auch Leute, die von vornherein einfach eklig sind, also die das einfach gar nicht wollen. Weiß ich auch nicht, Hygiene-unterschiede gibt's anscheinend auch.»

Sascha erwähnt das Thema Hygiene häufiger, ich spreche ihn darauf an, weil es ihm offenbar wichtig ist.

«Die wissen teilweise nicht, wie eine Toilette funktioniert. Dass man denen erst mal nahelegen muss, dass so ein Pissoir nicht zum Füßewaschen ist. Da trinkt man nicht draus, und das größere Aa kommt in die Toilette und nicht davor. Und wir setzen uns auf Toiletten und stellen uns nicht drauf. Es sind wirklich kulturelle Unterschiede, ich frage mich, was da los ist. Das kann doch nicht so schwierig sein. Dann wurde versucht, Müll in die Toilette runterzuspülen. Ganze Tetra Paks werden da reingestopft. Hat natürlich nicht so gut funktioniert.»

Während er das erzählt, merke ich, dass sich Lisa unver-hohlen freut. Es ist so, also würde Sascha seiner Freundin ihre Lieblingsgeschichte erzählen. Zum Schluss berichtet er, was am Anfang schieflief, was organisatorisch besser gemacht wurde. Er klingt versöhnlich:

«Es ist ja auch für Deutschland 'ne neue Geschichte, das muss sich erst mal alles einspielen, dass es nicht überall flutscht, ist, glaube ich, verständlich, und wo gehobelt wird, fallen Späne. Absolut.»

Als ich draußen bin, atme ich auf. Lisas Hass, ihre Missgunst und ihr Neid beschäftigen mich noch Wochen später. Vor allem, dass sie überhaupt nicht zugänglich für rationale Argumente war. Sie ist einfach wütend darüber, wie schwer sie es hatte und wie vermeintlich leicht es jetzt die Flüchtlinge haben. Bevor Sascha kam, hat sie noch die Geschichte ihrer Ankunft erzählt.

«Ich muss dir gestehen, früher habe ich Leute auf der Straße kennengelernt. Ich habe auf dem Spielplatz geschlafen, ich habe auf dem Bahnhof geschlafen, ich habe Landsleute von mir kennengelernt, wir waren in einem Zimmer zu acht. Und da gab es keine Übergriffe. Man hat sich gegenseitig geholfen. Mich hat keiner belästigt.»

Vielleicht erklärt das, warum sie so wütend und unbarmherzig ist: Sie hätte sich damals über eine Unterkunft gefreut, sie wäre dankbar gewesen. Und vielleicht deshalb auch der Vergleich mit den Obdachlosen: Sie hat selbst erlebt, was es heißt, obdachlos zu sein.

Grundsätzlich kann man sagen: Man kann gar nicht genug Respekt davor haben, was sie hier in Deutschland geschafft hat. Ich kann mir nicht vorstellen, alleine abzuhauen, obdachlos zu sein, eine Sprache lernen und dann sogar eine Ausbildung zu machen. All das will man ihr sagen: «Extrem toll, Lisa, sei stolz auf dich!» Wären da nicht diese verstörenden Meinungen. Lisa ist eine Bilderbuch-Besorgte. Und in diesem Bilderbuch für Erwachsene steht die Binsenweisheit: Immer, wenn es dir schlechtgeht, suche dir jemanden, dem es noch schlechter geht.

Und diese Angst? Sie hat wirklich Angst vor Südländern, genauso wie ihre Freundin, die wegen der Anschläge nicht mehr in den Urlaub fährt. Ich wohne fünf Kilometer von Lisa entfernt, aber uns trennen Welten.

Natürlich kann ich schwer nachvollziehen, wie es ist, als Frau angemacht zu werden. Eine Freundin, die seit zehn Jahren in Neukölln wohnt, sagte mir, sie sei noch nie von Südländern angemacht worden, und erst zweimal von Deutschen. Klar, das beweist auch nichts. Aber es gibt offenbar sehr unterschiedliche Erfahrungen. Lisa hat so viel Angst, dass sie die öffentlichen Verkehrsmittel nicht mehr benutzt.

Angst hat kein Abitur

Bei Risikoforscher Prof. Ortwin Renn frage ich nach, ob er Lisa ihre Angst in Bezug auf drohende Vergewaltigungen nehmen kann. Er meint: «Rein statistisch gesehen geht in Berlin und ganz Deutschland die Zahl der Vergewaltigungen leicht zurück. Das kann in einzelnen Stadtteilen unterschiedlich sein, das wissen wir nicht. Und wir gehören im internationalen Durchschnitt, was Vergewaltigung betrifft, zu den unteren 10 Prozent der Welt. Zwar hinter der Schweiz und Norwegen, aber wenn Lisa irgendwo leben will, wo es wenige Vergewaltigungen gibt, dann ist Deutschland ihr Land.»

Das könnte ein schöner Abschluss sein – man sagt Lisa einfach: «Nee, du, die Statistik sieht aber anders aus, du musst keine Angst haben.» Und sie sagt: «Ach so, dann ist ja alles in Ordnung.»

Schade, dass es nicht so einfach ist. Wie ihre Freundin Tanja meinte: «Ich habe aber trotzdem Angst.» Warum ist

Angst eigentlich so hartnäckig? Vor allem die Angst vor dem Fremden, also Xenophobie?

Ich frage den Angstforscher Prof. Borwin Bandelow, woher Xenophobie kommt. Er hat *Das Angstbuch* geschrieben und erklärt:

«Die Xenophobie scheint aufgrund eines Ausleseprozesses entstanden zu sein. In der Urzeit waren wir in Stämmen organisiert. Wenn die Nahrungsmittel knapp wurden, hat der eine Stamm den anderen bekämpft. Nach dem Darwin'schen Prinzip «survival of the fittest» überlebten die Stämme, die sich brutal gegen die anderen Stämme durchgesetzt haben. Die Angst vor fremden Stämmen haben wir noch heute in unseren Genen. Wie auch andere Phobien sitzt die Xenophobie in einem nicht besonders intelligenten Teil des Gehirns – der hat keinen Hochschulabschluss.»

Es gibt Teile des Gehirns, die haben keinen Hochschulabschluss – was für ein schöner Satz! Das erklärt auch, warum ich vor allem bei Lisa das Gefühl hatte, gegen eine Wand zu reden – und auch, dass jeder dafür anfällig ist, denn diesen dummen Teil des Gehirns hat jeder, auch die Superschlauen: «Dieses Xenophobie-Gehirn ist zwar dumm, kann aber auch bei einem Professor wirksam werden. Wenn ich früher einen Patienten mit Spinnenphobie behandelte, dachte ich immer: Warum versteht er das nicht, ich habe ihm zwanzigmal erklärt, dass es hierzulande keine gefährlichen Spinnen gibt!, bis ich kapiert habe, dass ich nicht mit dem intelligenten Teil des Gehirns meines Patienten rede, sondern mit einem archaischen, ziemlich einfach gestrickten Teil, der noch aus einer Zeit stammt, in der die Spinnen hochgefährlich waren. Der Patient kann alles andere wunderbar beurteilen, nur bei der

Spinne klinkt sich die Logik aus, weil es eine Urangst ist. Das erklärt auch, dass alle Menschen, auch die hochintelligenten, eine Xenophobie haben können.»

Bandelow beschreibt, dass das Hirn wie eine Zwiebel organisiert ist, «innen drin sind die Überlebensfunktionen, und weiter außen befinden sich die höheren intelligenten Funktionen, die die Tiere nicht haben».

Aber dieses primitive Angstsystem ist eine Überlebenskapsel, die wir immer noch in uns tragen – völlig veraltet, aber immer noch top in Schuss. So gesehen klingt es fast wie ein Wunder, dass so wenige Menschen Angst vor Fremden haben. Aber, sagt Bandelow, «Fremdenfeindlichkeit hat einen Gegenspieler, das soziale Gehirn. Das sagt: Hilf deinem Mitmenschen. Auch dieses ist entwicklungsgeschichtlich entstanden. Denn Menschen haben sich schon immer geholfen. Wenn wir keine sozialen Wesen wären, hätte die Menschheit nicht bis heute überlebt. Die Mehrzahl der Menschen agiert die meiste Zeit sehr sozial. Wenn es aber einen Widerstreit zwischen dem sozialen Engagement und der Xenophobie gibt, fällt das natürlich von Mensch zu Mensch unterschiedlich aus.»

Man kann sich natürlich zwischen diesen beiden Polen entscheiden und etwas gegen die Angst tun. Der Professor kommt selbst drauf zu sprechen, warum in manchen Regionen die Angst dominierender ist als anderswo: «Das kann ja nicht sein, dass in Sachsen-Anhalt die 25 Prozent der Menschen, die AfD wählen, alle Nazis sind. Das sind ganz normale Leute. Ich glaube, dahinter steckt vielfach diese Angst, was man hat, wieder zu verlieren. Das ist auch eine Urangst des

Menschen, Geld zu haben und es dann zu verlieren. Dahinter steckt die uralte Angst vor dem Verhungern. Es ist natürlich abwegig zu befürchten, dass die Zuwanderung letztlich dazu führt, dass wir verhungern.»

Es ist so ärgerlich, wie dumm wir Menschen sind. Als würden sich Teile von uns wieder danach zurücksehnen, die Zeit mit Mammutjagen und Höhlenmalerei totzuschlagen. Wenn wirklich bei vielen Menschen die Angst vor dem Verhungern abgerufen wird, erklärt sich auch die enorme Energie, mit der Menschen gegen Flüchtlingsheime demonstrieren. Wir sind anscheinend immer noch nicht in der Aufklärung angekommen, wir haben noch so oft Angst vor dem falschen.

Prof. Renn nennt dafür ein gutes Beispiel: «Ungefähr 73 Prozent der Deutschen glauben, sie fahren besser als der Durchschnitt. Das kann nicht sein. Das dürften maximal 50 Prozent sein. Jeder glaubt also, er sei besser als der andere. Das nennen wir übertriebene Selbstgewissheit. Letztendlich glaubt jeder, er ist besser als der andere.»

Das Phänomen kenne ich sehr gut: Ausgerechnet wenn ich Auto fahre, sind nur Arschlöcher unterwegs. Ich frage Prof. Renn, wovor wir denn mehr Angst haben sollten. Er meint: «Vor ungesundem Essen.» Und was noch? «Das ist einer der vier sogenannten Volkskiller, die für rund zwei Drittel aller vorzeitigen Todesfälle verantwortlich sind. Die anderen sind: Rauchen, Trinken, Bewegungsmangel. Bei allen kann man selber etwas tun. Ich kann meine Lebenserwartung wesentlich erhöhen, Statistiker sagen im Schnitt um 18 Jahre, wenn ich diese vier Risiken vermeide.»

18 Jahre? Das ist viel. Wenn diese vier Faktoren einen so

großen Einfluss auf die Lebenserwartung haben, müsste man eigentlich zusammenfassend sagen: «Du hast Angst vor einem Terroranschlag? Mach Liegestütze!»

Aber ein Terroranschlag ist ein einmaliges Ereignis und erzeugt furchtbare Bilder, deswegen hat die Angst mehr Nahrung. Bei schlechter Ernährung gibt es kein Warnsignal. Man gewöhnt sich an sein Spiegelbild. Das bestätigt auch der Risikoforscher: «Schleichende Prozesse werden oft nicht wahrgenommen.»

Offenbar kriegen wir es manchmal hin, uns doch gegen die Angst zu entscheiden. Renn weist mich darauf hin: «Für mich ist Flugangst ein gutes Beispiel. Die meisten Menschen, ich eingeschlossen, haben Angst, wenn's richtig stürmt und schneit, und fliegen trotzdem. Ungefähr 30 bis 40 Prozent derjenigen, die Flugangst haben, fliegen nicht. Aber der Rest tut es.»

Warum kann man Xenophobie denn nicht wie Flugangst bekämpfen? Nach dem Motto: «Ich habe Angst vor Fremden, aber ich weiß, dass diese Gefahr nicht real ist, also gehe ich diese Leute mal besuchen.»

Bei vielen klappt das ja, und sie kriegen ihre Angst vor Fremden in den Griff. Trotzdem gibt es einen entscheidenden Unterschied zwischen den Phobien: Niemand, der Flugangst hat, gibt dem Piloten die Schuld. Wenn die Betroffenen ihre Angst vor Fremden als *ihr* Problem auffassen würden, dann könnte man sie angehen, und ich würde vor Freude darüber einmal Tomatensaft für alle bestellen.

Ist das eigentlich noch Angst vor Fremden – oder eher Hass?

«Wann wird eigentlich aus Angst Hass?», frage ich den Angstexperten Prof. Borwin Bandelow. Er antwortet: «Dazu müssen wir erklären, was antisoziale Menschen sind. Es gibt ein Belohnungssystem im Gehirn, das drängt: Ich will fressen, saufen und guten Sex, und zwar sofort. Wenn wir uns ernähren oder vermehren, wird uns durch eine Endorphinausschüttung im Belohnungssystem ein schönes Gefühl vermittelt. Aber auch Aggression wird unter Umständen durch Endorphine belohnt. Dieses System ist auch eine solche Überlebenskapsel. Demgegenüber steht das primitive Angstsystem, das bremst, wenn wir zu viel essen oder Sex haben. Bei den sogenannten antisozialen Persönlichkeiten ist das Belohnungssystem unterentwickelt. Das heißt, sie haben zu wenig körpereigene Endorphine und versuchen, das Belohnungssystem massiv zu stimulieren, indem sie Drogen nehmen oder aggressive Handlungen begehen. Es gibt zwischen dem sozialen Angstsystem und dem Belohnungssystem ein Missverhältnis. Das Belohnungssystem fordert zu viel, und deswegen gewinnt es immer gegen das intelligente soziale Angstsystem. Und wenn jemand Flüchtlingsheime anzündet, steckt häufig dahinter, dass man sich in irgendeiner Form eine Endorphinausschüttung verschaffen will.»

Ich frage nach: «Also sind Wut und Angst auch Mittel, um glücklich zu werden?»

«Genau. Das liegt vielleicht daran, dass Menschen, die Tiere töteten, einen Überlebensvorteil hatten, weil sie sich dadurch ernähren konnten.»

Wie absurd. Du bist nicht gut drauf? Zünd doch ein Flüchtlingsheim an!

Jeder Mensch hat also Angst, aber nicht jeder Mensch lässt sich von seiner Angst leiten, was damit zusammenhängt, wovor man Angst hat und wie groß der soziale Gegenspieler ist. Meistens haben wir Angst vor den falschen Dingen. Und bei manchen wird aus Angst Hass, weil es sie glücklich macht. Verkürzt gesagt: Wenn Flüchtlinge in meine Nähe ziehen und ich mein Leben bedroht sehe, wäre die rationalste Reaktion, sich für einen gesünderen Lebensstil zu entscheiden. Die irrationalste wäre, das Heim anzuzünden – das macht aber manche kurzfristig glücklicher als ein Spinat-Smoothie.

Wer sehr ängstlich ist, entwickelt zu seiner Angst offenbar ein Verhältnis wie zu einem Haustier: Man kümmert sich darum, dass sie immer ausreichend gefüttert wird. Das Futter für die Angst sind Gerüchte. Erlaubt ist alles, was dem Angst-Haustier schmeckt: Flüchtlinge, die grapschen, Vergewaltigung von Kinder durch «Südländer», Geflüchtete, die 2000 Euro «Begrüßungsgeld» bekommen – all diese Gerüchte sind auf der Webseite Hoaxmap.de aufgelistet, neben 400 weiteren, und alle wurden widerlegt. Es gibt dort eine Karte, wie Gerüchte gleichmäßig und liebevoll über ganz Deutschland gestreut wurden. Teilweise sogar die immer gleichen: «Es gibt ein Gerücht, dass drei Asylbewerber sich in das Auto einer Frau setzen und von ihr verlangen, in ihre Unterkunft gefahren zu werden. Und das wird in jedem Nachbardorf genau so erzählt.» Karolin Schwarz ist die Macherin von Hoaxmap. de und bestätigt, das Angst gefräßig ist: «Ich glaube, wenn es nicht genügend Meldungen gibt, muss man die konkrete Bedrohung in seiner Region selbst schaffen.»

Es sind vor allem die Flüchtlingsgegner, die Gerüchte verbreiten. Von Seiten der Befürworter wurde bisher nur ein widerlegtes Gerücht in die Welt gesetzt: Ein Helfer vor dem Berliner Lageso, dem Landesamt für Gesundheit und Soziales, der ersten Anlaufstelle für Geflüchtete in Berlin, erfand die

Geschichte eines Flüchtlings, der vor dem Amt an Unterkühlung gestorben sei. Das war nicht völlig abwegig: Viele Menschen mussten dort wochenlang wegen kompletter Überlastung der Behörde campieren und lagen manchmal einfach auf dem Boden, bei teilweise sehr schlechtem Wetter. Viele freiwillige Helfer kümmerten sich um die Menschen, so gut es ging.

Karolin kann verstehen, wieso ein solches Gerücht in die Welt gesetzt wird: «Das ist letztendlich eine Verzweiflungstat. Ich habe auch in einer Unterkunft geholfen, und wir waren sehr wenige, die sehr viel gearbeitet haben, und davon sind einfach viele Leute zermürbt worden.»

Ich klicke mich noch ein bisschen durch die Gerüchteseite. Es ist es interessant, wie sehr Menschen danach gieren, ihre eigenen Ängste bestätigt zu bekommen. Bei manchen Gerüchten ist die Phobie offenkundig: «Muslim bricht Toilette aus der Wand und wirft sie aus dem Fenster, weil vorher ein Ungläubiger draufgesessen hat.»

Wer die Gerüchte der Hoaxmap ernst nimmt, muss schnell den Eindruck bekommen, dass Deutschland von Horden brandschatzender und vergewaltigender «Südländer» überfallen wird. Jeder erfindet das Gerücht, das er gerade braucht.

Die *Frankfurter Allgemeine Sonntagszeitung* ist der gleichen Meinung – in einem Artikel über eine evangelikale Organisation namens «Open Doors», die Alarm schlägt, weil es in Flüchtlingsunterkünften massenhaft Übergriffe von Muslimen auf Christen gäbe. Die *FAS* recherchiert und kommt zu dem Ergebnis, dass es, wenn überhaupt, um Einzelfälle geht.

Zu guter Letzt lese ich noch zwei interessante Gerüchte

aus Berlin: «30 Prozent der Geflüchteten, die sich als Syrer bezeichnen, sind gar keine» oder «70 Prozent der Männer unter 40 Jahren, die abgeschoben werden sollen, werden vor einer Abschiebung für krank und nicht transportfähig erklärt.» Interessiert recherchiere ich, um mehr zu erfahren. Wer hat das in Umlauf gebracht? Ach ja: Das war Bundesinnenminister Thomas de Maizière.

Benjamin: «Das ist scheiße, wir brauchen mehr.»

Auch Benjamin ist meinem Aufruf gefolgt. Er ist in Freiburg in einer studentischen Verbindung organisiert, wir verabreden uns dort.

Zum ersten Mal in meinem Leben betrete ich ein Verbindungshaus. Ich erinnere mich, dass ich damals im AStA Flyer gegen Verbindungen habe drucken lassen. Einem Dozenten meiner Uni gefiel das nicht, und er schrieb eine wütende Mail, ich schrieb eine wütende Mail zurück, danach kam nichts mehr, und ich wusste: Bei diesem Dozenten setze ich mich nicht ins Seminar. Das ist meine Erfahrung mit Verbindungen.

Jetzt stehe ich vor einem Haus, das mit zwei Fahnen geschmückt ist, über der Tür prangt das Wappen der «Arminia». Ich klingle. Gleich wird mir wohl ein Mann mit Bürstenhaarschnitt und im Anzug die Tür öffnen, auf seiner Wange eine große Narbe, die sich anspannt, wenn er schallend über Grausamkeiten lacht.

Mir öffnet ein junger Mann Anfang 20 im Kapuzenpullover. «Ach, du willst bestimmt zum Benjamin.» Auf nichts ist Verlass bei diesem Projekt. Kapuzenpullover, das ist doch was von Linken!

Da ist er auch schon. Benjamin ist zwei Jahre älter als ich und trägt einen gelb-blau gestreiften Pullover. «Hi, komm rein, setz dich, willst du was trinken?» Wir stehen in einem großen Wohnzimmer, ein massiver Tisch in der Mitte, an den Wänden Chesterfield-Sofas, auf einer Anrichte ein ausgestopfter Fuchs. Ich nehme ein Bier, ja, anerkennendes Nicken, das war die richtige Wahl. Apropos, haha, Wahl: Benjamin war zehn Jahre lang in der CDU und ist dann ausgetreten, das hatte er mir im Vorfeld erzählt. Ihm sei die Politik CDU zu beliebig geworden. Ich frage ihn, woran er das festmacht.

Er sagt: «Zum Beispiel hatte ich bei der Finanzkrise das Gefühl, dass die Kommunikation der Politik sehr schlecht geworden ist. Wir hangeln uns ja von einer Krise zur anderen: Finanzkrise der Banken, dann die Schuldenkrise der europäischen Länder, danach die Flüchtlingskrise.»

Ihn stört vor allem, wie etwas entschieden wird: «Dieses ‹alternativlos› wird eingesetzt, sobald man keine Diskussion möchte. Es wird einfach gesagt: Wir müssen jetzt 100 Milliarden an Griechenland überweisen, und das ist alternativlos. Und dann wird den Bundestagsabgeordneten gesagt: Ihr bekommt am Montag um 21 Uhr ein Dokument mit 600 Seiten zugestellt, und am Dienstag um 9 Uhr morgens stimmen wir darüber ab.»

Man merkt schon jetzt, dass Benjamin politisch sehr interessiert ist, das war offenbar schon immer so, er hat Politikwissenschaft und Jura studiert und lebt mittlerweile in der Schweiz, wo er in einer Firma seines Vaters arbeitet. Als ich sage: «Dann bist du ja reich», antwortet er trocken: «Ich komm' zurecht.»

Diesen Satz notiere ich sofort in mein Buch *Sätze, die ich auch mal sagen möchte*. Bei mir würde er lauten: «Leute, ich bin steinreich, ich scheiß' euch zu mit meiner Kohle, aber wisst ihr was? Am wichtigsten ist doch, dass es schmeckt. Ich komm' zurecht!»

Aber diese Attitüde hat Benjamin gar nicht. Er ist nicht demonstrativ bescheiden, ihm geht es einfach um etwas anderes. Er wirkt fast wie ein Politiker, als er sagt: «Es gibt kein Gesamtkonzept mehr, und auch keine Werte. In der Finanzkrise zu sagen, wir haften solidarisch, unbegrenzt – das hätte es mit Helmut Kohl wahrscheinlich nie gegeben, weil er das Problem einfach vorher gelöst hätte, durch Abstimmung mit den anderen Ländern.»

Vielem, was Benjamin sagt, kann ich zustimmen, doch als er anerkennend über Helmut Kohl spricht, merke ich dann doch wieder, dass wir unterschiedlich sozialisiert sind. Helmut Kohl war der Feind, und bei mir hing natürlich ein Bild von Che Guevara. Auch klischeehaft. Aber seit Markus Söder ein Bild veröffentlichte, das das Poster von Franz Josef Strauß über seinem Jugendbett zeigt, ist sowieso nichts mehr peinlich.

«Benjamin, was ist denn jetzt deine Meinung zur Flüchtlingspolitik»?

«Ich finde, die Flüchtlingspolitik ist nicht existent, es wird den Leuten über Monate klargemacht, dass wir die Grenzen offen halten müssen und jeder reinkommen kann, wir keine Kontrolle über die Grenzen haben, und heute Morgen liest man dann vom Sprecher von Angela Merkel, dass wir lernen müssen, unsere Grenzen zu beschützen, um zu kontrollieren, wer zu uns kommt. Als in Budapest der Bahnhof voll war, da musste man natürlich die Grenzen öffnen, aber danach hätte man den Prozess gliedern müssen.»

Hm. Was bedeutet das denn konkret, «den Prozess gliedern», ist es okay, dass Deutschland Flüchtlinge aufnimmt oder nicht? Benjamin antwortet: «Man kann das den Leuten nicht verübeln, dass sie sich auf den Weg machen, aber man kann in Deutschland auch nicht alle Probleme der Welt lösen.»

Ich bin verwirrt, weil Benjamin sachlich bleibt, anders als die Menschen, die ich bisher getroffen habe. Er ist gar nicht gegen die Aufnahme von Flüchtlingen, er ist gegen die Ausgestaltung, sagt er. Ich frage ihn, was denn seine Lösung wäre.

«Ich bin dafür, dass zuerst einmal Waffenruhe geschaffen wird. Und wenn wir überall in Europa als Hegemonialmacht angesehen werden, müssen wir auch mal unser politisches Gewicht in die Schale werfen und die Scheckbuch-Diplomatie auspacken, wenn wir uns schon nicht mit Truppen engagieren möchten.»

Scheckbuch-Diplomatie. Das soll heißen, dass ein Staat den anderen Staat zu gewünschtem Verhalten veranlasst, weil viel Geld als Entwicklungshilfe oder durch Export / Import-Deals gezahlt wird. Ich bin skeptisch, ob das alles so einfach ist, und sage das Benjamin auch. Ihm geht es darüber hinaus auch darum, dass es eine Agenda gibt, und davon hat er eine klare Vorstellung: «Es solle eine Grundsatzrede geben, in der dargelegt wird: Wir haben jetzt eine Million Menschen hier in Deutschland, davon haben vielleicht 4 bis 5 Prozent einen akademischen Abschluss, ein großer Teil will vielleicht mal Facharbeiter werden, aber es wird eine riesengroße Integrationsaufgabe werden, wir werden unheimlich viel Geld in die Hand nehmen müssen, und es müssen auch alle mitmachen.

Das wäre die große Chance, anstatt über alle Kanäle zu senden, dass alles ganz toll wird, die unsere Renten zahlen und alle perfekt Deutsch können.»

Ihn ärgert, wie Integration häufig unmöglich gemacht wird: «Wenn man in einem Dorf mit 700 Einwohnern eine Flüchtlingsunterkunft mit 3000 Plätzen baut, dann haben die Leute Angst. Das ist ganz klar. Anfang der neunziger Jahre wurden in dem Ort bei Basel, in dem ich aufgewachsen bin, die ersten zehn Flüchtlinge in der Region untergebracht, Kurden aus der Türkei. Sie haben sich zwei Straßen weiter angesiedelt, und alle befürchteten, dass das ganze Wohnviertel am Wert verlieren wird. Mittlerweile haben die Kurden alle Geschäfte, haben eigene Häuser, sind gut integriert, sprechen perfekt Deutsch und arbeiten in der Chemie oder sonst wo. Es hat geklappt, weil es halt relativ wenige waren und die gut integriert wurden. Jetzt wird zwei Straßen weiter ein Flüchtlingsheim für 300 Personen gebaut. In dieser Wohngegend sind die Einwohner im Durchschnitt zwischen 60 und 70 Jahre alt. Es gibt keine Läden dort, es gibt keine Busverbindung, es gibt keine Freizeitangebote, es gibt überhaupt nichts. Das kann eigentlich nur von vornherein zum Scheitern verurteilt sein, und dass die Anwohner Angst haben, kann man verstehen.»

Für Benjamin steht fest, dass das im Chaos endet: «Es sind ja meist die klassischen Einzelkämpfer, die fliehen. Und wenn ich dann von denen fünf oder zehn in ein Zimmer stecke, führt das zwangsläufig zum Chaos. Es reicht schon eine Klassenfahrt, um das festzustellen. Und dann haben die in den Flüchtlingslagern oft einen Betreuungsschlüssel von 300 Geflüchteten auf einen Sozialarbeiter. Das ist scheiße, wir brauchen mehr.»

In diesem Punkt kann ich Benjamin nur zustimmen, aber ich frage mich, wer sich um so eine Problematik kümmert. Benjamin meint:

«Ich würde, wenn ich in Deutschland wählen dürfte, allenfalls solche Leute wie Professor Meuthen wählen. Leute, die sich auskennen und keine Schießbefehle an Grenzen geben.»

Oh. Ich bin überrascht, dass er Jörg Meuthen wählen möchte, einen Professor für Wirtschaftswissenschaften und AfD-Politiker in Baden-Württemberg. Das trennt uns. Aber seine Argumentation konnte ich bisher am besten nachvollziehen. Benjamin verkörpert die Bürger, die die Flüchtlingspolitik zwar kritisieren, die aber gesprächsbereit sind und noch zum demokratischen Spektrum gehören. Er hat in vielen Punkten eine andere Meinung, aber darüber kann man diskutieren. Wenn es doch nur immer so wäre.

Jamel 2016 – ich war dabei

Wenn man auf Nummer sicher gehen und echte Nazis treffen will, fährt man nach Jamel, dem Disneyland für Nazi-Gucker. «Nazi-Dorf» wird es genannt, treffender aber wäre: Nazi-Sackgasse. Hier stehen 13 Häuser. Das war's. Trotzdem ist diese Straße berühmt geworden, weil hier fast ausschließlich Nazis wohnen und das auch öffentlich zeigen. In der Nähe, in Grevesmühlen, gibt es ein sogenanntes «Thinghaus», das als Treffpunkt dient. Auf dem Gelände stand ein Grill, auf dem «Happy Holocaust» zu lesen war. Einer der führenden Leute hier ist der NPD-Mann Sven Krüger, der in Jamel wohnt und auch schon mal am Tag der offenen Tür Reporter durch das Thinghaus führt. Richtig berühmt geworden ist er durch eine Panorama-Reportage, für die der iranischstämmige Moderator Michel Abdollahi mehrere Wochen in einem Holzhaus wohnte, dass er auf einer Wiese in Jamel aufgebaut hatte.

Sven Krüger gibt sich als der sympathische Sprecher des Dorfes, und wenn man die Bilder von einer Nazidemo und der Einschätzung einer Rechtsextremismusexpertin außer Acht lässt, wirkt er wie ein netter Kumpeltyp.

Ein dreiviertel Jahr nach Michel Abdollahis Besuch im Dorf parken wir genau dort, wo seine Hütte stand, vor einem schwarzen Geländewagen mit dem Nummernschild JA-MEL 88. Als ich aussteige und mich umsehe, fühl ich mich unwohl – nicht, weil ich Angst habe, sondern weil ich peinlich berührt bin, hier quasi in ein Wohnzimmer eingedrungen zu sein, so klein und überschaubar ist es hier. Die Sonne scheint, am Ende der Sackgasse spielen Kinder auf einem Spielplatz, vor einer Wohnung sitzen drei glatzköpfige Männer mit einer Frau, trinken Bier und Limo. Die Fernsehbilder haben alles größer und irgendwie auch bedeutsamer erscheinen lassen. Michel Abdollahi berichtete zuvor, dass es eine WhatsApp-Gruppe gäbe, in der sich die Bewohner gegenseitig vor Journalisten warnen würden. Jamel müsste jetzt Bescheid wissen, dass wir da sind. Mit dabei ist David Ehl, der befreundete Journalist. Als er ein Foto vom Haus der Krügers machen will, kommt Frau Krüger heraus und schreit: «Wehe, Sie machen ein Foto! Wir sind doch nicht im Zoo hier!»

Ja, genauso fühlt sich unser Besuch an. Aber die Zoo-Insassen wissen auch, wie man sich ein Publikum schafft: An einem Haus weht eine große Reichskriegsflagge in Schwarz-

Weiß-Rot, am Eingang von Jamel befindet sich ein Infokasten mit völkischen Sprüchen. Berühmt geworden ist auch der Wegweiser, der zeigt, wie weit es nach Braunau am Inn ist, dem Geburtsort von Hitler. Man weiß, was man darf, man weiß, was man nicht darf. 88, Reichskriegsflagge und Braunau ausschildern sind okay, Nazigruß, Hakenkreuz und Holocaustwitze sind verboten. Auf der Heckscheibe eines Autos kleben Kindernamen: Lilli Marta und Bennet Odin. Ja, Odin. Schön, dass sie sich später aussuchen können, wie sie genannt werden wollen, ob sie sich direkt als Kinder von Nazis outen. Die Doppelnamen sind sinnbildlich für das Versteckspiel, das hier passiert. Man ist offenkundig rassistisch, aber kann zurückrudern, wenn jemand nachfragt. Man hat dieses völkisch-heidnische Weltbild, aber Besucher könnten auch denken, hier haben die Leute einen krassen Mittelaltermarkt-Spleen. Der Infokasten zeigt Fotos vom Sonnenwendenfest. Als wir ein zweites Mal die Straße auf und ab gehen, schaue ich mir die Kinder genauer an. Zwei von ihnen tragen eine Camouflage-Uniform; es wirkt nicht so, als ob Kinder Soldaten, sondern Kindersoldaten Kinder spielen. Wenn man so aufwächst – hat man dann überhaupt eine Chance, kein Nazi zu werden? Es gruselt mich, dass man seine Kinder so erziehen darf. Aber schließlich bin ich ja auch zum Gruseln hierhergekommen. Wie alle. Hier fährt man gerne hin, weil es hier noch Nazis gibt, die in ganz ursprünglicher Umgebung aufwachsen. Dazu gibt es die obligatorischen Gegner. Das tapfere Ehepaar Lohmeyer, das sich gegen die Nazis stemmt und einmal im Jahr ein Konzert gegen rechts organisiert, zu dem sogar Campino von den Toten Hosen kommt.

Wir machen ein Selfie vor dem Ortsschild. Geil, wir waren

hier! Jamel 2016 – ich war dabei! Das Wacken der Journalisten, die mal so richtige Nazis sehen wollen.

Hier sieht man vor allem, dass man nichts sieht. Man sieht nicht die rechtsradikale Identität, sondern nur Symbole. Ihre Gewalt zeigt sich nur manchmal in dem, was sie sagen oder tun. Oft aber auch nicht. Ich bin froh, dass hier keine Ausländer wohnen, und ich glaube nicht, dass irgendwer hier bekehrt werden kann. Dieses Dorf ist ein Symbol dafür, was passiert, wenn alles schiefläuft.

Die mediale Überpräsenz ist durch nichts zu erklären außer durch die schönen Empörungsbilder, die die Bewohner bereitwillig liefern. Aber wahrscheinlich wird die Zukunft, selbst wenn es sehr schlecht läuft, nicht aussehen wie in Jamel: Das neue Rechts ist moderner. Hakenkreuz-Ästhetik, Sütterlinschrift, germanische Rituale – damit haben weder die AfD noch die besorgte Bürger etwas zu tun und nur in ganz kleinen Zitaten die Pegida-Bewegung. Und umgekehrt: Es ist fraglich, ob die Leute aus Jamel ihren Spaß an Pegida hätten – oder sogar an der AfD.

Dr. Bernd Wagner hat das Nazi-Aussteiger-Projekt «Exit» gegründet, er sieht das auch so: «Neonazis sind weniger auf Pegida scharf und gar nicht auf die AfD, weil die zu läppisch und ‹un-radikal› sind.»

Wagner hat sehr viele Nazis beim Ausstieg begleitet. Weil er auswertet, was Menschen dazu bewogen hat, aus der rechten Szene auszusteigen, kennt er die Lebensläufe und Geschichten von Nazis sehr gut: Er überblickt 750 Fälle, 100 davon von anderen Organisationen und Helfern.

Seiner Meinung nach gibt es zwar Überschneidungen hinsichtlich der Ziele von Pegida, AfD und Nazis, aber «Pegida ist den missionsgeleiteten Neonazis zu wenig eindeutig, zu diffus und oft thematisch problematisch, nicht mit allen Thesen, die bei Pegida kursieren, sind sie einverstanden. Das trifft auch auf die AfD zu, selbst wenn ‹Neurechte› darin sind, das ist Autonomen Nationalisten durchaus suspekt. So können sie mit dem amerikanisch-neoliberalen Wirtschaftsmodell, das die AfD hintergründig vertritt, gar nichts anfangen, weil sie einen volkssozialistischen, antiimperialistischen, antiamerikanischen Ansatz haben und damit ganz andere soziale Vorstellungen. Bei Neonazis ist die Ablehnung der menschenrechtlich verfassten Demokratie die Grundlage des Denkens und Handelns. Anders als bei Pegida, die unterschiedliche Ablehnungsformen demokratischer Inhalte und Formate haben.»

Zwar ist sowohl Pegida als auch die AfD klar antiamerikanisch, aber die Wirtschaftspolitik könnte kaum US-amerikanischer sein: Die Mehrheit befürwortet Kapitalismus. Die neue Bewegung ist schicker, moderner und distanziert sich klar von Begriffen wie Hitler oder Nationalsozialismus. Wenn, dann sind die Gegner «Linksfaschisten» und üben eine «Meinungsdiktatur» aus – das schlägt zwei Fliegen mit einer Klappe: Man distanziert sich und wirft den anderen vor, Antidemokraten zu sein. Links und rechts, das soll eigentlich keine Rolle mehr spielen – es geht einfach um die Sprache des Volkes.

Auch die neurechte Bewegung «Die Identitären», die bei Pegida mitläuft, ist völkisch und rassistisch, dockt aber nicht am alten Rassismus an, sondern kreiert ihn neu: Sie sagen nicht, dass ein Volk besser als das andere ist, sondern lediglich, dass die Völker unter sich bleiben sollen. Das ist das Spannende: Nur noch sehr wenige Menschen wollen wirklich

Nazis sein. Deswegen müssen sich Rassisten und Fremden-feinde neu erfinden. Jamel ist der Spielplatz der Uncoolen. Er stört alle, die sich Mühe geben, die rechts ohne Nazis den-ken wollen, ohne Ewiggestrige. Jamel ist Geschichte zum Anfassen, und niemand der neuen Rechten will sich daran die Finger schmutzig machen. Wo passt der Satz aus dem Entwurf des Afd-Grundsatzprogramms besser als hier: «Die aktuelle Verengung der deutschen Erinnerungskultur auf die Zeit des Nationalsozialismus ist zugunsten einer erweiterten Geschichtsbetrachtung aufzubrechen, die auch die positi-ven, identitätsstiftenden Aspekte deutscher Geschichte mit umfasst.»

Der Satz hat es dann aber doch nicht ins Programm geschafft. Man will sogar zurücklassen, dass man etwas zurücklässt.

Irritation

Langsam ist meine Neugier aufgebraucht. Befürchtungen, Argumente und Forderungen meiner asylkritischen Gesprächspartner wiederholen sich, und mir kommt es vor, als hätte ich einen intellektuellen Ohrwurm. Er wird lauter und lauter, bis ich endlich richtig zuhöre und mich frage, wo ich eigentlich stehen werde. Es nimmt alles seinen Ausgang in Stuttgart.

Stuttgart: «Ich habe mich nicht verändert, aber die Welt.»

Ich habe Pegida gesehen und mit besorgten Bürgern gesprochen, jetzt ist die AfD dran. Mich interessiert, wie die einfachen Mitglieder ticken, ob es einen Unterschied zu Funktionsträgern und zu Pegida-Positionen gibt. Zum Glück findet Ende April in Stuttgart ein Parteitag statt. Die AfD will ein Grundsatzprogramm erarbeiten und einen Entwurf dazu vorstellen. Darin steht der Satz «Der Islam gehört nicht zu Deutschland», und der wird heftig diskutiert.

Ich quartiere mich in Stuttgart ein, zusammen mit dem Journalisten-Kollegen David Ehl, der auch über den Parteitag schreiben wird. In der Stadt ist viel los, die Stimmung ist aufgeladen. Zwei Polizeihubschrauber kreisen über dem Messegelände, auf dem der Parteitag stattfinden soll, und auch am Flughafen, in der Nähe der Messe, ist viel Polizei zu sehen.

Die Messe ist weiträumig abgesperrt, auf dem Gelände steht ein brandneuer Wasserwerfer.

Eigentlich habe ich nur einen einzigen Termin: Mit dem Stuttgarter AfD-Politiker Bernd Klingler, gegen Mittag, am Rande des Parteitages. Ich bin trotzdem viel früher da, um etwas von der Stimmung mitzubekommen. Ich hätte mich als Journalist anmelden müssen, habe aber keinen Presseausweis; auf der Homepage wurde bereits darauf hingewiesen, dass es sehr voll würde. David hat alles richtig gemacht und Journalistenausweis und Anmeldung am Start. Wir kommen zur ersten Polizeikontrolle.

«Wo wollen Sie denn hin?»

«Zum Parteitag.»

«Haben Sie eine Anmeldung oder Presseausweis?»

David zeigt seinen Ausweis, ich stammle rum. «Ja, also, ich bin da zu einem Gespräch verabredet.»

«Ja. Aber was haben Sie denn? Eine Einladung? Einen Presseausweis? Irgendwas?», fragt der Polizist. Ich krame in meinem Portmonee und finde meinen Mitarbeiterausweis vom RBB. Ich moderiere dort eine monatliche Radiosendung, und irgendwann nach den Anschlägen von Paris haben wir diese Ausweise bekommen, die wir dem Pförtner zeigen müssen. «Ja, ich bin vom RBB», versuche ich mein Glück. «Ach, vom Radio, ja, das ist okay.»

Ich bin drin. Am Eingang des Parteitags findet noch eine Kontrolle eines privaten Sicherheitsdiensts statt. Schon viel selbstbewusster halte ich meinen Ausweis hin – und bin drin. Schon kurios, das Ding hätte ich mir auch selbst basteln können: RBB-Logo, Foto, «Till Reiners – freier Mitarbeiter», mehr steht da nicht. Bei der AfD hätte ich mehr Sicherheitsvorkehrungen erwartet.

Der Saal ist bereits zu zwei Dritteln gefüllt, es ist kurz vor zehn, um zehn soll der Parteitag offiziell starten. Ich gehe aufs Klo und ziehe mich um; ich habe extra meinen Anzug mitgenommen, man muss auf Augenhöhe sein, finde ich. Außerdem sehe ich auf diese Weise aus wie einer von denen, meine Haare sind kurz geschnitten, ich bin blond, das schafft doch Verbundenheit! Wenn ich mit der Antifa ins Gespräch kommen will, trage ich ja auch keinen Smoking. Ich versuche direkt mein Glück und spreche jemanden an. In den hinteren Reihen sitzen zwei junge Leute, spannend, nicht klassische AfD-Klientel! «Na, seid ihr auch in der AfD?» Tolle Frage.

Die beiden gucken sich an. «Äh, nee, wir sind von der Uni hier.» Oh. «Ach so. Ja. Also, ich bin auch nicht in der AfD», sage ich und kläre die beiden auf. Ihre Mienen erhellen sich. «Wir sind von der Uni Göttingen, wie forschen zum Thema AfD und wollen hier Kontakte auffrischen.»

«Kontakte zur AfD?»

«Ja.» Rechts von den beiden sitzt, ganz allein, eine große, rothaarige Frau um die 30. Ich spreche sie an, diesmal etwas souveräner. «Bist du auch schon gespannt, was hier so passiert?»

«Ja, ich bin zum ersten Mal auf einem Parteitag. Ich weiß gar nicht, was mich erwartet.» Sie hat einen leichten Akzent, vielleicht russisch? Es stellt sich heraus, dass sie aus dem Rhein-Sieg-Kreis kommt, vor einem Monat der Partei beigetreten ist. Sie ist extra für den Parteitag angereist. «Und du bist auch Mitglied?» fragt sie. Scheiße, ich kann nicht lügen. «Nee, bin ich nicht.» Ich erzähle ihr alles, dass ich ein Buch schreibe, dass ich ein Linker bin, Sternzeichen Fisch, dass ich einsam bin, ob sie mich mal in den Arm nehmen würde. Kleiner Spaß. Letzteres sage ich natürlich nicht, aber in diesem

Leben werde ich wohl kein Spion mehr werden – ich packe sofort aus. Mein Geständnis stört sie offensichtlich nicht. «Was machst du denn eigentlich beruflich?», frage ich.

«Ich arbeite im Flüchtlingsheim.»

«Du arbeitest im Flüchtlingsheim? Was machst du denn?»

«Na ja, ich arbeite da. Als Betreuerin, in der pädagogischen Arbeit.» «Ah.»

«Ja, da staunst du, was? So Leute gibt's auch, ist nicht nur schwarz und weiß!»

«Ja, ist ja cool, ist ja in Ordnung. Und warum bist du denn jetzt bei der AfD?»

«Man muss was tun, habe ich gedacht. Ich habe keine Angst, ich habe Erfahrung! Das kannst du ruhig so schreiben! Mich stört, dass man gar nicht weiß, wer da kommt. Die sind nicht alle gut. Da gibt es Leute, die haben eine Mission, die sind islamistisch.»

«Eine Mission? Was denn für eine Mission?»

«Ja, die wollen hier ihren Glauben ausbreiten. Die gibt es. Ich verstehe die, ich spreche Arabisch. Neulich habe ich eine Syrerin gefragt, was ihr Beruf war. Die hat geantwortet, dass sie Lehrerin für die Scharia ist. Scharia! Das ist kein Spaß. Das heißt Hand ab, wenn man was geklaut hat!»

«Ja», höre ich mich sagen und denke an meinen Freund Christoph, den Islamwissenschaftler, der mir mal erklärt hat, was die Scharia ist und was nicht, dass es tausend verschiedene Auslegungen gibt. Ich frage nach weiteren Details über die Flüchtlinge, die angeblich schlecht sind: «Was heißt Mission? Hast du erlebt, dass jemand missioniert?»

«Das kann man schlecht wiedergeben. Es ist nie schwarz oder weiß. Mich nervt, dass so getan wird, als wären die alle gut, die da kommen. Die sind auch nicht alle schlecht. Aber ich kenne zum Beispiel welche, die werden nicht arbeiten. Die haben immer neue Ausreden, warum sie keinen Job bekommen.»

«Aber warum arbeitest du da? Du musst den Beruf doch hassen!»

«Nein, ich liebe meinen Job. Das ist ja auch oft toll!»

Ich staune.

«Ich gucke mir das hier jetzt einfach mal an, ob das etwas für mich ist. Wenn nicht, trete ich eben wieder aus», meint sie. Als ich sie später noch einmal fragen möchte, wie sie den Parteitag bisher erlebt hat, kann ich sie nicht finden. Ich vermute, dass sie gegangen ist.

Parteitage sind kein Spaß, egal von welcher Partei. Das zeigt sich auch bei der AfD. Es wird endlos über Formalien und Details gestritten, der eine fordert ein Redezeitverkürzung auf eine Minute, ein anderer auf zwei, es wird abgestimmt darüber, ob man elektronische Geräte zur Stimmenzählung verwendet, über welche Anträge zuerst abgestimmt wird, über welche nicht und über welche später. Die Reihenfolge ist wichtig, denn über alles wird man nicht abstimmten können: Der Versammlungsleiter reckt einen gut gefüllten DIN-A4-Ordner in die Luft, in dem sich alle Anträge und Änderungsanträge befinden. Die meisten Mitglieder im Saal drängen darauf, endlich ein Grundsatzprogramm zu verabschieden, das spürt man. Wenn es länger dauert, stöhnen viele im Chor. Der Brandenburger Vorsitzende Alexander Gauland bittet direkt am Anfang darum, nicht «über jedes Komma» zu streiten. Ein Teilnehmer brüllt nach einiger Zeit ins Mikro, dass man Deutschland das Programm schuldig sei. Er ist sauer, das alles so langsam passiert – so geht es den meisten. Denn es gibt wie immer die Störer, die Geschäftsordnungsantragsexperten. Ein Mitglied tritt ans Mikro und beantragt die Streichung eines Tagesordnungspunktes. Allerdings ist der Tagesordnungspunkt noch gar nicht auf der Tagesordnung. Wenig später versucht er es noch einmal. Aber es gibt den Punkt, der gestrichen werden soll, immer noch nicht. Der Sitzungsleiter ist genervt. Dann versucht eine Gruppe von zehn Personen durchzusetzen, dass über den Tagesordnungspunkt Saarland unter Ausschluss der Öffentlichkeit diskutiert wird, nach Punkt xy der Satzung können das Gruppen ab zehn Leuten beantragen. Das Präsidium wälzt hektisch die Satzung. Ja, steht dadrin. Die Gruppe wird durchgezählt, Gegenrede, Abstimmung, die Mehrheit stimmt dagegen, es bleibt alles öffentlich. Beim Thema Saarland ging es darum, ob die saarländische AfD aufgelöst wird, weil viele in der AfD der Überzeugung sind, dass sie von Rechtsextremen unterwandert wurde. Es sind bereits Stunden vergangen, und es wird immer noch nicht inhaltlich diskutiert. Über 2000 Mitglieder sind gekommen, der Parteitag ist basisdemokratisch, das bedeutet: Jedes der Mitglieder darf abstimmen, jedes darf reden. Die Stunde der Wichtigtuer und Kleinkarierten hat begonnen. Ich gehe raus zum Interview mit Bernd Klingler und treffe einen gutgelaunten, großen Mann, ich schätze ihn auf Ende 40, Anfang 50. Bernd Klingler ist ein Tipp eines Bekannten aus Stuttgart – «Sprich den mal an, der ist nett.» Ja, ist er. Bernd Klingler redet gern und viel. Als ich ihn frage, wie er den Parteitag bisher finde, grinst er mich an, verdreht leicht die Augen und lächelt milde, als wolle er sagen «Klar, nervt mich auch, aber so ist es eben in einer jungen Partei.» Er strahlt diese Art von Geselligkeit aus, und man kann sich gut vorstellen, wie er Feuerzeuge und Lutscher in der Fußgängerzone verteilt. Und es liegt auf der Hand, dass einst seine Mitschüler überzeugt waren, dass man das mit der Schülervertretung am besten mal den Bernd machen lässt. Tatsächlich hat sich Bernd Klingler seit seiner Jugend engagiert, nach der SV in der FDP, irgendwann, nach Jahrzehnten, ist er ausgetreten, unter anderem, weil Patriotismus in der FDP keine Rolle mehr gespielt habe. Heute ist er das Aushängeschild der AfD in Stuttgart. Ich frage ihn, was Patriotismus für ihn bedeutet.

Er antwortet: «Dass wir die Zukunft des eigenen Landes im Vordergrund sehen. Und da geht es nicht um Ausländerfeindlichkeit. Wir wissen ganz genau: Wir haben gerade in Stuttgart sehr viele Menschen aus aller Herren Länder, wir haben 176 Nationen, und die leben gut und friedlich zusammen. Und die meisten arbeiten hier und haben sich integriert. Die Flüchtlinge, die jetzt kommen, kann man nicht alle über einen Kamm scheren. Es gibt welche, die kommen aus Kriegsgebieten, denen müssen wir helfen. Aber es gibt eben auch viele, die kommen aus wirtschaftlichen Gründen. Weil die wirtschaftlichen Anreize zu groß sind, und wir können uns das aus meiner Sicht einfach nicht leisten. Und dieses Deutschland, also so wie die Gesellschaft jetzt ist, dieses Deutschland möchte ich erhalten.»

Stuttgart hat einen hohen Migrationsanteil von knapp 40 Prozent. Ich frage Klingler, was er befürchtet, wenn weiterhin viele Menschen nach Deutschland flüchten. Er sagt: «Meine Sorge ist, dass wir es uns finanziell nicht mehr leisten können. Wie man jetzt auch im Wirtschaftsausschuss gehört hat: 90 Prozent der Flüchtlinge, die jetzt da sind, werden ein Leben lang Hartz IV bekommen. Das bedeutet, dass Menschen, die keinen Cent eingezahlt haben, vom Sozialsystem profitieren.

Dann ist eine große Sorge, dass man nicht weiß, wer kommt. Ich habe überhaupt kein Problem mit dem Islam, wenn die Leute sich hier in Deutschland anpassen, aber wenn sehr viele militante IS-Kämpfer kommen, die den Islam hier nach vorne bringen wollen, dann beunruhigt mich das. Aber die allergrößte Sorge ist die, dass ich persönlich meinen beiden Kindern ein Sozialsystem übergebe, das völlig bankrott und marode ist. Bei vielen ist die Problematik noch nicht angekommen, weil es denen einfach zu gut geht. Mir geht's jetzt auch gut, nur ich bin halt ein politisch denkender Mensch. Und es sind Milliardenbeträge, die jemand anderes erwirtschaften muss.»

Klar geht es uns gut – aber wer weiß, ob das so bleibt. Dieses Argumentationsmuster findet sich auch bei Pegida-Anhängern. Wenn man befürchtet, dass «sehr viele militante IS-Kämpfer» ins Land einreisen, kommt man tatsächlich aus dem Sorgen kaum heraus. Deswegen hat Klinger für den Landtag kandidiert und Wahlkampf gemacht. Er betreibt eine Werbeagentur, Politik macht er eigentlich nur ehrenamtlich. Man merkt, dass er sein Engagement ernst meint, dass er ein Getriebener ist. Ich frage ihn, warum er sich das antut. Er antwortet, ohne lange nachzudenken: «Weil man was bewegen möchte. Ich möchte nicht, dass meine Kinder in einigen Jahren fragen, warum ich zugeguckt habe und nichts getan habe. Weil ich die Gefahr sehe, dass unsere Gesellschaft und auch unser Staat kippt. Und das treibt mich an.»

Manche in der AfD sind offen ausländerfeindlich; ich frage ihn: «Machen Sie sich Sorgen, dass es auch radikale Positionen innerhalb der AfD gibt?»

Klingler entgegnet: «Es gibt ein paar Leute aus dem Osten, die vielleicht eine andere Sprache sprechen, aber die kommt an, und da muss man schauen, dass es nicht zu extrem wird. Aber ich sehe die Gefahr momentan nicht. Deswegen ist mir der Bundesparteitag so wichtig, damit man ein Leitprogramm hat.»

Und dann stellt Klingler klar, dass er eine andere Meinung zum Thema Islam hat, als gemeinhin von der AfD vertreten wird. Er findet, dass man nicht von «dem Islam» sprechen könne, und ich entgegne, dass es aber genauso im Programmentwurf stünde. Klingler meint: «Ja, ich weiß, das ist mir zu kurz gegriffen. Ich hoffe auch nicht, dass man auf dem Parteitag jetzt fünf Stunden über den Islam diskutiert. Der Islam ist eine Religion, die ausgeübt wird, und es funktioniert in Stuttgart wunderbar, was anderes kann ich nicht beurteilen, aber im Großen und Ganzen funktioniert es.»

Klingler repräsentiert den wirtschaftsliberalen Teil der AfD. Wie er sich selbst verortet, fasst er in einem Nebensatz zusammen: «Nicht ich habe mich verändert, sondern die Welt um mich herum. Ich gehe weiterhin auf meinem Kurs.»

Was für ein toller, treffender Satz. Manche Mitglieder sagen über die AfD auch, sie sei ein bisschen wie die alte CDU.

Vielleicht ist das der Konsens dieses AfD-Flügels: Alles soll bleiben, wie es ist, oder: Alles soll werden, wie es war.

Der Satz «Der Islam gehört nicht zu Deutschland» schafft es übrigens ins Programm. Es gab einen Änderungsvorschlag, der lautete «Der politische Islam gehört nicht zu Deutschland» – er fand keine Mehrheit.

Ich gehe wieder rein. Jörg Meuthen spricht gerade, auch er gehört zum wirtschaftsliberalen Flügel der AfD.

«Welche Funktion hat der noch mal in der Partei?», frage ich David. «Vorsitzender, zusammen mit Frauke Petry.»

Ach, guck. War mir nicht klar. David versteht meine Irritation: «Ich glaube, da müssen wir Journalisten uns auch an die eigene Nase fassen – wir haben bisher viel häufiger über Petry berichtet, weil die einfach mehr provokante Statements abgibt.»

Jetzt, wo ich ihn sehe, fällt mir auch wieder ein, dass ich mal ein Porträt über Meuthen gelesen habe: still, professoral, sein Steckenpferd ist vor allem Wirtschaft, so wurde er beschrieben. Jetzt stehe ich in den hinteren Reihen des Publikums, Jörg Meuthen kommt zum Ende seiner Rede, und ich weiß noch nicht, dass ich gleich einen Satz hören werde, der noch Monate später immer wieder zitiert werden wird. Wenn man ausschließlichen diesen einen Satz liest oder ohne Zusammenhang in Radio und Fernsehen hört, versteht man genug, um zu wissen, wofür die AfD steht. Man versteht aber noch mehr, wenn man die Atmosphäre beschreibt, die im Raum herrscht.

Meuthen beginnt so: «Geben wir Herrn Maas einmal, ein wirklich einziges Mal, völlig recht. Das erstaunt Sie. Er hat aber gestern etwas gesagt, dem Sie sicherlich beipflichten können. Er hat gestern verlautbaren lassen, unser Parteiprogramm sei ein Fahrplan in ein anderes Deutschland.» Das Publikum lacht, klatscht begeistert. Jörg Meuthen lächelt. Als er weiterreden will, stehen viele Delegierte auf und hören nicht auf zu klatschen. In den Applaus hinein sagt Meuthen: «Liebe Parteifreunde, wo der Mann recht hat, hat er recht.»

Jetzt kann der Redner sein Lachen kaum noch zurückhalten, er schnappatmet ins Mikrophon, sammelt sich kurz beim Blick auf sein Manuskript und fährt fort: «Das stimmt! Und zwar in ein Deutschland weg vom links-rot-grün-verseuchten 68er-Deutschland, von dem wir die Nase voll haben!»

Wieder gibt es lang anhaltenden Applaus, zustimmende Pfiffe und Rufe, wieder stehen viele auf. «Warten Sie einen Moment, warten Sie», will er beschwichtigen. Aber hier will niemand mehr warten. Immer mehr Leute erheben sich. Meuthen setzt noch einmal an, aber zu leise, zu zaghaft, die Delegierten lassen sich nicht bremsen und applaudieren begeistert. Er lächelt, dann findet er seine Stimme wieder: «Nun lassen Sie mich das gerade noch fertigstellen. Wissen Sie, man sagt immer, die AfD sei eine böse Partei, die nur sagt, wovon sie wegwill, aber nicht, wo sie hinwill. Ich will noch mit einem einzigen Satz ergänzen, wo es hingehen soll (...), hin zu einem reifen, zu einem wirklich freien und souveränen, zu einem zugleich friedlichen und wehrhaften, zu einem sicheren und starken Nationalstaat in der Völkergemeinschaft Europas und in der Welt. Danke für Ihre Aufmerksamkeit.»

Sofort springen die Delegierten auf, endlich dürfen sie klatschen und toben, sie skandieren «AfD, AfD». Jörg Meuthen bedankt sich bei den Delegierten, aber weiß schon nach kurzer Zeit nicht mehr wohin mit sich, verlagert sein Gewicht von einem Bein auf das andere, nickt in die Menge, sein Manuskript noch in den Händen, die Arme verschränkt. Ein Dank, der die Begeisterung eher austritt als entfacht. Da steht auf einmal wieder ein Professor mit grauen Harren, runder Brille und weichem Gesicht, freundlich und etwas tapsig. Meuthen wäre ein toller Weihnachtsmann.

Während der Rede habe ich Gänsehaut bekommen. Ich spüre meinen Schweiß nass und kalt an meinem Rücken. Links-rot-grün-verseucht? Ich habe das Gefühl, die meinen mich. Was haben die denn vor? Der Fahrplan in ein anderes Deutschland, wie sieht der denn aus? Das ist eine Allmachtsphantasie, die hier im Saal alle teilen. Überhaupt ist die Stimmung gelöst. Als hätte man viel zu lange hinter dem Berg halten müssen mit seiner Meinung, als sei man viel zu lange mit angezogener Handbremse gefahren.

Was mich am meisten schockiert, ist, wie Jörg Meuthen sich verändert. Wenn man ihn beim Reden erlebt, schaut man jemandem zu, der den Populismus für sich entdeckt. Er ist überrascht, welche Zustimmung er für das bekommt, was er sagt. Der gruseligste Moment ist, als er merkt, wie gut das mit dem «links-rot-grün-verseucht» ankommt, er es später wiederholt und mit dem Begriff «versifft» noch einen drauflegt – wie jemand, der es nicht gewohnt ist, dass jemand über seine Witze lacht, und dann beifallheischend die Pointe wiederholt. Dabei merkt man, dass ihm das gar nicht liegt; er ist ein konservativer Mann, der will, dass es ein bisschen mehr wie früher ist. Aber wenn ihm 2000 entfesselte Delegierte zujubeln, dann gibt er ihnen, was sie wollen.

Später spreche ich mit einem Kollegen der Studenten aus Göttingen, mit Alexander Hensel, der sich wissenschaftlich mit der AfD auseinandersetzt. Er bestätigt meinen Eindruck und glaubt, dass diese Rede sehr bewusst so vorgetragen wurde: «Meuthens Auftreten auf dem Bundesparteitag in Stuttgart war bemerkenswert: die Schärfe seiner Rhetorik, aber auch die offensive Nutzung der Chiffren der Parteirechten heben sich von seinem Wahlkampf in Baden-Württemberg deutlich ab. Meuthen, der zunächst als wirtschaftsliberaler Gegenspieler Petrys galt, versucht sich nun in Konkurrenz zu Petry als Parteivorsitzender der gesamten AfD zu positionieren. Diese ist seit dem Ausstieg Luckes noch mal deutlich nach rechts gerutscht und hat sich vor allem mit einer rigiden Migrations- und Asylpolitik profiliert. Zugleich antwortet sie auf aktuelle Herausforderungen und Verunsicherungen im Kontext der Flüchtlingskrise mit einer breiteren, rechtskonservativen und nationalistischen Agenda, die eine Rückkehr zu gewohnter Sicherheit und Ordnung verspricht.»

Ich bin irritiert. Ich bin irritiert von zwei Stimmungen, die nur eine Tür voneinander entfernt sind. Im Saal tobt eine Masse, zwei Schritte weiter trifft man Menschen. Das kenne ich schon – was manche meiner Kleinkunst-Kollegen auf der Bühne machen, finde ich grässlich. Und dann lerne ich sie kennen, und sie sind mir sympathisch, wie ärgerlich! Würde ich ein Buch über die Comedyszene schrieben, hieße es: *Aber nett sind die alle.*

Hier ist es ähnlich. Wenn es doch nur alles Arschlöcher wären! So auf Anhieb unsympathische Typen. Aber niemand ist so. Ach so, doch, einer wird wohl nicht mein Freund. Ein junger Mann in etwas zu gut sitzendem Anzug fällt mir schon die ganze Zeit auf, er läuft mit anderen Parteifreunden dynamisch durch die Halle. Sie sehen alle ähnlich aus, Kurzhaarschnitt, gegelte Haare, schlank, immer bereit, ein Formular auszufüllen, energetisch bis in die Haarspitzen und erwachsen, irgendwie. Also sie verhalten sich so, wie Kinder sich vorstellen, dass Erwachsene sind: mit etwas zu viel Ernst, zu viel durchgedrücktem Kreuz, zu viel «Ich mache meine Steuererklärung schon mal im Voraus, was man hat, das hat man»-Gehabe. In ein paar Jahren, wenn sie die Erwachsenenrolle mit mehr Lässigkeit spielen können, wird man nicht mehr merken, dass hier jemand noch vor ein paar Jahren damit gehadert hat, was er studieren soll, und sich überwinden musste, das Mädchen, mit dem er seit Stunden in der Bar steht, endlich zu küssen.

Jetzt saust er wieder an mir vorbei, mir freundlich und anerkennend zunickend, weil mein Outfit sagt: Ich bin einer von euch. Ich bremse ihn und frage, ob wir uns kurz unterhalten können. Es stellt sich heraus: Er ist 24, studiert Politik- und Medienwissenschaft, kommt aus Düsseldorf und ist seit 2013 dabei. Wegen der Bildung. Er ist für ein bundeseinheitliches Bildungssystem und hält «den Fortgang vom Diplom für fatal» und dass man es auf dem «europäischen Altar geopfert» habe.

Ich frage ihn, was mit der Asylpolitik ist. Er antwortet: «Ich mache mir schon Sorgen, wenn dann Zahlen erhoben werden, die ganz klar sagen, das 80 Prozent der Menschen, die zu uns kommen, eben keine Flüchtlinge laut der Genfer Konvention sind, sondern Wirtschaftsmigranten.»

Schon wieder so eine Zahl. Und woher kommt die? «Ich beziehe mich auf einen Artikel in der *Welt* aus dem Herbst letzten Jahres. Ich denke, das sollte uns allen Sorgen machen, dass viele Leute zu uns kommen, von denen wir nicht wissen, ob sie tatsächlich Flüchtlinge sind oder vom IS stammen. Und mir sind auch die Kontrollen an den Grenzen zu lasch. Ein Land wie Deutschland sollte in der Lage sein, seine Grenzen zu kontrollieren. Ich möchte, dass wir das Schengen-Abkommen aussetzen, den Schlagbaum wieder fallen lassen und ganz genau hinschauen, wer da zu uns kommt, zumindest bis zu dem Zeitpunkt, bis sich die Situation wieder entspannt.»

Ab diesem Zeitpunkt sieze ich ihn wieder. Das merke ich später erst, als ich die Aufnahme anhöre. Nominell sind wir ungefähr eine Generation – ich bin sieben Jahre älter. Aber mit jedem Satz, den er sagt, wird er ein Jahr älter. Mit welchen Begriffen hier jongliert wird: Schlagbaum wieder fallen lassen, auf dem europäischen Altar opfern, das wäre mir mit 24 nicht über die Lippen gekommen. Kommt es heute immer noch nicht. Was mich irritiert, ist nicht die Position, sondern vor allem der Ton, in dem er seine Position herunterbetet. Das ist kein Gespräch, ich höre einer Pressemitteilung zu. Die ist noch längst nicht fertig, also weiter im Text: «Klar werden viele kommen. Aber es werden nicht weniger kommen, wenn wir die Grenzen weit aufmachen. Ich möchte, dass die Grenzen kontrolliert werden, und ich möchte, dass da geprüft wird, aus welchem Land die kommen, es kann meiner Meinung nach nicht sein, dass Leute aus Marokko hier Asyl beantragen. Ich war letztes Jahr in Marokko im Urlaub, da wo ich Urlaub gemacht habe, kommen Leute her und beantragen Asyl – das geht einfach nicht.»

Da verschlägt es mir ernsthaft die Sprache. Es vergehen einige Sekunden, bis ich wieder in der Spur bin. «Wenn ich hier Urlaub mache, kann es euch doch gar nicht so schlecht gehen» – da muss man erst mal drauf kommen. Später stelle ich fest: Natürlich macht das in seiner Argumentation Sinn. Da, wo man Urlaub machen kann, ist kein Krieg. Wenn in dem Land kein Krieg ist, sind die Flüchtlinge die kommen, Wirtschaftsflüchtlinge, und die will er nicht.

Ich frage ihn, wo er sich denn politisiert habe. «Ich habe immer viel mit Freunden diskutiert», antwortet er. «Interessant war, bevor ich in die AfD gegangen bin, hatten wir immer die gleiche Meinung. Und dann habe ich für mich ein Ventil gefunden, das das auch genau so artikuliert. Und jetzt erlebe ich, das viele Leute aus dem Freundeskreis sich zurückziehen und sagen ‹Das geht ja gar nicht, das ist ganz schlimm› – aber meine Meinung hat sich ja nicht verändert!» Mir wird auf einmal bewusst, dass ich seine Klarheit mag, bei allem, was uns trennt. Ich habe das Gefühl, dass er sich

Mühe gibt, immer, in allem, auch für mich im Gespräch. Von allen Gesprächspartnern aus der AfD spricht dieser hier ohne Füllwörter, klar, schnell, beflissen. Der weiß, wo es langgeht. Ich merke, welche Faszination davon ausgeht, weil er so ein unausgesprochenes Versprechen macht: «Ich weiß, was zu tun ist, damit alles gut wird.»

Frauke Petry behauptet in ihrer Rede, man verliere viele Freunde wegen seines Engagements; ich will von ihm wissen, ob das stimmt. «Sie hat damit leider recht, es ist schon bemerkenswert. Ich war in Kanada, da war die durchgehende Meinung: Jeder hat das Recht auf eine Meinung. Haben Sie die Demonstration draußen erlebt? Da haben Leute randaliert – das kann in einem demokratischen Land nicht sein! Ich erlebe permanent, dass Reifen zerstochen, dass Hauswände beschmiert werden, dass Gastronomen unter Druck gesetzt werden und dass auch ich persönlich angefeindet werde und meine Adresse auf irgendwelchen Seiten auftaucht, wo steht, lasst uns dem Nazi mal einen Besuch abstatten.»

Ich gehe auf Tuchfühlung mit anderen Teilnehmern des Parteitags.

Da steht jemand alleine an einem Stehtisch, nach hinten gegelte Haare, Mitte 50, kräftige Statur, rotes Gesicht, er sieht aus wie jemand, der in Tarantinofilmen der Mann fürs Grobe ist: Menschen einschüchtern, töten, foltern. Ich frage ihn, warum der Ton im Saal mittlerweile so viel schärfer ist als davor.

Er antwortet in tiefstem Bayrisch, und die Sonne geht auf – das ist nicht der Mann fürs Grobe, sondern der, der sich am Ende des Films für den Helden opfert: «Schaun's, das ist ein

Querschnitt aus der Bevölkerung, die hier sitzt. Das ist nicht so wie vorne auf dem Podium, die ganze Führungsriege. Das da der Ton natürlich immer etwas anders ist, ist ja ganz klar. Man sieht ja auch, wie das in den Medien wieder hochgepeitscht wird. Ich glaube aber, dass sich das letztendlich ganz normal entwickelt. War doch bei den Grünen auch nicht anders, wenn man ehrlich ist! Dass die AfD, die nicht ganz unerfolgreich ist, von den anderen Partien angegriffen wird, ist ja klar, weil wir denen ein Stück vom Kuchen wegnehmen.»

Er erzählt mir, wie er 2014 zur AfD kam, auch er war vorher FDP-Mitglied, sei dann aber ausgetreten, weil «diese Regierung mit Westerwelle als Außenminister zustande kam, die mir dann zu abgehoben waren. Als die da so eigenmächtig die Verträge mit den Hoteliers durchgepeitscht haben, da hab' ich mir gedacht: Macht das, aber ohne mich. Dann war ich drei Jahre lang parteilos, Ruhephase. Und dann bin ich eingetreten, dann war das mit dem Lucke, der Wechsel, dann habe ich erst mal fast ein Jahr abgewartet und geschaut, wo die Reise hingeht. Und dann habe ich gedacht, macht doch Sinn, da wieder ein bisschen tätig zu werden.»

Ich frage ihn, ob er mittlerweile weiß, wohin die Reise geht.

«Ich bin mir sicher, dass die Reise doch mehr Richtung Mitte führt. Logisch, die CDU sagt: Die sind rechts neben uns. Ich denke, dass das Parteiprogramm, das morgen verabschiedet wird, ein ganz normales Programm einer ganz normalen Partei ist.»

Auch für ihn ist der Islam kein Thema, persönlich sind ihm folgende Themen wichtig: «Wirtschaftspolitik und Sozialpolitik, ganz klar. Die Rente muss so sein, dass jeder davon leben kann. Bei der Verteidigungspolitik bin ich der Meinung: Muss

die Bundeswehr an diesen ganzen Auslandseinsätzen teilneh-
men? Ich finde, nicht. Und bei der Wirtschaftspolitik kann
man den Parteien nicht vorwerfen, das besser zu machen. Das
läuft ja rund. Aber was ist denn, wenn wir so etwas wie 2009
wieder kriegen? Die Flüchtlingspolitik, die wird sich irgendwann auch wieder in normalen Wogen bewegen.»

Auch hier gibt's schon wieder Zukunftsangst: Klar geht es der
Wirtschaft gut – aber wer sagt, dass das so bleibt? Aber dass
er so entspannt auf die Flüchtlingspolitik schaut? Was ist das
denn? Darf man mit so einer Meinung überhaupt hier sein?
Steht er deswegen alleine am Tisch? Ich höre den Anzugträ-
ger schon: «Du, lass uns mal nicht dazustellen, das ist so ein
Beschwichtiger.» Ich frage genau nach, wie seine Position ist.
  «Ich kann's nicht mehr hören, ehrlich gesagt. Ich kann's
nicht mehr hören! Und wie oft dieser blöde Schießbefehl wieder aus der Kiste geholt wird. Ich meine: Wir waren immer
Einwanderungsland. Klar habe ich Stress damit, wenn drei,
vier, fünf Millionen kämen, hätten Sie auch, da bin ich mir
sicher, aber es geht ja auch ein Teil wieder, und mein Gott,
muss man halt hinnehmen, das geht ja nicht anders!»
  Jetzt muss ich aber wirklich wissen, ob er von den anderen
ausgeschlossen wird. Das kann man so natürlich nicht fragen, deswegen will ich von ihm wissen, wie viele Menschen
in seiner Partei das genauso sehen. Er meint: «Ja, es gibt viele.
Ich bin natürlich auch der Meinung, dass die Haltung der
Mitglieder im Westen eine andere ist als im Osten zu diesem
Thema.»
  Ja, das ist wohl wirklich so. Auf diesem Parteitag werde ich,
der Zufall will es so, nur Menschen aus der West-AfD sprechen, und sie kommen mir tatsächlich gemäßigt vor.

Ich suche eine letzte Gesprächspartnerin – diesmal eine Frau ungefähr meinen Alters, später stellt sich heraus, dass sie 27 ist. Sie sieht unscheinbar aus und hat einen schwarzen Pony. Klar dürfe ich ihr Fragen stellen, sie freut sich, Gesellschaft zu haben.

Ich möchte wissen, warum sie in der AfD ist, und sie sagt: «Wegen der Gesamtsituation. Ich bin ja noch jung, aber ich habe gedacht, ich muss etwas beitragen, dass es besser wird.»

Mit «Gesamtsituation» meint sie vor allem, wer nach Deutschland kommt: «Wir sind nicht gegen die Flüchtlinge als Personen, nur gegen diese unkontrollierte Einwanderung, das ist einfach zu viel des Guten.»

Wovor genau hat sie Angst?

Sie antwortet: «Dass sich das Bild von Deutschland ändern wird. Gerade weil von dem Zustrom auch Islamismus ausgeht, denke ich schon, dass es leider eine Bedrohung darstellen wird, weil viele Menschen einen islamischen Glauben haben und die hier einfach alles umkrempeln wollen. Und das hört man ja auch immer wieder mal.»

«Das hört man ja auch immer wieder mal.» Das ist ja noch nicht mal mehr der Versuch zu argumentieren. Zum ersten Mal habe ich das Gefühl, mit einem dummen Menschen zu reden. Alle anderen Gesprächspartner machten einen gebildeten, bedachten Eindruck auf mich. Diese junge Frau ist auch ein Teil der AfD, wird deren Politik mitprägen. Deswegen frage ich, was Menschen islamischen Glaubens denn umkrempeln wollen.

Ihre Antwort: «Den Extremismus im Islam, den kriegt man natürlich mit. Der hat bis jetzt Gott sei Dank hier noch nicht sein Unwesen getrieben. Aber in Frankreich und Belgien. Da haben wir hier natürlich Angst vor. Aber es kommen auch Leute hierher und sehen die Frau anders an als wir.»

Ich frage weiter: «Aber ist das wirklich so? Ich habe bisher wenig mit Flüchtlingen geredet.»

«Ich auch nicht. Ich denke, das sind auch Gruppen, die gefährlich sind, das sind bestimmt nicht alle. Und wenn die sich zusammentun, dann wird es gefährlich. Aber so weit darf es nicht kommen. Und deswegen bin ich auch in der AfD und finde gut, dass die diese Werte vertreten, die wir haben. Unsere Gesetze, die müssen einfach bleiben. Da können die Scharia oder der Koran oder auch die Bibel nicht rein.»

Dieses Plädoyer kenne ich von vielen konservativen Politikern: In Deutschland darf nicht die Scharia gelten. Aber kein Politiker, der halbwegs bei Trost ist, fordert die Scharia, alle stehen für das Grundgesetz. Genau das sage ich ihr.

Sie antwortet: «Wenn es innerhalb des Grundgesetzes bleibt, ist es in Ordnung. Wir trennen das ja auch, Staat und Religion. Da bin ich dafür.»

Puh. Ich beende das Gespräch. Mir ist schlecht, ich fühle mich, als wäre ich einen Marathon gelaufen.

Ich verlasse den Parteitag schon am Nachmittag, als man in inhaltliche Diskussionen einsteigt. Auf dem Weg zur S-Bahn-Station lese ich auf einer Wand: «Wegen eurer Politik brennen Flüchtlingsheime.» Während die Anspannung von mir abfällt, versuche ich einzuordnen, was ich erlebt habe.

Mir ist schlecht, weil ich ein Wechselbad der Gefühle erlebt habe. So viele unterschiedliche Menschen, so viele Widersprüche in ihren Aussagen und kaum ein verbindendes Element. Vielleicht nur eines: Man macht sich Sorgen um die

Zukunft Deutschlands. Ich fahre zum Hotel in der Nähe des Flughafens, zappe durch das Fernsehprogramm und lande bei dem Fernsehfilm *Die Diplomatin – Das Botschaftsattentat*, in dem Muslime Terroristen sind, bis auf eine Frau, und es anderthalb Stunden darum geht, dass Islamisten islamistisch drauf sind (Beten! Kopftuch! Bärte!), Menschen erpressen und kidnappen.

Ist es sinnvoll, so etwas zu zeigen? Muss man ausgerechnet fiktionale Stoffe immer nach dem Muster «Böser Islamist, guter Deutscher?» stricken? Sind es nicht genau solche Filme, die Ängste schüren? Ich weiß, ich klinge wie die Hysteriker, die nach jedem Amoklauf an Schulen Ballerspiele verbieten wollen. Aber ich möchte jetzt einfach mal in Ruhe gelassen werden mit düsteren Zukunftsvisionen.

Als ich am nächsten Morgen aufwache, stelle ich fest, dass dieses Projekt zum ersten Mal in einer Krise steckt. Ich weiß nicht mehr, was ich denken soll – vor allem aber nicht mehr, wie ich mich verhalten soll. Das größte Problem: Meistens treffe ich nette, freundliche Menschen mit Ansichten, die zwar nicht meine sind, die aber dennoch nichts mit den Idioten zu tun haben, die man im Fernsehen gesehen hat. Die wirken, tja, «normal», was auch immer das ist. Ich habe jetzt schon so oft die gleichen Einwände und Vorbehalte gegenüber der Flüchtlingspolitik gehört, dass ich mich frage: Haben die nicht vielleicht doch recht? Ist nicht in all diesen Vorwürfen und wirklichen Sorgen ein Funke Wahrheit? Wird das von uns allen viel zu sehr ausgeblendet? Es muss doch da eine reale Bedrohung geben, ein wirkliches Problem. Ich denke an die Standing Ovations der Parteitagsbesucher – wie berauscht alle waren, wie glücklich, mit Gleichgesinnten das eigene Utopia zu bauen. Je länger ich mich mit den Menschen unterhalte, desto häufiger fühle ich mich meiner eigenen Überzeugung nicht mehr sicher. Ich habe noch eine, ich weiß, dass sie schon ungefähr richtig ist, aber ich fühle sie nicht mehr.

Gleichzeitig bin ich irritiert, wie sich die Menschen im Einzelgespräch äußern. Das sind keine wutschnaubenden Unsympathen, sie haben viel Verständnis und Ruhe. Und in der Parteitagshalle sind die Rollen klar verteilt: Auf der Bühne wird scharf ausgeteilt, und die Menge feiert es. Hier gibt es keine Zwischentöne. Als würden sich alle sagen: «Wir haben so oft auf die Fresse bekommen, jetzt teilen wir mal aus!».

Wie oft ich hier die gleichen Dinge höre! Ich erinnere mich an ein psychologisches Experiment zum Thema Konformitätsdruck, das bereits 1951 durchgeführt wurde. Es ging darum, dass Gruppendruck dazu führen kann, dass man auch offensichtlich falsche Dinge behauptet. Einer Versuchsperson wurde auf einem Monitor eine Referenzlinie gezeigt, deren Länge, sagen wir, fünf Zentimeter betrug. Rechts daneben wurden drei weitere Linien gezeigt, sechs, fünf und vier Zentimeter lang. Die Probanden sollten sagen, welche dieser drei Linien zu der linken passt – offensichtlich die, die fünf Zentimeter lang war. Mit am Tisch saßen außerdem weitere Personen, die in das Experiment eingeweiht waren. Diese Personen gaben auch ein Urteil ab, zuerst richtige, dann durchgängig einstimmig falsche Urteile. Die Probanden schlossen sich bei einem Drittel der Durchgänge dem augenscheinlich falschen Urteil aller anderen an. Nur ein Viertel der Teilnehmer ließ sich nicht manipulieren. Später fand man heraus: Je größer die Gruppe ist, die einstimmig lügt, desto mehr neigen Menschen dazu, diese Meinung auch anzunehmen. Wenn nur einer der anderen widerspricht, sinkt die Zustimmung zu einer Lüge auffällig.

Auf dem Parteitag sind über 2000 Mitglieder, und niemand widerspricht. Und ich frage mich: Bei wie vielen der hier Anwesenden zieht dieses Prinzip des Gruppendrucks? Ich merke: Bei mir hinterlässt es Spuren. Ich gehöre nicht zu dem Viertel, deren Meinung unerschüttert bleibt. Ich bin nachhaltig verunsichert und ärgere mich über mich selbst. Wirklich? Dafür bin ich im Sozi-Haushalt groß geworden? Um mir von einer Handvoll Leuten erzählen zu lassen, dass man sich wegen der Flüchtlinge ängstigen sollte? Dass Deutschland dem Ende geweiht ist? Das Problem ist: So tief habe ich mich einfach nicht in die Materie eingearbeitet. Die Zahlen, die genannt wurden, kann ich nicht widerlegen. Und bisher wollte ich das auch nicht. Ich wollte Menschen einfach fragen, erzählen lassen. Ich habe selten widersprochen, ich habe meine Gesprächspartner bestätigt. Mittlerweile weiß ich nicht mehr, ob das der richtige Weg ist. Denn so fahre ich nur die Argumentationsbahnen ab, die mein Gegenüber sowieso schon kennt. Ich lerne die Fakten, Pseudofakten und Theorien kennen, mit denen man es sich gemütlich gemacht hat. Vielleicht muss ich ungemütlich werden, um zu verstehen, was diese Konstruktionen im Innersten zusammenhält. Also: wovor diese Menschen wirklich Angst haben, was sie wirklich antreibt. Ich unterstelle niemandem, dass es nicht stimmt, was mir gesagt wird. Aber ich werde das Gefühl nicht los: Da ist noch mehr dahinter. Außerdem fühle ich mich einfach nicht gut dabei, den Leuten hier eine Plattform zu geben. Und es ist kein gutes Gefühl, nichts zu entgegnen und sie während der Gespräche sogar noch zu bestärken.

Deswegen forsche ich nach. Zumindest eine Zahl will ich mal überprüfen, um etwas mehr Munition zu haben.

«90 Prozent werden ein Leben lang Hartz IV bekommen», behauptete Bernd Klingler, das habe eine Frau von der Arbeitsagentur gesagt. Ich telefoniere mit der Arbeitsagentur Stuttgart, dort weiß man nichts von dieser Zahl, ich werde an eine Kollegin weitergeleitet, auch hier: Fehlanzeige. Irgendwann lande ich bei einer Frau, die «Projektleiterin Flüchtlinge» bei der Bundesagentur für Arbeit in Baden-Württemberg ist. Dort bekomme ich Auskunft. Ja, es dauert tatsächlich sehr lange, hierher geflüchtete Menschen in den Arbeitsmarkt zu integrieren: Es brauchte in der Vergangenheit 15 Jahre, um 70 Prozent zu integrieren.

Man weiß natürlich noch nicht, wie das jetzt sein wird. Aber zum Qualifikationsniveau sagt sie auch noch etwas: 10 Prozent der Menschen seien Akademiker, 10 Prozent seien Fachkräfte, 80 Prozent hätten keine vergleichbaren Abschlüsse. «Es ist aber nicht so, dass die nichts können», meint sie. Sie haben nur oft keine Nachweise, sondern zeigten dann Fotos. Von einem Regal, dass sie geschreinert haben, von einer Stuckdecke, die sie geschaffen haben. Durch Praktika in entsprechenden Betrieben werde dann herausgefunden, auf welchem Level sie seien.

Vielleicht hat Bernd Klingler sich mit seinen 90 Prozent vertan, so etwas kann passieren. Andererseits: Schon krass, wie leichtfertig er eine solche Zahl in die Welt setzt, offenbar ohne sie zu überprüfen.

Ich muss zugeben, dass ich von der neuesten Zahl, die ich höre, dennoch überrascht bin: 80 Prozent, die keine Ausbildung haben! Das ist ganz schön viel. 15 Jahre, bis 70 Prozent arbeiten – das ist ein langer Weg, auch wenn es weniger dramatisch ist, als Klingler dargestellt hat. Die richtigen Zahlen reichen schon, um seinen Punkt zu untermauern, dass es teuer wird.

Immerhin, eine Zahl konnte ich schon mal als falsch entlarven. Ich fühle mich etwas besser, aber längst nicht gut.

Ich traue mich schon jetzt zu sagen: Alles, was Pegida sagt, findet sich auch in den Positionen und Argumentationsmustern mancher AfDler wieder – aber die AfD ist mehr als das. Sie sieht sich als eine Art CDU der achtziger Jahre, sie will konservativ sein und wirtschaftsliberal, «eine Stimme der Vernunft», gar nicht so schrill, mit polarisierenden Forderungen. Man will, dass sich Deutschland nicht verändert – uns ging es doch bisher gut, warum müssen wir denn jetzt was ändern? So in etwa kann man die Meinung vieler zusammenfassen. Das liegt wohl auch daran, dass ich ausschließlich mit West-AfDlern gesprochen habe. Erstaunlicherweise gab es auch viele junge Leute, die knallharte Positionen vertraten, die auch wollten, dass Deutschland sich nicht verändert. Das hat mich am meisten überrascht. Obwohl sie mir altersmäßig näher waren, konnte ich mit ihnen ich am wenigsten anfangen. Von einem Fünfzigjährigen lasse ich mir gerne noch erzählen, wie schön es früher war. Aber von jemandem, der 25 ist? Welche Motivation haben denn die Jungen, das, was man hat, zu konservieren? Das will ich herausfinden. Und dafür muss ich mich in Berlin nur in die S-Bahn setzen.

Die Junge Alternative: «Jeder Achte ist für mich.»

Wenn mich Freunde fragten, wie das Buch wird, antwortete ich immer: Irgendwas zwischen Günter Wallraff und «Mario Barth deckt auf». Richtig wallraffig war es bisher ja noch nicht – aber jetzt: Ich gehe undercover. Vielleicht sprechen die AfDler dann anders mit mir, lassen die Maske fallen und tanzen ums Feuer? Wer weiß das schon? Es kann auf jeden Fall nicht schaden, mal als Gleichgesinnter aufzutreten. Wer die AfD treffen will, muss sich allerdings Mühe geben: So einfach ist das nicht. Die Termine für Parteiveranstaltungen stehen im Internet, aber nicht der Ort – aus Angst vor Attacken der Linken. Diese Angst ist anscheinend berechtigt: Wie ich später erfahre, ist der Stammtisch der Jungen Alternative bereits einmal von der Antifa gesprengt worden. Also muss man der Jungen Alternative erst einmal mailen. Ich brauche eine E-Mail-Adresse, die unauffällig ist. Till Reiners muss man nur einmal googeln, und die Leute wissen, was ich mache. Also lege ich mir eine neue E-Mail-Adresse unter dem Namen «Michael Schneider» an, ein Allerweltsname, den man nicht überprüfen kann. Ich schreibe, dass ich interessiert daran sei, am Stammtisch in Berlin teilzunehmen, ich allerdings kein Mitglied sei. Ich erhalte zwei Tage später Antwort:

Hallo Michael,
selbstverständlich ist das auch möglich, ohne Mitglied zu sein. Wir teilen dir rechtzeitig mit, wo wir uns treffen.

Mit alternativem Gruß
Achim Gernlinger (Name geändert)

Ich muss am Tag des Treffens noch einmal nachfragen, bevor mir ein Ort genannt wird: eine Kneipe in Charlottenburg. Ich habe das Gefühl, schon etwas erreicht, sozusagen die erste Tür aufgeschlossen zu haben. Schritt zwei wird schwieriger: Ich muss Michael Schneider spielen. Zuerst mal: Wie sehe ich aus? Tatsächlich habe ich vorher Günter Wallraff getroffen; er meinte, meine Haare müssten auf jeden Fall kürzer sein. Check! Außerdem habe ich ein Polohemd an, eine blaue Hose und Lederschuhe. Das muss doch reichen. Ich denke mir eine komplette Biographie aus, samt Job, Wohnort und Ausbildung. Als ich in der S-Bahn sitze, überlege ich, wie wahrscheinlich es wohl ist, dass mich die Leute beim Stammtisch beim Stuttgarter Parteitag gesehen haben. Und hoffentlich ist mein ausgedachtes Ich überzeugend. Ach, als würden die sofort meine biographischen Daten abfragen, bestimmt redet man schnell über Politik, wische ich meine Sorgen weg. Um Punkt 19 Uhr bin ich in der Kneipe und frage erst an zwei falschen Tischen, ob sie die Junge Alternative seien.

Aber dahinten im Laden sitzen zwei, die sehen wie Juristen aus, die könnten es sein. Spätestens seit der Uni, wahrscheinlich aber schon davor, hat man einen Radar für Leute, deren Haltung man scheiße findet. Es gibt, um es allen einfacher zu machen, einen Dresscode, der zeigt, was man studiert. Juristen tragen Poloshirts und Haargel, fertig, aus. Umgekehrt wollen wir es aber auch den Juristen einfach machen: Man trägt Kapuzenpullover oder «etwas Indviduelles», aber in jedem Fall lockeres Zeug, um zu signalisieren: «Ich studiere irgendwas Brotloses aus Interesse.» Wie oberflächlich das ist. Aber egal, nicht sinnieren, hier kommt Michael! Ich gehe auf die beiden zu und sage halb zu ihnen, halb zu mir: «Hallo, ich bin Michael!»

«Hi, ich bin Christian, das ist Flo.»

Christian hat schwarze, gegelte Harre und hat einen Bart, Typ Stromberg, außerdem trägt er ein Sakko mit Anstecknadel der JA und darunter ein Poloshirt. Flo hat eine ungegelte Kurzhaarfrisur, er wirkt stark und männlich, ich habe direkt Angst vor ihm. Wahrscheinlich verspreche ich mich deswegen, als ich ihm die Hand schüttle: «Ti ... Michael, hallo.» Nein, niemand hat etwas gemerkt.

«Und, was machst du beruflich?», fragt Flo.

Das ist nicht euer Ernst, Leute. Wirklich, die erste Frage? Gut, dass ich vorbereitet bin: «Ich bin Steuerberater.» Ich habe ein bisschen Ahnung von Steuern, weil ich als Selbständiger meine Unterlagen sehr genau vorbereite, bevor ich sie meinem Steuerberater schicke. Die beiden nicken, keine weiteren Fragen, sehr gut – das ist das Schöne an diesem Beruf, da drängen sich erst mal keine Fragen auf, was sollte man auch fragen? «Was, du machst Steuern? Witzig, ich zahle auch!» «Und was macht Ihr?», frage ich.

Christian ist tatsächlich Anwalt, aus der FDP ausgetreten und seitdem in der AfD und so was wie der Chef der Jungen Alternative, zumindest wird er den Abend über am meisten reden. Außerdem steht er auf einem verheißungsvollen Listenplatz – es könnte also gut sein, dass er bald im Abgeordnetenhaus in Berlin sitzt. Philipp ist gelernter Bankkaufmann, will aber jetzt auch Jura studieren. Außerdem sitzt noch Kai da, der ein lustiges Gesicht hat, ein bisschen wie Alfred E. Neumann von *Mad*. Er hat den Eifer des Zwanzigjährigen, der er ist, und will irgendwas mit BWL oder Jura studieren, natürlich, und als es um die politischen Gegner der AfD geht, tischt er Anekdoten von einem Kommilitonen auf. «Die AfD wäre ja nicht demokratisch, hat der gesagt. Dann habe ich gefragt, wieso, und mit dem diskutiert, bis er dann irgendwann gesagt hat, ja, na gut, vielleicht wären wir nur gegen demokratische Werte, und dann habe ich weiterdiskutiert, und er meinte dann, so gut kenne er sich auch nicht aus. Haha! Politikwissenschaftler eben.»

Ja. Haha! Mir ist nicht nach Lachen zumute. Ich habe Politikwissenschaft studiert, und ich werde wieder daran erinnert, dass ich hier nicht ich bin. Das mit dem Verstellen fällt mir schwerer als gedacht. Zu allem Überfluss erzählt Christian: «Wir hatten auch mal einen *Spiegel*-Redakteur hier, der hat sich erst später zu erkennen gegeben. Aber der war okay.»

Kai meint: «Ja, die wollten sich auch einschleimen, um Sachen aus uns herauszukitzeln.»

«Ja, schon», räumt Christian ein, «aber der Artikel war schon erstaunlich fair für den *Spiegel*. Man ist ja schon froh, wenn man nicht mit den Nazis verglichen wird», sagt er und lacht. Ich grinse in mich hinein und denke: «Keine Sorge, Freunde, ich werde milde sein.»

Eine Frau Ende 20 kommt an unseren Tisch, ob wir, ja, sind wir, sie heißt Judith und studiert VWL und Politikwissenschaften. Ich gucke zu Kai rüber, er verzieht keine Miene. Judith blickt in die Runde. «Und ähm, also wie viele seid ihr denn?» In Berlin sind laut Christian 34 Leute in der Jungen Alternative, also: «Da kommen noch welche.» Tatsächlich kommen noch welche. Judith bleibt die einzige Frau. Wieder kommentiert Christian: «Wir haben ein Problem mit dem Frauenanteil, das ist bei anderen Parteien aber ganz ähnlich, bis vielleicht auf die Grünen.» Am Tisch wird ehrliches Bedauern ausgedrückt, dass sich so wenig Frauen engagieren, zwei von 30 auf der Landesliste seien Frauen, das Wort «katastrophal» wird einhellig benutzt, «nett irgendwie», denke ich.

Ich fühle mich ein bisschen an Hochschulpolitik-Zeiten erinnert; da war auch oft Thema, dass sich Frauen so wenig engagieren. Außerdem ist es hier ähnlich unlocker. Man trifft sich zu einem Blind Date mit einem gemeinsamen Hobby, Politik eben, und bestenfalls mit einer gemeinsamen Sicht auf Politik, das war's. So viel hat man erst mal nicht gemein. Das hier ist irgendwas zwischen Blind Date und Vorstellungsgespräch, und wenn alles richtig gut läuft, wird man ein Arbeitskollege der anderen. Die Hälfte der acht Leute ist neu, also dann, es gibt eine Vorstellungsrunde.

Ich würde gerne davon sprechen, dass wir eine «bunte Truppe» sind, sind wir aber nicht. Alle haben studiert, entweder BWL, Jura oder eben VWL und Politik, nur Stefan trägt ein kariertes Hemd, ist Kfz-Mechaniker und wird rot, wenn er redet.

Nach der Vorstellungsrunde weiß wieder keiner so richtig, was er sagen soll. Christian schon. Er plaudert. Es sei erstaunlich, wie viele Leute man braucht, wenn es gelingt, dass die AfD ins Abgeordnetenhaus einzieht. «Es geht ja dann auch um Mitarbeiter, und die müssen auch alle kompetent und seriös sein und mit den Medien sprechen können. Deswegen schulen wir alle, damit sie wissen, was im Programm steht.»

Nicht nur das. Ein Kollege erzählte mir, dass die AfD in Berlin aktiv aussiebt, indem man probeweise an zwei Veranstaltungen teilnimmt, bevor man überhaupt Mitglied der AfD werden darf. Sowohl der Bezirk als auch der Landesverband müssen grünes Licht geben. So will man Rechtsextreme und vor allem zu abgedrehte Verschwörungstheoretiker aussortieren.

Einer der neuen, Jens, schaltet sich ein: «Das finde ich sehr professionell, das ist bei der CDU schlechter, die stehen dann am Stand, aber kennen oft das Programm gar nicht richtig.» Jens ist noch CDU-Mitglied und seit zehn Jahren in der Politik aktiv, erzählt er, momentan arbeite er für einen CDU-Abgeordneten. Ich habe das Gefühl, Jens erzählt das vor allem, um durchblicken zu lassen, dass er richtig Ahnung hat.

Christian berichtet, wie oft man als AfD-Mitglied angefeindet wird. Dass «Frau von Storch», die Berliner Vorsitzende der AfD, Pfefferspray bei sich trüge, dass viele Mitglieder nachts telefonisch beschimpft und belästigt würden, seitdem die Teilnehmerliste des AfD-Parteitags geleakt wurde. Ich habe zufällig alles richtig gemacht: Weil ich nicht angemeldet war, tauchte mein Name dort nicht auf.

Christian erzählt außerdem von einem Parteimitglied, das damit zu kämpfen hat, dass direkt vor seiner Praxis eine Demo stattfinden soll – gegen ihn.

Überall habe man mit schrägen Blicken und Ausgrenzung zu tun, meint Christian. «Neulich hat mich ein Klient angerufen, der meine Facebook-Seite gesehen hatte und dass ich mich bei der AfD engagiere. Ich hatte total Angst, dass ich den als Mandanten verliere. Aber der fand das super. Tja, so kann es auch gehen. Ich sage mir auch: Die AfD steht in Berlin gerade in den Umfragen bei 15 Prozent. Das heißt: Jeder Achte ist für mich! Neulich habe ich eine alte Schulfreundin getroffen, da ging es mir ähnlich. Wir haben uns das letzte Mal vor zehn Jahren getroffenen, und ich wusste noch, die hatte damals eher so grüne Positionen. Da habe ich schon vorher überlegt, wie ich es ihr sage.»

Faszinierend: Das erste Mal höre ich so etwas wie Scham heraus, in der AfD zu sein. Das ist kein Eingeständnis, dass man falschliegt, denn Scham hat ja etwas mit Gesellschaft zu tun. Es gibt einfach wenige, die in der Öffentlichkeit den Penispropeller machen. Nicht, weil sie es falsch finden, sondern weil sie wissen, dass andere es falsch finden. Ein Penispropeller (man schleudert den Penis wie einen Propeller im Kreis) an sich ist ja auch nichts Falsches. Es kommt immer auf den Kontext an, ob man sich dafür schämt. Bei einem Varieté-Abend auf der Reeperbahn, der um Mitternacht beginnt, lässt der Penispropeller das Publikum völlig zu Recht toben. Ein schwierigerer Kontext: tagsüber im Park oder bei der Team-Building-Maßnahme vor den Kollegen. Auf AfD-Positionen reagieren die meisten immer noch wie auf einen Penispropeller im Park. Trotzdem habe ich bisher die Menschen, die eine flüchtlingskritische bis -feindliche Haltung hatten, immer als frei von Scham erlebt, mit einer klaren «Ich weiß, was wahr ist»-Einstellung, die sich im Übrigen nicht sehr von manchen Linken unterscheidet. Bei Christian ist es anders. Er erzählt weiter: «Dann habe ich ihr also irgendwann gesagt, dass ich mich in der AfD engagiere. Und die meinte, dass sie das gut fände. Das hat mich total überrascht. Sie hat lange in Paris gelebt, dann in China, ist also eigentlich total weltoffen. Aber sie hat mir gesagt, dass sie in Paris diese Migrantenviertel erlebt hat und meinte, dass sie so was nicht in Deutschland haben will, da sei sie auf Seiten des Front National. Schon krass, dass jemand, der so viel rumgekommen ist, der so grün war, sogar rechter als ich ist.»

So viel Selbstreflexion habe ich bisher noch bei keinem meiner Gesprächspartner erlebt. Der Begriff «rechts» wird selten benutzt. Die meisten besorgten Bürger halten sich für die Mitte der Gesellschaft. Und auch ein anderes Attribut beschreibt im Umkehrschluss Christians Meinung nach die AfD: nicht weltoffen.

Philipp schaltet sich ein. Irgendwie kommt er mir misstrauisch vor – gegenüber allen Neuen, auch gegenüber mir, sein Gesicht zeigt kaum eine Regung. Er dreht sich zu Judith und fragt: «Wie kam es denn dazu, dass du dich dazu entschieden hast, hierherzukommen?» Die Frage klingt wie eine Gewissensprüfung. Ich habe das Gefühl, dass alle etwas irritiert waren, dass Judith in Nordneukölln wohnt – die anderen wohnen in Charlottenburg, Schöneberg, auf jeden Fall nirgendwo, wo der Ausländeranteil so hoch ist wie in Neukölln. Ich hatte Tempelhof angegeben, ein Stadtteil, der so neugierig macht wie der Job des Steuerberaters. Deswegen ist jetzt Judith dran.

Sie erzählt davon, wie sie in ihrer Heimat in Freiburg in einem Club war, im «White Rabbit», zur Weihnachtszeit war der Club dekoriert mit vielen Tannen. Durch die Tannen hindurch sind ihre Begleitungen angegrapscht worden. Ich erinnere mich. Viele Medien haben darüber berichtet, weil das White Rabbit nach vermehrten Nötigungen und Diebstählen beschlossen hatte, Gäste, «die nur eine Aufenthaltsgestattung besitzen», vorübergehend nicht mehr in den Club zu lassen und mit dem Team und der Antifa zu besprechen, welche Schlüsse man daraus zieht. Das Verbot soll relativ schnell wieder aufgehoben worden sein. Eine entsprechende Mail vom White Rabbit kursierte, der links-alternative Club wehrte sich sehr gegen die Instrumentalisierung von rechts. Für Judith war das offenbar ein Grund, sich bei der AfD zu engagieren, obwohl sie die Kommunikation des Clubs schlecht findet. «Das hätte man geschickter machen können. Man hätte das ja gar nicht kommunizieren müssen.» Christian erzählt davon, dass er schon häufig harte Türsteher erlebt habe. «Wenn man in Berlin ins Q-Dorf wollte, dann wusste man: Wenn da nur einer deiner Freunde südländisch aussah, hattest du keine Chance. Das geht natürlich auch nicht. Das ist rassistisch, das ist doch klar, dass Leute dagegen klagen und recht bekommen. Das verstößt gegen den Gleichheitsgrundsatz.»

Wow, Christian, was ist hier los? Ich dachte, wir regen uns gemeinsam über Flüchtlinge auf? Nein, Christian ist gerne die Spaßbremse, und man bekommt den Eindruck: Er ist einfach gerne korrekt.

Stefan fragt Judith: «Und du wohnst dann wirklich in Neukölln?»

«Ja.»

«Wie ist es denn da so, schon krass, oder?»

«Nee, ich find es da eigentlich ganz schön. Ich wohne nahe am Maybachufer.»

Stefan ist erstaunt. «Interessant. Ich war da noch nie.»

Irgendwann geht es dann zum Glück auch mal um Flüchtlinge. Christian erzählt Dinge, die ich so schon oft gehört habe. «Man weiß einfach nicht, wer da kommt. Das sind ja nur zu 30 Prozent Flüchtlinge.»

Eine neue Zahl. Ich habe schon gehört, dass 99 Prozent *keine* Flüchtlinge seien oder 90 Prozent, gemessen daran sind 70 Prozent sehr niedrig.

«Wirklich? Woher weiß man das eigentlich, wer Flüchtling ist?», frage ich und versuche, dabei möglichst große, dumme Augen zu machen, um es nicht so klingen zu lassen, als würde ich es hinterfragen.

«Da gibt es Statistiken. Zwei Prozent sind nach nationalem Recht wirklich Flüchtlinge, dann kommen noch mal 20 bis 25 Prozent dazu, die nach der Genfer Flüchtlingskonvention als Flüchtlinge gelten.» «Aber viele Anträge werden doch erst geprüft?»

«Ja, klar, die werden meistens noch geprüft, aber bisher kommt raus, dass nur ein Drittel der Anträge bewilligt wird. Und das sind eben nicht nur Facharbeiter! Das muss man doch ansprechen können. Das ärgert mich so: dass man Probleme nicht benennen darf. Und man kann eben auch nicht alle aufnehmen. Das ist ja auch unfair den anderen gegenüber: Wenn ich Flüchtlinge aufnehme, wo fange ich an, wo höre ich auf? Es gibt viele Menschen in Afrika, die sich ein besseres Leben wünschen. Das ist ja auch unfair zu sagen: Nee, ihr kommt jetzt nicht rein!»

Einhellige Zustimmung am Tisch. Das ist die gleiche Argumentation wie vom besorgten Bürger Kai, die ich vor ein paar Wochen gehört habe.

AfD-Kai erzählt von einer NGO, die einen Argumentations-Leitfaden zum Thema «Umgang mit der AfD» geschrieben habe. Christian meint dazu: «Das drückt ja auch Hilflosigkeit aus. Weil die merken, dass wir ankommen. Das ist ja schon krass mit den Linken, ich habe manchmal das Gefühl, die beschäftigen sich nur mit uns, gar nicht mit sich selber.»

Kann ich so nicht bestätigen, denke ich. Mir kommt es so vor, als würde sich die AfD vor allem damit beschäftigen, wie sich andere mit ihr beschäftigen.

Und tatsächlich geht es auch schnell wieder darum, wie Linke Demonstrationen stören. Jemand hatte sich neulich auf einer Kundgebung der AfD mit einem Plakat hingestellt, auf dem «Nazi» stand, mit Pfeilen in alle Richtungen der Teilnehmer.

«Das Problem ist: Man kann ja nicht einfach sagen, du darfst mitlaufen, du nicht. Außerdem ist das Ding bei Demonstrationen, die nicht links sind, dass sich viele Gruppen dran hängen, da hat man kaum Einfluss drauf. Oft wollen dann auch Rechtsextreme mitlaufen. Ich habe schon zweimal auf Demos gesagt: Sollte es hier Leute von der NPD geben: Ihr seid hier nicht erwünscht.»

Mir kommt es so vor, als wüssten längst alle, dass ich über die Gruppe schreiben werde, so druckreif distanziert sich Christian von den Nazis. Er ist jetzt richtig in Fahrt und plaudert munter drauflos: «Natürlich gibt es dann auch Leute von der Antifa, die versuchen, mit Sitzblockaden zu stören. Aber da hat die Polizei super reagiert. Die haben direkt den Knüppel rausgeholt.»

Lachende Anerkennung für die Polizisten. Ich versuche zu lächeln; es gelingt mir nicht so gut.

Judith meint: «Ich wundere mich, warum auch viele Wähler der Linkspartei die AfD wählen. Das ist doch was völlig anderes.»

Ich antworte, etwas zu beflissen: «Ich glaube, das Gegenteil von der AfD ist nicht die Linkspartei – das Gegenteil der AfD sind die Grünen.»

«Genau», meint Simon, «das würde ich auch sagen. Und wenn man manchmal Sahra Wagenknecht hört, muss man sagen: So weit ist die auch nicht von uns entfernt.»

Er zählt eine Menge Parallelen auf. Auch die AfD ist gegen TTIP, gegen die NATO und für den «kleinen Mann». Er erzählt eine Anekdote, die sich an einem Wahlkampfstand der AfD zutrug. «Da kam ein Rentner an unseren Stand und hat uns angepöbelt, wir sollen verschwinden, es wäre doch alles toll in Deutschland. Der war gut angezogen, es stellte sich heraus, der hatte immer gut verdient, dann bekam das plötzlich ein anderer Rentner mit und meinte, nee, es ist eben nicht alles gut in Deutschland. Der bekam 700 Euro im Monat. Zu dem meinte der andere dann: Dann hättest du dich eben mehr anstrengen müssen.»

Es ist eines der wenigen Male, dass ich von AfD-Politikern etwas zum Thema «soziale Gerechtigkeit» höre. Tatsächlich wandern auch viele Wähler, die sonst eher linke Parteien wählen, also Arbeiter und Arbeitslose, zur AfD. Bei der Wahl in Sachsen-Anhalt Ende März verliert die Partei Die Linke die meisten Stimmen an die AfD. Nach dem dominierenden Thema «Flüchtlinge» ist in allen drei Bundesländern das zweitwichtigste Thema für AfD-Wähler soziale Gerechtigkeit.

Christian erzählt, was so alles dazu gehört, wenn man sich in der Jungen Alternative engagiert, zum Beispiel, indem man beim Wahlkampf hilft. Beim Aufzählen der Tätigkeiten fühle ich mich schon wieder an meine Zeit in der Hochschulpolitik erinnert: Plakate kleben, an Ständen stehen, beim Wahlkampf mithelfen. Das ist in jeder Partei gleich. Und immer hat man zu wenige Helfer, immer kommen Verrückte an den Stand, immer ist man der uncoole Partei-Heini, der Kugelschreiber verteilt. «Oder man macht so ein paar Aktionen, mit denen man für Aufsehen sorgt. Wir haben letztes Mal zum Beispiel blaue Ganzkörperkondome getragen.» Es gibt wohl kaum eine bessere Werbung für neue Mitglieder, als in Aussicht zu stellen, bald blaue Ganzkörperkondome tragen zu dürfen. Ich schaue rüber zu Judith – keine Reaktion. Christian ist nicht unempathisch, er ist einfach schon zu sehr drin im Wahlkampffieber: «Philipp, Du wolltest doch immer noch diese Pfefferspray-Aktion machen.»

«Ja, genau», greift Philipp den Ball auf, «das will ich auf jeden Fall noch machen: Ich will Pfefferspray an Frauen verteilen.»

Nach zwei Stunden habe ich genug gesehen, langsam drehen sich die Gespräche im Kreis. Ich trage mich auf einer Mailing-Liste ein und verabschiede mich, «Danke, gerne wieder», wie bei eBay.

Ich denke noch lange darüber nach, wie ich es fand. Christian war eigentlich ein netter Kerl. Ja, klar, der ist rechts, aber man könnte mit ihm diskutieren.

Das sind wirklich Idealisten, Leute, die wirklich etwas riskieren. Die investieren Zeit, Arbeit und nehmen in Kauf, schief angeguckt zu werden – weil sie von etwas überzeugt sind. Aber warum? Sie könnten ein bequemes Leben haben. Wo ist das gute alte, deutsche Duckmäusertum, wenn man es mal braucht? Aber eines muss man sagen: Die sind wirklich engagiert – mehr als viele linke Küchentischaktivisten und, ja: viel mehr als ich.

Einen Tag später erscheint im Internet ein Satirevideo vom NDR-Magazin extra 3. Die Moderatorin verkauft Pfefferspray an Passanten, weil man ja kaum noch sicher sei. «Was ist eine Bedrohung für Sie?»

«Ausländer und Migranten», antwortet eine Passantin.

Pforzheim: Die Partei für den kleinen Mann

Die Bürger sind nicht nur im Osten besorgt. Welcher Ort würde sich eignen, um die Angst im Westen kennenzulernen? Pforzheim!

Ja. Pforzheim klingt erst einmal nicht so aufregend. Beim Städtenamen-Ranking belegt Pforzheim die hinteren Plätze, architektonisch hat man immerhin seine Pflicht erfüllt (die Gebäude bleiben stehen), die Stadt ist ein klassischer Fall von: «Hier gibt's auch schöne Ecken.» Die reichen aber immerhin für einen zehnminütigen Imagefilm, bester Satz darin: «Eine Stadt, in der sich drei Flüsse vereinigen, muss man lange suchen.» Ja, aber wer sollte das tun? Ich! Nicht wegen der Flüsse, sondern wegen der Landtagswahlen. Die hat Pforzheim im Frühjahr um eine Attraktion reicher gemacht: In Pforzheim entfiel die Mehrheit der Stimmen – in Baden-Württemberg kann man nur eine Stimme vergeben – auf den AfD-Kandidaten. Dr. Bernd Grimmer und die AfD bekamen 24,2 Prozent der Stimmen im Wahlkreis. Zugegeben: Auch, weil sich Grüne und SPD selbst die Stimmen abgegraben haben, wie er grinsend erzählt. Aber immerhin: Ein Viertel der Pforzheimer hat AfD gewählt. Warum gerade diese Stadt?

Das alles frage ich Olaf Lorch-Gerstenmaier, er schreibt schon lange für die *Pforzheimer Zeitung* und ist deswegen ein wandelnder Wikipedia-Eintrag, wenn es um die Stadt geht. Er rattert die Geschichte herunter, erzählt, dass in Pforzheim einst die Schmuckindustrie sehr bedeutend war. Deswegen trägt die Stadt bis heute den Namen «Goldstadt», obwohl mittlerweile nicht mehr viel davon übrig ist. Ich lasse alle Goldstadtmetaphern mal aus und sage es so: Es lief nicht gut in Pforzheim, der Begriff Strukturwandel wird häufig benutzt, und noch hat sich nicht viel zum Besseren gewandelt. Die bis 2009 amtierende Bürgermeisterin und die Kämmerin werden wegen Untreue angeklagt. Sie sollen 58 Millionen Euro der Stadt verzockt habe, Schlagwort: Derivate-Debakel. Außerdem hat Pforzheim die höchste Arbeitslosenquote in Baden-Württemberg – 7,8 Prozent. Vielen Bürgermeistern im Ruhrgebiet kämen angeichts dieser Zahl die Tränen vor Glück. Trotzdem: Pforzheim muss kürzen. Lorch-Gerstenmaier: «Tja, einige Bausteine der Integration sind halt freiwillig. Und wenn Kommunen sparen müssen, dann daran. Zumindest ist die Gefahr groß, dass sie zuerst dort den Rotstift ansetzen.» Dabei gäbe es Bedarf. Pforzheim hat den zweitgrößten Ausländeranteil Deutschlands. Ja, Sie lesen richtig. Nicht Berlin, nicht Gelsenkirchen, nein, Pforzheim liegt mit 46 Prozent ganz vorne. Fast jeder zweite Bürger in Pforzheim hat einen Migrationshintergrund. Wie? Auf nichts ist Verlass! Ich dachte, da, wo die wenigsten Ausländer wohnen, ist die Fremdenangst am größten, und da, wo viele leben, ist das nicht so. Ja, stimmt, aber Pforzheim ist die Ausnahme. Das liegt auch an der zweiten Kuriosität: Unter den 120 000 Einwohnern leben 30 000 russische Spätaussiedler. Die wählen vor allem AfD. Warum? «Der überwiegende Teil der Spätaussiedler lebt in Haidach, da sind die Leute einfach sehr wertkonservativ.» Lorch-Gerstenmaier nennt einen Indikator für diesen Konservatismus: Obwohl es reichere Stadtteile gäbe, in denen die Einwohner mehr Durchschnittseinkommen und Vermögen hätten, sind hier die Leute am wenigsten verschuldet.

Ich will genau diese Leute kennenlernen. Wie sind die ganz

normalen Leute in Haidach so drauf? Und wie kann man das am schnellsten herausfinden?

Wenn sich irgendjemand von Volkes Stimme durchdrungen fühlt, redet er gerne von «den ganz normalen Leuten auf der Straße», als würden die ganz unnormalen keine Straßen benutzen, sondern von Regenbogen zu Regenbogen hüpfen. Um zu erfahren, wie Haidach tickt, muss ich also eine Straßenumfrage machen.

Ich nehme den Bus; er braucht vom Ortskern 15 Minuten, bis er in einer gesichtslosen Wohnsiedlung hält. Haidach.

Ich habe noch nie eine Straßenumfrage gemacht. Wenn man kein Berufsclown ist, kommt man sich dabei ziemlich blöd vor. Was sage ich bloß? «Hallo, ich bin Till, ich frage hier ganz ungezwungen, ob Sie Angst vor Flüchtlingen haben, ich schreibe das dann in ein Buch.» So wird das nichts. Deswegen bastele ich mir einen Fragebogen mit ein paar harmlosen und ein paar weniger harmlosen Fragen, kaufe mir ein Klemmbrett und gebe vor, eine Umfrage für die Uni machen zu müssen. Das schafft eine schöne Atmosphäre von «Ach, wissen Sie, ich muss das hier machen, habe auch keinen Bock drauf, aber Sie wissen ja, wie das ist, Sie würden mir echt helfen, wenn wir das schnell gemeinsam einmal durchgehen.» Man verbündet sich, und niemand merkt, dass ich ein persönliches Interesse an dem Gespräch habe, das kann helfen, sich locker zu machen.

An der Bushaltestelle sehe ich mich um. Es gibt einen großen Supermarkt mit Parkplatz. Es ist Freitagnachmittag, nicht viele Leute sind da, ich tapere umher und fühle mich etwas verloren. Immerhin habe ich ein Klemmbrett. Ich finde, Klemmbretter machen alles viel offizieller. Klemmbretter sind die Uniform des kleinen Mannes. Und um den geht es schließlich. Nur, wie finde ich den jetzt? Bei der Auswahl meiner Gesprächspartner mache ich *racial profiling*: Ich suche mir Leute, bei denen ich davon ausgehe, dass sie AfD wählen würden. An einer Bushaltestelle finde ich tatsächlich jemanden. Ich spreche einen alten Mann an, der zuerst nicht reagiert – er trägt ein Hörgerät. Als er mich sieht, weicht er erschrocken einen Schritt zurück, ich sage: «Keine Sorge, ich tue nichts, ich würde Ihnen nur gerne ein paar Fragen stellen.»

«Na gut, wenn die nicht zu intim sind», sagt er und lacht. Hm, hoffentlich geht meine Strategie auf, vielleicht reagieren Menschen generell erst einmal abwehrend auf jemanden, den sie nicht kennen.

Meine Einstiegsfrage: «Wie wohl fühlen Sie sich in Pforzheim?»

Mein Gesprächspartner beginnt auf der Stelle, mir seine gesamte Lebensgeschichte zu erzählen. Dass er Pforzheim schon schön fände «zum Wohnen», wie er mehrfach sagt. Ich denke an das Buch meines Kollegen Tilman Birr, *Zum Leben ist es schön, aber ich würde da ungern auf Besuch hinfahren*, grinse in mich hinein und höre weiter zu, wie mein Gegenüber beschreibt, dass er mit seiner zweiten Frau von Pforzheim weggezogen sei. Wegen der «tja, man darf es ja wahrscheinlich kaum noch sagen, der Russen». Ich frage ihn, was er damit meint. «Die waren immer so laut, haben laute Musik gehört. Das hat mich gestört. Und die bleiben unter sich. Klar, man grüßt sich, die sind auch nicht schlimm, aber man hat eben auch keinen engeren Kontakt.» Dann haben sie in Dresden gewohnt, später wollte die Frau zurück nach Pforzheim. «Ist ja auch nicht schlecht hier, zum Wohnen.»

Ich frage ihn, wie er die Forderung von Björn Höcke fände, dem Thüringer AfD-Politiker, Flüchtlinge kontingentweise abzuschieben. «Ja, die, die was angestellt haben, vielleicht. Aber die Leute haben ja was durchgemacht. Ich bin im Krieg geboren worden, das waren schlimme Zeiten. Und die haben noch Schlimmeres erlebt. Es gibt immer solche und solche. Die meisten tun ja nichts. Und ich muss auch nicht nachts in Ecken gehen, wo was passiert.»

Mehrmals noch sagt er während des Gesprächs: «Nee, ich habe wirklich nichts gegen so Leute.»

Hm, nett irgendwie und überraschend – als er begann, von den Russen zu reden, hatte ich mehr Wut erwartet. Aber wenn man ihm glauben darf, sind die Russlanddeutschen hier unter sich, höflich, und hören nachts laute Musik. Soso.

Aber wo sind die besorgten Bürger? Auf dem Parkplatz steigt ein älterer Herr aus seinem Auto. Er ist klein, trägt eine Brille und ist etwas wacklig auf den Beinen, aber wenn er redet, merkt man, dass er geistig noch fit ist. Ja, der Flüchtlingszuzug mache ihm große Angst. «Man weiß ja nicht, wer kommt! Das ist ja eine andere Mentalität, man weiß gar nicht, was die machen, ob die sich in die Luft sprengen. Bei den Leuten hier ist das was anderes: Das sind ja quasi Deutsche. Das ist wie mit den Juden. Die haben ja früher in Deutschland gelebt, die waren wie Deutsche. Die hätte man nicht zu vergasen brauchen, meine Meinung. Nee, das hätte man wirklich nicht.» Außerdem ärgert er sich, dass direkt vor seinem Haus ein Flüchtlingsheim gebaut wird. «Ich hatte früher einen direkten Blick ins Tal.»

Ich frag ihn, ob er sich vorstellen könnte, AfD zu wählen. «Nein, das ist überhaupt nicht meine Sache!» Als hätte ich ihn damit beleidigt, geht er abrupt Richtung Supermarkt. Konsterniert bleibe ich zurück und versuche zu fassen, was ich erlebt habe. Dieser merkwürdige Satz mit den Juden. Seine Reaktion auf die AfD. Aber endlich gibt es mal eine konkrete Sorge: «Die sprengen sich in die Luft.» Ja, das ist die Sorge. Das macht offenbar vielen Angst.

Und diese Russlanddeutschen, «das sind ja eigentlich Deutsche». Ich muss gestehen: Was Spätaussiedler sind, habe ich bisher nicht verstanden. Der Journalist Paul erklärt es mir geduldig. Wer das schon weiß, darf gerne diesen Teil kopfschüttelnd überspringen und sich wegen seines Wissensvorsprungs gut fühlen. Für alle anderen und für mich hat der Pforzheimer Internetaktivist geduldig meine Fragen beantwortet: Deutschland war vor dem Zweiten Weltkrieg mal größer, nach dem Weltkrieg wurde Deutschland verkleinert, auch als Zugeständnis an Polen, von dem Russland die Hälfte für sich beansprucht hat. Außerdem waren einige Deutschstämmige schon vor dem Krieg in Ostblockstaaten ausgewandert. Das verstehe ich alles. Es sitzen Deutsche oder Deutschstämmige jetzt auf polnischem oder russischem Gebiet. Aber, habe ich erst mich, dann Paul gefragt, wie kommt man dazu, zig Jahre nach dem Krieg zu sagen: «Ich glaube, ich gehe nach Deutschland?» Paul meint: «Die Situation in den neunziger Jahren in Deutschland und Russland war ja noch eine andere. Die würde man heute Wirtschaftsflüchtlinge nennen.»

Weiter geht die Umfrage. Vor einem Supermarkt steht eine Frau, klein, mit lilafarbener Daunenjacke und einem wilden Schwarzweiß-Mix als Haarfarbe. Sie will zuerst nicht mir reden, sie könne nicht so gut Deutsch, aber ich mache ihr

Mut. Sie kommt aus Kasachstan und ist seit vier Jahren in Deutschland. Ich frage sie, ob sie Angst vor Flüchtlingen habe. «Ja, sehr!» Sollte man also niemanden mehr aufnehmen? Sie hält kurz inne. «Na ja, man müsste sortieren. Also Frauen und Kinder schon, die dürfen rein.»

«Aber Männer nicht?»

«Nein, die dürfen nicht», sagt sie und lächelt dabei ein wenig. Ich muss lachen. «Aber darunter sind doch auch Familien, da soll dann der Vater in Syrien bleiben?» Sie überlegt kurz, dann muss sie auch lachen. «Tja, das ist Problem.»

Wenn man sich mit starkem Akzent über Ausländer beschwert, finde ich das schon merkwürdig – was natürlich Quatsch ist. Als wäre man beleidigt, dass man uns unsere Fremdenfeindlichkeit wegnimmt. Dabei ist die made in Germany! Ein Freund mit russischen Wurzeln sagte neulich zu mir: «Das ist das große Missverständnis von vielen Linken: Die denken, dass Ausländer alle bessere Menschen sind. Nein, sind sie natürlich nicht.»

Fremdenfeindlichkeit ist ein Hobby für alle. All you can hate, das Buffet ist ganzjährig geöffnet. Kurios bleibt für mich, dass jemand, der auch hierher geflohen ist, sich nicht mit denen solidarisiert, die ebenfalls geflohen sind. Ich frage bei dem Migrationsexperten Prof. Werner Schiffauer nach. Er meint: «Russlanddeutsche sind eine Ausnahme in Sachen Solidarität unter Migranten, weil sie die Staatsbürgerschaftsfrage für sich gelöst haben. Russlanddeutsche sind Deutsche, deswegen wird die Anerkennung mit der Einreise gewährleistet, und sie werden als ethnische Deutsche behandelt und sind enttäuscht, wenn sie nicht als ethnisch Deutsche gesehen wurden. Sie wurden diskriminiert, aber es ist eine ganz andere Ausgangslage als bei allen anderen Migranten, denen diese Grundanerkennung verweigert wird.»

Also man sagt Russlanddeutschen: Klar seid ihr Deutsche, nur eben zweiter Klasse, willkommen! Aus der Perspektive fühlen sich viele wahrscheinlich zu zwei Seiten hin isoliert: Man ist Deutscher, also hat man mit den Migranten nicht viel zu tun, aber zweiter Klasse, deswegen hat man auch mit den Deutschen nicht viel zu tun.

An einer Bushaltestelle wartet eine Frau Anfang 40 auf den Bus, auch sie hat einen schweren osteuropäischen Akzent. Sie beschwert sich darüber, dass die Mieten in Pforzheim gestiegen seien. Als ich sie zum Thema Flüchtlinge befrage, winkt sie nur ab. «Das ist der größte Schwachsinn!»

«Was?»

«Die Flüchtlinge. Dass die alle kommen.»

«Macht Ihnen das Angst?»

«Ja.»

«Was glauben Sie, sind Gründe für die Angst vor Flüchtlingen?» «Raubüberfälle.»

Dann kommt ihr Bus.

Diese beiden nehme ich mit aus Pforzheim: Man weiß nicht, wer kommt, und man hat Angst, dass da Kriminelle drunter sind. Und mir bleibt der starke Akzent im Ohr. Oft musste ich die Fragen wiederholen, weil mich die Leute nicht verstanden haben. Gut integriert klingt anders. Zeigefinger-Till schüttelt den Kopf. Und viele von denen wählen AfD? Warum ist das so? Paul meint:

«Diese Leute sind nicht unbedingt rechtsextrem. Sie sind herkunftsbedingt einfach keine pluralistische Gesellschaft gewohnt und wurden durch ihr spätes Aussiedeln vom Staat benachteiligt. Viele sind nach 1990 gekommen, als die Integrationsleistungen schon gekürzt wurden. Viele hatten nicht die Chance, sich richtig zu integrieren. Deswegen gibt es ein Gefühl der Benachteiligung. In Stuttgart sitzt die deutsch-russische Landsmannschaft, da habe ich mal mit dem Vorstand gesprochen. Der sagte mir, dass die Leute, die sehr früh ausgesiedelt worden sind, nicht auffallen wollten. Die sind hergekommen und wollten sich sofort integrieren, haben schnellstmöglich Deutsch gelernt, sofort Arbeit gekriegt. Das war später anders: Nach 1993 sind sowohl die Russlanddeutschen als auch Leute aus DDR benachteiligt worden, insofern, als dass Bildungsabschlüsse nicht anerkannt wurden. Viele von denen haben weit unter ihrer Qualifikation gearbeitet, wenn sie überhaupt Arbeit hatten.»

Es ist so kurios. Die, die oft aus guten Gründen nicht so richtig Bock auf Deutschland haben, wählen AfD. Und warum ist das mit der Integration schiefgelaufen?

Paul sagt: «Ich glaube, die Leute haben so oft gehört, das sie eigentlich Russen seien, dass sie sich das zu eigen gemacht haben und sagen: Ja, wir sind Russen – und was für welche! Die jüngeren Generationen besinnen sich wieder auf ihre russischen Wurzeln, sprechen russisch und konsumieren russische Medien.»

Wenn die Integration scheitert, besinnen sich Menschen wieder auf ihre Wurzeln, das klingt plausibel. Eine Studie des Bundesamtes für Migration und Flüchtlinge kommt zu ähnlichen Ergebnissen. Dann erzählt mir Paul noch von einem interessanten Detail:

«Und jetzt kommt die Anti-Europa-Kampagne des Kreml ins Spiel: Russland möchte Europa destabilisieren, da machen sie auch gar keinen Hehl draus, unterstützen in Europa rechte Parteien, zum Beispiel den Front National. Der komplette Wahlkampf von Marie Le Pen wurde mit einem Kredit von 9 Millionen Euro durch den Kreml finanziert. Diese Anti-Europa-Haltung wird auch medial transportiert. *Russia Today Deutschland* sagt zum Beispiel: Die kompletten Medien in Europa lügen euch an, wir sind die einzigen, die die Wahrheit sagen. Und dann laufen Kampagnen, die die rechten Parteien stärken. Und dann werden bei Pegida russische Fahnen geschwenkt. Es gibt ja auch Berichte darüber, dass Leute vom Kreml gezielt prorussische Meinungen in sozialen Netzwerken verbreiten. Ich merke das auch. Auf meiner Seite sind häufig Leute mit russischem Namen, die in exzellentem Deutsch Hassbeiträge verfassen.»

Das ist interessant und klingt erst einmal wie eine Eins-a-Verschwörungstheorie. Das mit Marie Le Pen konnte ich zuerst nicht glauben; es stimmt aber, genauso wie die sogenannten «Kreml-Trolle», Menschen, die, vom russischen Staat bezahlt, das Meinungsbild in sozialen Netzwerken manipulieren sollen.

Das heißt, die Partei, die sich gegen USA-freundliche Politik wendet, die bemängelt, dass Deutschland sich zu sehr von den Amerikanern abhängig macht, profitiert indirekt von Russland. Die Partei, die auch manchen Verschwörungstheoretikern ein Zuhause bietet, ist selbst eine Goldgrube für Verschwörungstheorien. Als AfD-Sympathisant kann man dagegenhalten: Aber warum soll Russland der AfD nicht unter die Arme greifen, sie sagt schließlich offen, dass sie mit Russland sympathisiert? Stimmt, aber trotzdem muss man dann immer noch sagen: Es ist zumindest merkwürdig, wenn eine Partei so sehr staatliche Souveränität und die Unabhängigkeit von den USA fordert, aber eine allzu große Nähe zu Russland kein Thema ist.

Also, viele Russlanddeutsche wählen die AfD, weil sie sich ausgeschlossen fühlen, weil sie konservativ sind, auch weil sie über russische Medien ein anderes Deutschland-Bild gezeigt bekommen.

Aber was ist mit den anderen Bürgern in Pforzheim? Generell hat die AfD in Baden-Württemberg fast 15 Prozent bekommen. Warum wählen in Pforzheim noch mal 9 Prozent mehr die AfD? Sind das Rechtsextreme?

Paul antwortet: «In Pforzheim gibt es einfach viele Menschen, denen es finanziell nicht gutgeht. Ich würde nicht sagen, dass das Nazis sind. Bei vielen ist die Flüchtlingssache so extrem, weil es denen schlechtgeht. Wir haben hier extrem viele arme Rentner, die haben 40 Jahre gearbeitet, und dann kommen Flüchtlinge, die nebenan in einem Haus wohnen, das extra für sie gebaut wurde, und kriegen kostenlos Essen – natürlich erzeugt das ein Gefühl von Benachteiligung.»

Das alles sagt Paul, den ich noch gar nicht vorgestellt habe. Sein voller Name ist Paul von Katzenstein, aber eigentlich heißt er ganz anders, den richtigen Namen will er aber lieber nicht veröffentlicht sehen, denn er ist ein Kenner der rechten Szene, sein erklärter Gegner sind Nazis. «Die AfD fällt da ja nur bedingt drunter», meint er. Er hat die Facebook-Seite «Katzen gegen Glatzen» ins Leben gerufen. Eine geniale Idee! Katzen sind populär wie nichts; warum das nicht nutzen, um andere Themen populär zu machen? Also postet er regelmäßig Fotos von Katzen mit antirassistischen Slogans. «Dazu kommt, dass Katzen und Glatzen sich so wunderbar reimt, und ich reime einfach wahnsinnig gerne», lacht Paul. Seine Facebook-Seite hat fast 50 000 Fans, veröffentlicht werden außerdem Infos zum Thema. Ich frage Paul, wie rassistisch Pforzheim ist. «Wir haben in Pforzheim ein massives Problem mit Rechtsextremismus. Allerdings ist das eine sehr kleine, dafür umso aktivere Gruppe. Wie haben hier Nazigruppierungen, die richtig hart unterwegs sind.»

Das klingt nach alteingesessenen Nazis. Wie sieht es denn mit den sogenannten neuen Rechten aus, also Leuten, die sich im Zuge der Flüchtlingsdebatte nach rechts bis ganz rechts schlagen? «Nein, ich glaube nicht, dass es hier mehr als anderswo gibt. Das wird ungefähr gleich sein.»

In Pforzheim haben gute Wahlergebnisse für Nazis Tradition. Die NSDAP hatte hier weit überdurchschnittlich viele Wähler. In den Neunzigern kamen die rechtsextremen Republikaner auf 18,5 Prozent – auch als eine Reaktion darauf, dass Haidach damals als Problemviertel mit hoher Kriminalitätsrate galt. Mittlerweile ist das nicht mehr so, es wurden große Anstrengungen unternommen, das Viertel zu befrieden – was gelang. Eigentlich, hat eine Zeitung mal geschrieben, könne Pforzheim stolz sein auf dass, was es alles geleistet habe, sodass das Zusammenleben bei einem solch hohen Migrationsanteil so gut gelänge. Aber das sähen viele Pforzheimer nicht. Es ist komisch: Wenn man in Pforzheim nach Gründen sucht, die AfD zu wählen, findet man welche – aber man findet auch immer welche, es zu lassen. Ja, Strukturwandel – aber so groß ist die Arbeitslosigkeit auch nicht. Ja, Spätaussiedler – aber das sind ja längst nicht alle. Ja, die Menschen sind konservativ – aber in der Mehrheit nicht rechtsradikal, in Pforzheim gab es seit Januar 2015 einen Vorfall, als eine randalierende Gruppe drei Asylbewerber anpöbelte. Außerdem wurde in der Nähe, in Birkenfeld, eine Unterkunft bedroht. Das war es – es gibt bis jetzt keinen Indikator für verstärkte rassistische Gewalt gegen die im Stadtgebiet lebenden gut 1500 Asylbewerber.

Alles in allem kann man sagen: Es gibt nicht den einen Grund, warum die AfD hier so stark ist, es ist eine Puzzle-Arbeit.

Später steckt mir mein Redakteur Lorch-Gerstenheimer noch ein letztes Puzzle-Teil zu. Pforzheim gleicht Dresden in einem Punkt: Beide Städte sind von den Alliierten massiv zerstört worden. Der Redakteur berichtet, dass bei einem Angriff der Britischen Flugstreitkräfte am 23. Februar 1945 über 17 000 Menschen in 20 Minuten starben. In Relation zur Einwohnerzahl ist das der verheerendste Angriff auf eine deutsche Stadt. Fast ein Drittel der Bevölkerung wurde getötet.

Das versuchen Rechte für sich zu nutzen, erzählt der Redakteur weiter: «Seit 15 Jahren veranstaltet der als rechtsextremistisch eingestufte ‹Freundeskreis Ein Herz für Deutschland› (FHD) eine Fackel-Mahnwache auf dem Wartberg, einer Anhöhe im Norden der Stadt (mit Blick auf Haidach). Zum Zeitpunkt der damaligen Bombardierung (19 Uhr 50) entzünden sie Fackeln und stehen 20 Minuten stumm da. Die Linken haben das spitzgekriegt, alle Demokraten nennen es eine Instrumentalisierung der grauenhaften Ereignisse eines Krieges, der von Deutschland begonnen wurde und auf Deutschland zurückfiel. Seither müssen bis zu 1300 Polizisten die Neonazis vor den Autonomen schützen, die natürlich zum Wartberg durchbrechen wollen.»

Wenn ich alle Puzzleteile zusammenstecke, ergibt sich folgendes Bild: In Pforzheim gibt es Menschen, die sich aus unterschiedlichen Gründen benachteiligt fühlen, weil sie schlecht integriert oder arbeitslos sind oder einen Strukturwandel erlebt haben. Die Stadt ist empfänglich für Rechtsextremismus, auch wegen ihrer Zerstörung im Zweiten Weltkrieg. Außerdem gibt es viele Konservative in der Stadt, nicht zuletzt unter den Russlanddeutschen. Die Konservativen in Baden-Württemberg wurden unter anderem durch eine Diskussion über einen neuen Bildungsplan im gesamten Bundesland mobilisiert. Um es sehr kurz zu machen: Der Plan sah unter anderem vor, in allen Schulen unterschiedliche Sexualität und Lebensformen gleichwertig zu behandeln. Dagegen bildete sich Protest, ein Lehrer rief eine Petition gegen diese Pläne ins Leben. Die Hauptkritik war, dass Kinder übersexualisiert und in ihrer sexuellen Identität verunsichert würden und dass die Ehe verunglimpft würde. Evangelikale und pietistische Kirchen unterstützen den Protest, auch die AfD, die Petition wurde von 192 000 Menschen unterzeichnet, davon waren ca. 82 000 Baden-Württemberger.

All diese Menschen haben die AfD und Dr. Bernd Grimmer gewählt, weil sie sich von ihm eine bessere Politik für Pforzheim und Baden-Württemberg versprechen. Warum? Das frage ich ihn am besten selbst. Tatsächlich, Bernd Grimmer ist zu einem Interview bereit. Das ist besonders bemerkenswert, weil Bernd Grimmer kein Hinterbänkler ist: Er ist einer von drei Sprechern der baden-württembergischen AfD, an der Seite von Parteichef Jörg Meuthen.

Wir treffen uns im neuen Rathaus, im Zimmer der AfD-Gemeinderatsfraktion. Er ist begrüßt mich unprätentiös, dann wird der Start etwas holprig, weil ich ihm sage, dass ich ein

Buch über die Ängste im Zusammenhang mit der Flüchtlingsdebatte schreibe.

Er sagt dazu: «Mich ärgert die Verwendung des Begriffs
Phobie grundsätzlich. Eine Phobie ist eine psychische Krank-
heit, und das ist somit ein politischer Totschlagbegriff. Es ist
ein politisches Mittel, aber keine ernstzunehmende Form
der Auseinandersetzung. Wenn im Sommer des Jahres 1933
jemand gesagt hätte, «das wird für die Juden eine üble Zeit»,
der wäre dann nach der heutigen öffentlichen Meinung wahrscheinlich auch als angstgetrieben dargestellt worden, dabei
waren die einfach nur ein bisschen weitsichtiger. Ich spreche
von Sorgen, die sich die Bevölkerung macht. Die Frage ist, wie
bewerte ich zum Beispiel eine zunehmende Islamisierung?»

Okay, das war offenbar kein guter Einstieg. Dennoch bin ich
überrascht, was ich hier zu hören bekomme. Mir ist Herr
Grimmer als gemäßigt beschrieben worden. Und sein Ton
ist tatsächlich freundlich und sachlich. Dass er direkt mit so
einem drastischen Beispiel um die Ecke kommt, irritiert mich.
Aber Dr. Grimmer sieht kein Problem in dem Vergleich. Aber
erst mal zur Einstiegsfrage, warum ihn so viele Menschen
gewählt haben.

«Zuerst einmal wegen des Industriestadt-Effekts. Wie
Alexander Gauland sagte: Wir sind die Partei der kleinen Leute.
Wir konnten die Nichtwähler wieder aktivieren. Diese Nichtwähler kommen weniger aus dem bürgerlichen Milieu, sie
gehören eher zu den Unterprivilegierten. Ein zweiter Grund
liegt auch in meiner Person, weil ich hier relativ bekannt bin.
Dazu kam die Strategie des politischen Gegners nicht gerade
glaubwürdig rüber, zu sagen, ‹das sind alles Irre und Nazis›.
Die beiden anderen Kandidatinnen haben sich selbst zerlegt,

als sie sich strikt geweigert haben, mit mir auf ein Podium zu gehen. Das ging groß durch die Presse, und selbst die beiden Zeitungen, die uns nicht wohlgesinnt waren, haben das als politischen Fehler massiv kritisiert.»

Punkt 2 und 3 sind neu für mich. Ja, Herr Grimmer ist also auch aufgrund seines Bekanntheitsgrades gewählt worden, das kann ich dem ersten Eindruck nach verstehen. Er wirkt ein wenig wie Ministerpräsident Winfried Kretschmann, also bürgerlich, verbindlich und technokratisch genug, sodass man denkt: Der ist kompetent. Und er hat eine ähnliche Brille. Vielleicht ist es auch nur die Brille. Und Punkt drei: Dadurch, dass andere Parteien die AfD geächtet haben, ist die Partei größer geworden. Das ist spannend – und wie die anderen Parteien mit der AfD umgehen, werde ich später noch ansprechen. Aber jetzt erst mal zu Punkt 1, der mir am wichtigsten erscheint: Die AfD wurde in Pforzheim gewählt, weil sie die Partei des kleinen Mannes ist. Was ist denn die Sorge des kleinen Mannes? Die Islamisierung? Das hatte ich direkt zu Beginn angesprochen. Ich will von Grimmer wissen, woran er eine zunehmende Islamisierung festmacht.

«Ich würde das ganz einfach an Hochrechnungen der Geburtenhäufigkeit festmachen. Meine Frau ist Erzieherin, die hat mehrfach die Stelle gewechselt, hat aber in den letzten 3 bis 4 Jahren keinen Kindergarten mehr in ihrer Regie gehabt, in dem von 60 Kindern mehr als, sagen wir mal, fünf echte Biodeutsche, wie manche dazu sagen, waren. Der Rest davon war integrationsbedürftig. Und wenn Sie sich die Zahlen der Bevölkerungsentwicklung anschauen, dann ist relativ einfach nachzuvollziehen, wann wir eine muslimische Mehrheit haben. Das passiert in zwei oder drei Generationen.»

Da ist dieses Wort wieder: Biodeutsche. Und in zwei oder drei Generationen haben wir eine muslimische Mehrheit? Glaubt er das wirklich? Wenn das so ist, kann ich besser verstehen, warum er das Beispiel aus dem Jahr 1933 bemüht. Das wäre ja tatsächlich eine große gesellschaftliche Umwälzung. Gut, eine Mehrheit von Muslimen ist immer noch nicht das Gleiche wie ein faschistischer, totalitärer Staat, wie der Holocaust, aber es geht auch um eine historische Veränderung, vor der man warnt. Ich höre weiter gespannt zu.

«Und dann ist die Frage: Wenn sie die Mehrheit stellen, sind sie dann integriert? Übernehmen sie unsere Kultur, oder bringen sie ihre Kultur mit? Welche Gesellschaftsordnung haben dann unsere Nachfahren? Ich denke natürlich auch an die eigenen Kinder und Enkel.»

Dieser Wunsch verfolgt mich. Immer wollen alle etwas für ihre Kinder tun, die meisten, die sich in der AfD engagieren und mit mir gesprochen haben, erwähnten, dass sie sich als etwas Bedeutendes sehen – das ist mir bei Pegida auch schon aufgefallen. Von diesen Ängsten habe ich jetzt schon häufiger gehört, aber mich wundert, dass Herr Grimmer sie in dieser Schärfe formuliert. Vor dem Parteitag hatte er noch gesagt, man müsse zwischen dem Islam und dem politischen Islam trennen. Allerdings ist ein so lautender Antrag abgelehnt worden. Ich frage ihn, ob er darüber unglücklich ist.

«Nein, bin ich nicht. Weil der Islam diese offensive missionarische Komponente enthält, habe ich erhebliche Schwierigkeiten, den Islam vom Islamismus sauber zu trennen. Das geht gar nicht.»

Ich frage: «Was ist denn der ‹politische Islam› für Sie?»

«Die wesentlichen kulturellen Bestandteile sind politisch.

Wenn ich nur mal die Gleichberechtigung betrachte. Im Islam sind Regeln enthalten, die sich mit unseren seit jetzt etwa 100 Jahren festgelegten Gepflogenheiten von Gleichberechtigung nicht vereinen lassen. Aber auch nicht mit wesentlichen anderen Prinzipien unserer Grundordnung.»

Zur Illustration dieser Regeln des Islams, die sich mit unserer Gepflogenheiten nicht vereinbaren lassen, erzählt er mir eine Anekdote: «Ich habe eine Fraktionskollegin, die der Tochter einer jesidischen Familie Nachhilfeunterricht gibt. Die Tochter sagte ihr neulich: Schenk mir doch bitte wieder Spielzeug, meine Barbiepuppen hat mein Bruder kaputt gemacht. Als sie den Bruder zur Rede stellte, antwortete der: Das ist ein Mädchen, die ist schwach und der muss man zeigen, wer der Mann im Hause ist, deshalb köpfe ich ihr die Barbiepuppen. Das ist jetzt eine kulturelle Verankerung, die Sie in unserer Gesellschaft, abgesehen von ein paar Rowdys, niemals finden würden. Und da müssen Sie viel tun, um das aus den Köpfen rauszukriegen.»

Ich denke: Ja, das kann schon sein, dass manche so denken, wir müssten uns wahrscheinlich darüber streiten, wie viele das sind. Deshalb frage ich ihn, wie viel Prozent der Muslime in Deutschland er für liberal hält.

Grimmer antwortet: «Da geht es um die Frage, wie viele leben wie wir, und wie viele leben anders? Das kann ich im Moment auch nicht quantifizieren. Ich glaube auch, dass das keine stabile Größe ist, wie man zum Beispiel aus dem Rückfall vieler Jugendlicher in den Salafismus sehen kann.»

Er kann es nicht genau sagen. Okay, aber darauf könnte ich mich mit ihm einigen: Ja, man muss viel tun, um rückwärtsgewandte Vorstellungen aus den Köpfen zu kriegen. Ich würde gerne wissen, *was* man tun muss. Deswegen frage ich: «Wie sollte denn Integration funktionieren, um Parallelgesellschaften zu vermeiden?»

«Da bin ich der falsche Ansprechpartner, das ist nicht mein Anliegen. Fragen Sie besser die vier Parteien, die permanent davon reden. Wir sagen: Sorgt dafür, dass die Leute, die hier eingegliedert werden müssen, nicht zu viele werden, denn Integration ist natürlich auch ein quantitatives Problem.»

Man muss ihm eines lassen: Er redet Klartext. Für Integration ist er nicht zuständig, es sollen einfach weniger werden, die man integrieren muss. Das sagt er in einer Stadt mit der zweithöchsten Integrationsquote? Es gibt sogar viele Bürger, die selbst migriert sind und ihn gewählt haben.

Man merkt, dass Bernd Grimmer noch keine 30 Jahre als Berufspolitiker auf dem Buckel hat, und das ist durchaus positiv gemeint: Man führt wirklich ein Gespräch und hat nicht den Eindruck, als würde man die Stichworte für eine Pressemitteilung liefern. Immer wieder überlegt er, manchmal verliert er den Faden und gibt das auch zu. Er lässt sich von Gegenargumenten überraschen – und sogar noch von Fragen. «Was sollte man für Integration tun?» – ich glaube, diese Frage wurde ihm noch nie gestellt. Oder doch? Bernd Grimmer kommt aus der Friedensbewegung und war Gründungsmitglied der Grünen (1991 verließ er die Partei), also genau die Partei, von der viele in der AfD sagen, dass sie das genaue Gegenteil vertreten. Das sage ich auch zu Herrn Grimmer: «Von den Grünen zur AfD ist es ja ein ganz schön weiter Weg.»

Er entgegnet: «Nein, finde ich nicht. Die Grünen sind einen weiten Weg gegangen. Ich gebe zu, dass mir ökologische Themen weiterhin wichtig sind. Die Natur zu erhalten ist auch in der AfD ein Thema, das ist bei den Grünen in den Hintergrund getreten, wenn ich zum Beispiel daran denke, dass gerade Zuwanderer ein schlechteres Verhältnis zu Tierschutz und Naturschutz haben, so wie die städtischen Wiesen niedergewalzt und verdreckt werden, wenn da das orientalische Lager an Sonntagen getagt hat. Oder wenn ich daran denke, dass Grüne immer für ökologische Landwirtschaft waren, gleichzeitig aber die Leute, die sie massenhaft ins Land holen wollen, sicherlich nicht zum Biobauern gehen, sondern wahrscheinlich bei Aldi kaufen, weil sie sich rein preisorientiert verhalten.»

Die Migranten haben ein schlechtes Verhältnis zur Umwelt, weil sie im Park grillen? Weil sie bei Aldi einkaufen? Bei allem Wohlwollen, dass ich Herrn Grimmer entgegenbringen möchte: Das ist wirklich eine absurde Argumentation. Und dass Flüchtlinge keine Bioprodukte kaufen, liegt doch nicht daran, dass sie nicht wollen, sondern nicht können, weil es viel zu teuer ist. Dann müsste Herr Grimmer ja konsequenterweise mehr Geld für Flüchtlinge fordern. Ich habe den Eindruck, jetzt werden nur noch Vorurteile aneinandergereiht. Wie rechts ist Herr Grimmer eigentlich? Und grenzt er sich ab? Ich frage: «Bereitet Ihnen das manchmal Sorge, mit Leuten mitzuschwimmen, die wesentlich rechter sind als Sie?»

Er antwortet: «Nein.»

Das ist auch wieder eine klare Antwort. Aber was ist, wenn man ihn mit rechten Positionen konfrontiert? Einer, der in der Partei rechtsaußen steht, ist der Thüringer AfD-Fraktions- und Parteichef Björn Höcke. Er darüber gesprochen, dass es eine genetische Veranlagung sei, wer wie viele Kinder bekommt. Also: Die Europäer machen weniger Kinder, die Afrikaner mehr, weil das beiden im Blut liegt. Ich frage: «Was sagen Sie zu Björn Höcke und seinen Äußerungen zu den angeblich unterschiedlichen Reproduktionsstrategien von Europäern und Afrikanern?»

Grimmer antwortet: «Diese Meinung teile ich nicht, zumal das nicht mein Gebiet ist. Aber sie erscheinen mir nicht plausibel. Ansonsten schätze ich Herrn Höcke aber im Hinblick auf den historisch-philosophischen Hintergrund, den er vorzuweisen hat. Durch selektive Wahrnehmung einiger weniger Äußerungen wird er von vielen und insbesondere den Medien zum Buhmann gemacht.»

Also: Ganz so rechts ist Herr Grimmer nicht, sagt er. Eigentlich aber sagt er nichts. «Nicht plausibel» klingt nicht nach einer deutlichen Distanzierung. Und amüsant finde ich die Aussage, dass er Höcke wegen seines «historisch-philosophischen» Hintergrunds schätze. Höcke ist – beurlaubter – Lehrer für Sport und Geschichte. «Ich finde dich toll, auch weil du einen Beruf erlernt hast!» Das klingt, als würde man auf die Frage der kellnernden Freundin, was man ihr liebt, antworten: «Vor allem deinen gastronomischen Hintergrund.» Grimmers Hinweis darauf, dass die Medien Höcke zum Buhmann machen, ist eine Solidaritätsbekundung – aber bei anderen Parteien gehört das auch zum guten Ton, und für die AfD gehört es ja auch zum Alltagsgeschäft, den «Mainstream-Medien» eins überzuziehen. Wie rechts Herr Grimmer ist, kann ich also nicht mit Bestimmtheit sagen – jetzt noch nicht. Dafür habe ich Klarheit in anderen Fragen.

Nach dem Gespräch setze ich mich in ein Café, die Frühlingssonne lässt Pforzheim im besten Licht erscheinen, es ist schön hier, als würde sich Pforzheim noch einmal Mühe geben und sagen: Guck mal, ist doch gar nicht so schlecht hier. Na, meinetwegen. Ich bin guter Dinge und mittlerweile nicht mehr von den Positionen irritiert, mit denen ich konfrontiert wurde, sondern davon, wie wenig dahinter ist. Ich habe Fragen gestellt und das Gefühl, gewonnen zu haben – wie ein Zuschauer im Märchen «Des Kaiser neue Kleider». Alle jubeln dem nackten Monarchen zu, und man fragt sich: Sehen die anderen vielleicht etwas anderes als ich? Und dann merkt man: Nee, der ist wirklich nackt – aber keiner will die gute Stimmung stören. Zumindest keiner in diesem Umfeld. In dem Sinne ist die AfD die reinste FKK-Veranstaltung. Selbst wenn ich mir Mühe gebe, ihre Positionen zu verstehen.

Es bleibt einfach unlogisch. Im nicht veröffentlichten Teil des Gesprächs kritisiert Grimmer zweimal explizit Parallelgesellschaften in Deutschland. Wenn ich mir Sorgen über Parallelgesellschaften mache, muss ich doch eine Idee haben, wie ich sie verhindern könnte. Warum wird daran nicht aktiv gearbeitet?

Weil Integration sowieso immer scheitert; es dürfen einfach nicht zu viele Migranten sein – so ähnlich antwortete mir Herr Grimmer. Aber ich werde den Eindruck nicht los, dass man in der AfD eigentlich keine konstruktive Politik machen will, weil plakative Aussagen wie «Integration scheitert immer» nicht ausreichend begründet werden. Herr Grimmer kann aber nicht benennen, wie viele Muslime tatsächlich so rückwärtsgewandt agieren, wie er befürchtet. Herr Grimmer erzählt stattdessen Anekdoten. Davon, wie er erlebt hat, dass Integration scheitert, das Beispiel mit dem kleinen Jungen, der Frauen dominieren will, dann noch ein Beispiel und noch eines, aber keine Zahl, keine berechenbare Größe. Irgendwann folgt dann die Geschichte mit dem «orientalischen Lager auf der Wiese» und der These, Zuwanderer würden sich nicht für Naturschutz interessieren und alles verdrecken. Ich habe den Eindruck, dass hier ein Vorurteil schlecht kaschiert wurde.

Einige Positionen der AfD entstehen nach diesem Muster – man verallgemeinert und vergrößert, und so wird aus dem Erlebnis, dass *ein* Syrer *eine* Handtasche geklaut hat, die Schlussfolgerung, dass *alle* Syrer Handtaschen klauen, Kriminalität bei den Syrern also ein grundsätzliches Problem ist.

Diese Argumentationsmuster nutzt natürlich nicht nur die AfD, sondern alle Parteien und eigentlich jeder Mensch. Aber ich habe den Eindruck, dass die AfD das am häufigsten tut. Und ich will einmal unterstellen, dass es sich nicht um Boshaftigkeit handelt, wenn irrational argumentiert wird. Die AfD ist eine andere Art von Partei: Sie macht ein Gefühlsangebot. «Auch sauer wegen der Parallelgesellschaften? Dann wählen Sie uns!»

Ich will auch nicht sagen, dass Herr Grimmer mit allem völlig falschliegt. Aber er ahnt etwas, ohne Ahnung zu haben. Und es funktioniert: Diese Ahnung scheinen viele Menschen zu teilen.

Das Kuriose: Wenn man vor allem wegen eines Gefühls gewählt wurde, hat man gar kein Interesse daran, dass sich dieses Gefühl ändert, also auch nicht der Auslöser. Alexander Gauland nannte die Flüchtlingskrise «ein Geschenk» für die AfD – weil sie so ein Gefühl bedienen kann. Deswegen hat die AfD jetzt auch das Thema Islam für sich entdeckt –

denn der wird uns noch lange beschäftigen. Man muss als AfD-Politiker ein Interesse an Krisen haben, an einer «Die da oben kriegen nichts gebacken»-Stimmung. Insofern ist es nur folgerichtig zu sagen: «Integration? Ist mir doch egal.» Und in Pforzheim ist jeder Russlanddeutsche, der nicht integriert wird, ein potenzieller AfD-Wähler.

Natürlich überzeichne ich das alles, aber so lässt sich die Tendenz besser erkennen. Oft ist die Rede vom «kleinen Mann», der die AfD wählt, oder wie Grimmer sagt, von den «Unterprivilegierten» – aber er sagt kein Wort darüber, welches Angebot diesen Menschen gemacht wird. Ich habe den Eindruck bekommen, dass laut Grimmer die einzige Sorge der Armen der Islam ist – auch wenn ich zugegebenermaßen das Gespräch in diese Richtung gelenkt habe. Trotzdem: Ich habe ihn ausreden lassen und freundlich nachgefragt. Von Sozial- und Arbeitsmarktpolitik für die Pforzheimer, die sich abgehängt fühlen, war nicht die Rede.

Aber gut, sosehr ich Herrn Grimmer vorwerfe, zu pauschalisieren, so sehr kann ich nicht behaupten, dass er die Positionen der gesamten AfD wiedergibt. Ich muss mehr Menschen aus der Partei kennenlernen, denn ich habe auf dem Parteitag gehört, dass die Parteifreunde im Osten wieder ganz anders denken.

In Pforzheim gibt es zwar Rechtsextremismus, viel zu viel, aber kaum rechte Übergriffe auf Flüchtlinge. In vielen Regionen ist das anders, vor allem in den neuen Bundesländern. Ich will wissen, warum die Menschen sich dort radikalisieren. Und, so fleißig ich auch Puzzleteile gesammelt habe: Ich verstehe immer noch nicht, was diese Teile miteinander verbindet, die Ängste des Arbeiters mit denen des Spätaussiedlers, die des Arbeitslosen mit denen des rechtskonservativen Pietisten – die treffen sich doch kaum im wahren Leben, warum können sie sich auf die AfD einigen? Ist das nur ein Protestgefühl, das alle vereint? Vielleicht sind die Verhältnisse im Osten klarer und einfacher, um sich darauf einen Reim zu machen.

Gut zwei Monate nach meinem Besuch geschieht Bemerkenswertes in Baden-Württemberg und auch in Pforzheim. In der bisherigen AfD-Fraktion befindet sich auch Wolfgang Gedeon, dem viele in der Partei vorwerfen, antisemitische Schriften verfasst zu haben. Bernd Meuthen stellt daraufhin einen Antrag, Wolfgang Gedeon aus der Fraktion auszuschließen, und scheitert an der notwendigen Zwei-Drittel-Mehrheit. Am 5. Juli 2016 spaltet sich deswegen ein Teil der Gedeon-Gegner unter Anführerschaft von Meuthen ab. Gedeon tritt daraufhin aus der Fraktion aus, er sitzt nun parteilos im Landtag. Die ursprüngliche AfD-Fraktion mit 23 Sitzen im Landtag ist geschrumpft auf eine «Rumpf-AfD» von acht Abgeordneten. Darin verblieben ist auch Dr. Bernd Grimmer.

Auch Wolfgang Gedeon hat eine bewegte Vergangenheit. In den siebziger Jahren war er Maoist und trug den Titel «Erster Ortsvorsitzender des KPD/ML-Zentralkomitees». Er wettert in seinen aktuellen Büchern gegen einen «grünen Kommunismus» und stellt das Christentum als die überlegenste aller Religionen dar.

Freital: Alles eine Frage der Perspektive

Wahrscheinlich kennen Sie Freital. Es gibt Berlin und Tscher-
nobyl, und es gibt Freital. Manche Orte kennt man einfach so,
und andere lernt man durch ein Ereignis kennen. Bei Tscher-
nobyl war es der Super-GAU, in Freital die Angst vor Fremden.
Das liegt nicht an Freital, sondern an den Medien, sagen viele
in Freital. Natürlich gibt es hier fremdenfeindliche Aktionen,
aber das sind Einzelfälle. Der eigentliche Super-GAU sind die,
die Freital in einem schlechten Licht dastehen lassen, teilte
der Bürgermeister sinngemäß mit.

Aber von vorn. Freital ist eine 40 000-Einwohner-Stadt, zehn
Autominuten von Dresden entfernt. Das ehemalige Hotel Leonardo wird Anfang 2015 zu einer Unterkunft für Flüchtlinge
umfunktioniert. Zwischenzeitlich leben dort fast 400 Geflüchtete. 2000 Freitaler und Auswärtige demonstrieren dagegen.
Die Polizei muss das Heim verteidigen. Immer wieder gibt
es Übergriffe. Asylbewerber werden angegriffen, es fliegen
Steine und Böller ins Heim.

Der Ministerpräsident von Sachsen, Stanislav Tillich,
besucht den Ort. Fernsehteams filmen Menschen, die voller
Hass über die Geflüchteten sprechen. Ein Reporter fragt eine
Freitalerin, ob sie nicht Angst habe vor denen, die Steine und
Böller schmeißen. Sie antwortet: «Nö, die schmeißen die ja
nicht auf Deutsche.» Es gibt eine Internetseite, die «Perlen
aus Freital» heißt – sie sammelt fremdenfeindliche Postings
aus dem Internet. Freital wird ein Symbol. Das nervt viele
Freitaler. Weil immer nur diese eine Seite gezeigt wird.

Andererseits: Es gibt auch immer wieder etwas, das man

zeigen kann. Mitte April 2016 werden in Freital vier Männer und eine Frau festgenommen. Ihnen werden versuchter Mord, gefährliche Körperverletzung, Sprengstoffexplosionen und Sachbeschädigungen vorgeworfen. Sie alle sollen Mitglieder der rechtsterroristischen Organisation «Gruppe Freital» gewesen sein. Vorher wurden bereits drei Personen festgenommen und beschuldigt, im September 2015 ein Flüchtlingsheim attackiert zu haben. Das klingt jetzt erst einmal krass. Aber es ist immer eine Frage der Perspektive.

«Sprengstoffanschlag auf Flüchtlingsunterkunft» nennen es die einen, «die wollten nur erschrecken», sagen die anderen – schließlich waren es nur Böller, die am Küchenfenster der Unterkunft in Freital zur Explosion gebracht wurden. Es gibt manche, die sagen, es sei Zufall gewesen, dass niemand in der Küche war und deswegen niemand verletzt wurde. Zu denen gehört das Bundeskriminalamt, das pro Böller eine Sprengkraft von 30 Gramm TNT misst; das kann tödlich sein.

Manche alarmiert das, zumal schon Ende Juli 2015 das Auto des Linken-Politikers Michael Richter gesprengt wurde. Niemand saß darin, aber der Wagen hat einen Totalschaden, alle Fenster sind zerbrochen, der Innenraum ist komplett demoliert, die Türen sind aus den Angeln gehoben. Für die einen ist das ein Zeichen dafür, das in Freital die Gewalt eskaliert. Die anderen sagen: «Der Richter provoziert viel.» Dirk Jährling ist einer von den anderen. Er findet es ziemlich logisch, was mit dem Auto von Richter passiert ist: «Ich kann nicht als Zugereister in eine Kleinstadt gehen, mich in einer Partei, die nicht beliebt ist in der Region, hinstellen und Sprüche machen wie: ‹Freital braucht frisches Blut!›, bezogen auf die Ausländerthematik. Ich kann mich auch nicht zu den Linken stellen und

‹Heil Hitler› schreien, das funktioniert nicht; da krieg' ich auf die Nase – das ist ja völlig normal.»

Dirk Jährling ist Sprecher der Initiative «Nein zum Heim» und wird bald darauf Mitarbeiter im Wahlkreisbüros des AfD-Landtagsabgeordneten André Barth.

Als *Spiegel TV* eine Reportage über die neue Rechte macht, wird Dirk Jährling als Wolf im Schafspelz präsentiert. Man sieht, wie er aufgebrachte Demonstrationsteilnehmer zurückhält, wie er scheinbar Streit schlichtet. Als Beweis, dass er eigentlich viel rechter ist, wird eine Rede auf YouTube gezeigt, in der er sagt, dass in 30 Jahren die Mehrheit in Deutschland Muslime seien. Das sei «Hetze», meint *Spiegel TV*. Ich finde nicht, dass das ein Beleg dafür ist, dass er hetzt. Vielleicht bin ich mittlerweile abgestumpft: Mir wurde schon häufig erzählt, dass die Deutschen bald in der Minderheit seien. Auch Thilo Sarrazin sagt das, in seinem neuen Buch gibt es dazu eine Hochrechnung. Nur: Thilo Sarazzin wird in Talkshows eingeladen, er hat die Möglichkeit, sich zu äußern. Dirk Jährling ist kein Expolitiker, kein Akademiker, und offenbar urteilt man dann schneller – ich weiß es nicht, ich will ihn erst einmal persönlich kennenlernen und freue mich, als er sofort zu einem Interview einwilligt. Toll, denke ich, ein richtiger besorgter Bürger, engagiert gegen ein Flüchtlingsheim, dazu noch Mitglied in der AfD – wenn man eine Person sucht, in der sich die neue rechte Bewegung vereinigt, es ist Dirk Jährling.

Wir treffen uns im Freitaler AfD-Büro. Mittlerweile gibt es keine Proteste mehr gegen das Flüchtlingsheim, und ich frage, wie er die Stimmung in der Stadt empfindet, ob sich die Befürchtungen der Anwohner bestätigt hätten. Er antwortet sehr offen:

«Letztendlich haben sich die Ängste der Bürger hier vor Ort

nicht bestätigt. Es kam zu keinen nennenswerten Delikten von den Heimbewohnern, bis auf das Ding in der Buslinie 360 – und ein, zwei Diebstähle bei Omas und Rollstuhlfahrern. Ich denke, dass Freital weitestgehend davon verschont blieb, liegt auch an dem Engagement der Bürger. Die große Beteiligung bei den Demos zu Anfang hat sicherlich auch dazu beigetragen, den Bewohnern klarzumachen, welche Konsequenzen es hätte, würden sie sich etwas zuschulden kommen lassen.»

«Das Ding mit der Buslinie 360» ist ein folgenreiches Ding, das sich im April 2015 zuträgt. Zwei asylsuchende Marokkaner belästigen im Bus drei Schulkinder, einer der Flüchtlinge soll eine Elfjährige grob an Armen und Beinen angefasst haben. Als die Schulkinder aussteigen, beleidigen die Marokkaner eine 17-Jährige und machen sexuelle Anspielungen. Zwei jugendliche Fahrgäste mischen sich ein, die Marokkaner treten sie, einer der beiden Männer (19 und 29 Jahre alt) zieht ein Messer. Die Polizei nimmt die beiden an der nächsten Haltestelle in Gewahrsam, sie werden wegen Körperverletzung, Beleidigung und Bedrohung angeklagt – ein Angeklagter drohte einem der jugendlichen Helfer an der Bushaltestelle. Beide Asylsuchende werden daraufhin in eine andere Unterkunft verlegt.

Schon vorher wird über Zwischenfälle im Bus berichtet, immer mit Flüchtlingen aus einer Unterkunft in Schmiedeberg, einem Nachbarort von Freital. Manche zahlen nicht, es wird gepöbelt, andere pinkeln in den Bus. Das Ereignis ist der Ausgangspunkt dafür, dass sich die «Bürgerwehr FTL 360» gründet, FTL steht für Freital, 360 für die Nummer der Buslinie, in der die zwei Marokkaner pöbelten. Ab jetzt soll in Bussen patrouilliert werden, es entsteht eine Facebook-Seite, bis heute hat sie 2600 Likes. Die Menschen, die für einige Anschläge verantwortlich gemacht und festgenommen werden, sind Mitglieder dieser Bürgerwehr. Die Bundesanwaltschaft bezeichnet die Bürgerwehr als die erwähnte «Gruppe Freital» und ermittelt gegen sie als terroristische Vereinigung, bisher werden ihnen drei Sprengstoffanschläge zugerechnet, zwei davon in Freital, einer in Dresden. Das ist «das Ding mit der Buslinie 360».

Aber zurück nach Freital, zurück zu Dirk Jährling und seinen Überzeugungen. Ich frage ihn: «Wie groß schätzen Sie denn den Kreis der Menschen ein, die Anschläge verübt haben, und wie, meinen Sie, kommt es zu der Verallgemeinerung, dass in Freital so viele rechtsradikal sind?»

«Wie ich mitbekommen habe, war es eine Gruppe von ungefähr zehn Mann, mehr nicht. Erst haben sie drei und dann noch einmal fünf Personen verhaftet, wenn man noch ein paar Mitläufer dazuzählt, kommt man ungefähr auf zehn.»

Das hört man immer wieder – dass es eigentlich nur um ein paar Radikale ging, die jetzt weg sind, Ruhe im Karton. Und es stimmt: Seitdem ist auch die Zahl der krassen Straftaten zurückgegangen, also der Sprengstoffanschläge. Trotzdem haben viele Bürgerinnen und Bürger aus Freital gegen das Flüchtlingsheim demonstriert, auch deswegen geriet Freital in die Schlagzeilen: Weil Bürger tagelang vor dem Hotel Leonardo standen und demonstrierten, die Polizei musste mit zwei Hundertschaften das Gebäude schützen. Deswegen frage ich noch einmal nach: «Wie war das in der Hochphase der ‹Nein zum Heim›-Initiative, wie viele Leute waren da engagiert?»

«Bei der ersten Demo hatten wir zweieinhalbtausend Leute

auf der Straße. Das war auf einmal eine große Geschichte, als dann vier-, fünfhundert Leute positioniert wurden, und das in einer Stadt mit 40 000 Einwohnern. Das fällt natürlich auf. Und dann kam die Angst, die wurde ja geschürt durch alle möglichen Seiten.»

Ich horche auf. Alle möglichen Seiten? Ist das ein Eingeständnis oder eine Distanzierung? Sagt er gerade «Entschuldigung» oder «Das waren die anderen»? Ich weiß es nicht. Dirk Jährling und ich unterhalten uns anderthalb Stunden lang, und ich finde es nicht heraus. Ich kann nicht sagen, dass er mir unsympathisch wäre. Er ist selbstsicher, gestikuliert entschieden, männlich, ist gelernter Trockenbauer, hatte eine eigene Baufirma. Dirk Jährling kann reden, viel und schnell, er macht Exkurse, findet aber immer wieder den Faden, spricht sächsisch, aber eines, das man versteht. Oft sagt er: «Sind wir doch mal ganz ehrlich», als könne man das, was er sagt, zwar schlecht finden, aber trotzdem sage er einfach nur die Wahrheit. Er kommt von selbst darauf zu sprechen, wie seine Haltung zum Thema Asyl ist:

«Die, die hierherkommen, merken, dass sie hier alles geschenkt bekommen, und sagen sich, coole Sache, dann ruf ich mal zu Hause an, und dann kommen noch mehr. Deswegen spreche ich auch nicht gerne von Integration. Ich muss einen Flüchtling, der vor dem Krieg flieht, nicht in mein Land integrieren. Er ist hier auf Zeit. Innerhalb dieser Zeit muss er sich meinen Regeln anpassen. Hundert Muslime sind friedlich in einer Stadt von 1000 Leuten, wenn ich aber 600 von 1000 habe, werden die versuchen, die anderen Leute zu bekehren, ansonsten werden sie ausgeschlossen. So wie es jetzt die Deutschen machen mit den Ausländern, die schließen die aus, zumindest in Ostdeutschland, weil sie in diesem Umfang nicht dieses Nähe-Konzept haben.»

Schon wieder weiß ich nicht genau, wie ich auf so viel Offenheit reagieren soll. Die Ostdeutschen schließen aus, die Muslime auch – wo ist das Problem? Interessant, wie eine Diagnose einfach als Argument gebraucht wird. Aber was hätte man denn machen sollen – niemanden aufnehmen? Dirk Jährling antwortet:

«Der richtige Schritt wäre Hilfe vor Ort gewesen. Und nicht in ganz Syrien ist Krieg. Wir sind mit vielen Leuten in Syrien in direktem Kontakt, die schicken uns Videos, darin sieht man: Die gehen abends weg, machen Party, in Damaskus zum Beispiel, da passiert doch nichts. Also, auch wenn es hart klingt: Ich kann kein ganzes Volk aufnehmen, ich will die wieder raushaben. Ich kann auch nicht einen Fuchs mit einem Hund kreuzen, das hat nichts mit Rassenideologie zu tun, um Gottes willen: Das sind alles Menschen. Das Problem ist immer, dass der Glaube leider Gottes immer wieder ausgenutzt wird. Wenn ich's genau überlege: Deswegen muss es eine gewisse Integration geben, weil sonst die Hinterhofmoscheen gedeihen.

Ich habe überhaupt nichts gegen diese Leute, ich habe beispielsweise den Abdullah als Nachbarn. Und den finde ich menschlich völlig in Ordnung, meine Tochter spielt mit einer Inderin, mit einer Araberin, das sind ihre besten Freundinnen. Kinder kennen keine Rassen, das soll auch so bleiben, ich erziehe die auch nicht anders. Aber das sind alles Leute, die schon da sind. Klar sind die hier auch mal angekommen, aber nie in dieser Masse, ich gehe insgesamt von zwei Millionen Flüchtlingen, mit Illegalen, aus.»

Zwei Millionen, das ist auch so eine Zahl, auf die sich die meisten geeinigt haben. Ich notiere mir: «Flüchtlingszahlen nachprüfen» – ohne zu glauben, dass hier in Freital die offiziellen Zahlen etwas bedeuten. Aber gut, nehmen wir seine Zahlen; ich will mich nicht geschlagen geben und entgegne: «Aber das ist ein Vierzigstel, das sind 2,5 Prozent der Gesamtbevölkerung. In Freital sind es 700. Dann ist Freital ja sogar noch unter dem Schnitt.»

«Ich muss ehrlich zugeben: Außer bei mir im Büro merkt man von den Leuten nichts. Aber wenn dieser Flüchtlingsstrom anhalten würde, dann hätten wir hier eine Überbevölkerung. Wir können die zwei Millionen jetzt nicht mehr wegschicken, dazu kommt, das 500 000 davon bestimmt verfolgt sind.»

Ich muss an dieser Stelle anmerken: Unser Gespräch dauerte lange – vielleicht eine halbe Stunde zuvor hatte Jährling gesagt, dass er einen Flüchtling, der vor dem Krieg flieht, nicht integrieren muss, weil er hier auf Zeit ist. Jetzt sagt er: «Wir können die zwei Millionen jetzt nicht mehr wegschicken.» Ist dann nicht auch sein Satz «Ich rede nicht gerne von Integration» Unsinn? Um das zu überprüfen, sage ich: «Wir haben beide ein Interesse daran, dass die nicht in Parallelgesellschaften leben.»

Jährling antwortet: «Leute, die hierherkommen, um zu arbeiten, müssen sich integrieren. Aber wenn ich in einem Land Asyl bekomme, muss ich mich nicht vollständig integrieren, weil ich nicht langfristig bleiben werde. Grundsätzlich zu sagen: Alle die kommen, müssen integriert werden, damit die in Deutschland Fuß fassen, die müssen Arbeit bekommen, ist falsch.»

Also geht es darum, keine Anreize zu schaffen, das Argument verstehe ich, auch wenn es gerade noch anders klang. Jetzt stört es ihn, dass die Leute alle Arbeit bekommen. Deswegen hake ich nach:

«Es gibt ja immer zwei Vorwürfe: Die nehmen die Arbeitsplätze weg, oder die erschleichen sich Sozialleistungen. Was ist denn jetzt besser?»

«Die erschleichen sich Stütze am Anfang, aber die kommen mit dem Geld nicht hin. Unser thüringischer Landeschef meinte ja auch, die werden ganz viele Kinder produzieren. Ich glaube, dieser Schlag Menschen wird in zweiter Generation nur ein, zwei Kinder machen, weil die Umstände Menschen prägen und nicht das Herkunftsland. Wir sind ein modernes Land, die kommen aus dem Mittelalter, die Muslime kommen jetzt mit ihrem Glauben, aber die werden deutscher, als wir uns jetzt vorstellen. Dass die uns übervölkern, ist nicht meine Meinung, das wird sich irgendwann anpassen. Aber mit der Voraussetzung: Hätte Osteuropa den Ansturm nicht gestoppt, wäre es ganz anders gekommen.»

Ich erinnere mich wieder an die *Spiegel TV*-Reportage und seinen Satz, dass man in 30 Jahren als Deutscher in der Minderheit sei. Jetzt sagt Jährling genau das Gegenteil, mit der Einschränkung: Wenn Ungarn die Grenzen nicht dichtgemacht hätte. Ich möchte nicht ungerecht sein, aber ich kann nicht fassen, mit welchen sich widersprechenden Aussagen ich hier konfrontiert werde. Mich überkommt das Gefühl, dass ich eingelullt werden soll. Klingt so jemand, der gegen ein Flüchtlingsheim demonstriert hat? Je länger ich mit Dirk Jährling rede, desto mehr denke ich «Okay, lass uns ein Bier trinken» und gleichzeitig «Ich glaube dir kein Wort». Je länger er erzählt, desto mehr wird seine Haltung zur Kuriosität. Er erzählt, dass er mal drei Jahre in der Schweiz gewohnt habe. Aber wohl hat er sich dort nicht gefühlt. Warum? Die Bevölkerung ist so fremdenfeindlich.

«Wir sagen immer: Wir sind die Nazis, aber der Schweizer ist der größte Nazi. Die können sich schon an der Kantonsgrenze nicht mehr riechen. Die haben gegen grundsätzlich alle was. Als Deutscher kriegt man dort voll zu spüren, dass man Ausländer ist. Das hat man gemerkt, wenn man zum Beispiel in die Kneipe gegangen ist. Da gab es eine klare Gruppenbildung: Der Deutsche bleibt beim Deutschen. Man wird ausgegrenzt.»

Außerdem hat er ein Jahr auf Mallorca gelebt, aber auch dort war es nicht schön: «In Spanien dasselbe. Ich habe mir allerdings auch die schlimmste Region ausgesucht. Der Mallorquiner ist der Schweizer der Spanier. Die Balearen haben ihre eigene Regierung, die haben auch das meiste Geld. Als ich reingekommen bin, bin ich erstmal blöd angeguckt worden, aber als ich meine Leistung gezeigt habe, war ich angesehen.»

Beschwert er sich gerade, dass man ihn als Ausländer nicht gut behandelt hat? Ich höre ihm zu und schaue ihn an, als würde er mir Zaubertricks vorführen. Ich muss jetzt doch mal fragen, wie der Trick funktioniert: «Aber jetzt waren Sie ja quasi der Schweizer im Umgang mit den Leuten, die im Leonardo untergebracht sind, oder?»

«Ich bin nicht in die Schweiz gekommen, weil ich vor dem Krieg geflüchtet bin. Ich habe meine Arbeitskraft in die Entwicklung des Landes gesteckt, spricht in den Wohnungsbau. Mir hat keiner was geschenkt. Aber die Leute kommen ja gezielt hierher, weil sie sagen, hier gibt es was umsonst.»

Das klingt dann doch wieder nach dem Dirk Jährling vom Anfang, auch als er irgendwann sagt, dass er stolz auf sein Land sein will. Ich entgegne: «Stolz ist man doch auf etwas, was man gemacht hat. Der Geburtsort ist doch Zufall.»

«Ja, dann ist man eben zufällig stolz auf sein Land. Jeder hat doch das Recht, auf seine Nation stolz zu sein, wenn er etwas geleistet hat in seinem Leben. Man könnte natürlich auch sagen, ich bin stolz, Europäer oder Mensch zu sein. Aber man ist stolz, etwas beigetragen zu haben für seine Nation. Man denkt ja generationsübergreifend. Ich arbeite jetzt, damit es meinen Kindern mal gutgeht. Deswegen engagiere ich mich auch.»

Immer soll es den Kindern gutgehen. Das ist einer der häufigsten Sätze, die ich gehört habe. «Ich tue das für meine Kinder.» Warum macht er das, frage ich ihn.

«Ich war schon immer politisch interessiert, aber nie in einer Partei. Als die Bürgerinitiative ‹Nein zum Heim› entstand, habe ich denen gesagt: Was habt ihr denn für unprofessionelle Moderatoren? Ich war über 20 Jahre lang DJ, deswegen habe ich das für die moderiert. Und dann war mein Interesse geweckt, und ich habe viele Dinge hinterfragt. Ich habe auch keine passenden Antworten mehr auf diese Ausländerthematik. Hätten wir vor einem halben Jahr das Interview geführt, hätte ich viel schärfer geredet. Aber ich habe mich damit jetzt sehr viel beschäftigt. Wenn jetzt meine Kumpels bei 'ner linken Partei gewesen wären, wäre ich vielleicht in 'ner linken Partei. Die Clique formt dich. Man formt sich nur, wenn man in der Materie steckt, und dann bildet man sich seine eigenen Urteile. Auf mich ist die AfD zugegangen, weil ich dort geredet habe.»

Was das für eine schöne Geschichte wäre: dass er von der AfD angesprochen wird, sich immer mehr in die Materie einarbeitet und dann feststellt: Das ist gar nicht so, wie meine Partei sagt, ich muss eigentlich woanders mitarbeiten.

Früher gab es in unserem Freundeskreis jemanden, der Sascha hieß. Sascha war nicht besonders schön oder klug, aber Sascha konnte reden wie ein Wasserfall. Immer, wenn Sascha auf ein Mädchen scharf war, setzte er sich neben sie und fing an, sie zuzutexten, und irgendwann knutschte er dann mit ihr, als wäre das die einzige Möglichkeit, Saschas Gelaber für einen Moment zu unterbrechen. Irgendwann habe ich ihn gefragt, wie er das macht, und er meinte: «Du darfst nicht aufhören zu reden, dass ist das Wichtigste. Und dann einfach nett sein. Du musst ihr zeigen: Mit mir kann man eine schöne Zeit haben, es ist nicht langweilig, und du musst dich um nichts kümmern.»

Ich komme mir vor wie eines dieser Mädchen; langsam hat Jährling mich so weit. Vor allem, als er sagt: «Vor einem halben Jahr habe ich noch anders gesprochen, jetzt geht es darum, dass wir uns viel mehr sozial engagieren müssen. Da bin ich so etwas wie der linke Flügel der AfD, ich bin zum Beispiel dafür, dass Hartz IV abgeschafft wird, das ist eine unmenschliche Geschichte. Ich hatte noch nie Hass auf Ausländer. Ich habe eine Philosophie, die besagt: Ich wünschte mir eigentlich, dass uns Außerirdische angreifen. Denn dann heißt es nicht mehr ‹der Amerikaner› oder ‹der Deutsche›, dann heißt es ‹die Menschheit› gegen ‹die anderen›, das würde die Menschheit vereinen. Dann gäbe es auch keinen Nationalstolz mehr.»

Kurz bevor ich ihn küsse, kommt er allerdings noch mal auf die Flüchtlinge zu sprechen.

«Ich habe die Mutter einer syrischen Familie gefragt: Wie bist denn du mit deinen drei Kindern nach Deutschland gekommen? Da sagt die: Ganz einfach, ich habe 96 Euro am Flughafen bezahlt, bin in Berlin gelandet und habe Asyl beantragt. Ich habe nachgefragt, warum es Leute gibt, die so viele Strapazen auf sich nehmen und nicht fliegen. Da sagt sie: ‹Würdest du, wenn du in deinem Land strafrechtlich verfolgt wirst, auf den Flughafen gehen?› Wenn ich Geld habe, um zu flüchten, dann habe ich es mir geklaut, ich will das nicht allen unterstellen, aber ich gehe davon aus, dass zehn Prozent der Leute das so gemacht haben. Und dann kann ich nicht auf den Flughafen, denn ich bin ja als Straftäter registriert.»

Wieder ein neues Thema. Mir ist längst schwindelig. Das Problem: Ich vermute, dass das, was er sagt, nicht stimmt, aber ich habe nur eine Gegenahnung, kein Gegenargument. Irgendwann taumle ich aus dem Bürgerbüro. Was für ein Ritt.

«Und, wie ist sie so, die neue Rechte?», fragt mich kurz darauf ein Freund am Telefon.

«Hm, weiß nicht», antworte ich verlegen, als hätte ich nach etwas zu viel Rotwein am See mit seiner Freundin geknutscht. Ich fühle mich schlecht, weil ich Jährling nicht genug entgegnen konnte. Ich war zu höflich, zu nett. Vor allem, und das war das Schlimme: Ich wollte ihm glauben. Das, was er sagte, klang stellenweise nachvollziehbar – ich konnte ihm nicht zustimmen, stand ihm aber nicht unversöhnlich gegenüber. Den üblichen Satz «Ich habe nichts gegen Ausländer, aber ...» kehrte er um in «Ich habe was gegen Ausländer, aber ...» Und so wirkt dieser Satz schon etwas weniger bedrohlich.

In mir wächst ein Verdacht: Menschen, die grundsätzlich über «den Menschen an sich» reden und damit sich selbst meinen, bringen damit zum Ausdruck: «Ich habe Angst, das Menschen kommen, die so sind wie ich, ich kenne mich ja.» Deswegen verfängt da auch nie die Beschwichtigungsformel «Das sind Menschen wie du und ich.» Menschen wie ich? Um Gottes willen!

Ich überlege, was ich über die Situation in Freital erfahren habe. Eigentlich gibt sich einer der Gegner der Unterkunft erstaunlich gelassen – warum auch nicht, Jährling hat fast alles durchgesetzt: Das Heim wurde mittlerweile geräumt, weil es nicht den Bauvorschriften entspricht, alles ist ruhig, er hat einen Job bei der AfD. Zwar sagt er Sätze wie «Freital ist immer noch ein Pulverfass. Sobald hier ein Einziger was macht, könnte es knallen.» Wenn also etwas passiert, dann sind die Flüchtlinge schuld. Aber sonst? Rassismus, Ausländerfeindlichkeit, ja, das war mal ein Problem, ist aber jetzt kein Thema mehr, andere Dinge stehen im Vordergrund. Wenn man Dirk Jährling Glauben schenkt, kommt man zu dem Schluss: Es ist ruhig geworden in Freital.

Gut, bis auf das mit den Hakenkreuzen.

«In der Nacht von Pfingstsonntag auf Pfingstmontag sind in einem Autohaus zehn Autos mit Hakenkreuzen beschmiert worden. Natürlich passieren immer wieder so Sachen, man darf es einfach nicht ignorieren. Pegida hat einen großen Teil dazu beigetragen, dass es momentan cool zu sein scheint, fremdenfeindlich zu sein. Das ist wie ein neuer Volkssport.»

Nein, Dirk Jährling ist nicht schizophren. Ich unterhalte mich mittlerweile mit Ines Kummer, sie ist Stadträtin für die

Grünen in Freital. Wir sitzen aber in Dresden, in einer Bäckerei am Hauptbahnhof. Ich frage nach, warum wir uns nicht in Freital treffen, ob sie Angst hat.

«Ich habe gelernt, mit der Angst umzugehen. Wir haben uns früher auch mit Medienvertretern in Freital getroffen, aber es hat keine fünf Minuten gedauert, da landete man dann auf irgendeiner Hetzseite mit entsprechenden Kommentaren. Ich weiß einfach momentan keinen Ort.»

Das klingt nicht ganz so entspannt. Ines Kummer sieht müde aus und spricht mit leiser Stimme, als dürfe niemand hören, was sie sagt:

«Mein Pflegesohn ist ein junger Mann aus Ghana, der damals als unbegleiteter minderjähriger Flüchtling hierhergekommen ist. Den kenne ich seit zwei Jahren, inzwischen ist er volljährig, und was wir erlebt haben, würde ein Buch füllen. Er erzählt mir schon gar nicht mehr alles, weil er weiß, dass ich das nicht verkraften würde. Aber es reicht, was wir zusammen erleben. Neulich erst, nach dem Dynamo-Dresden-Spiel, sind wir in Dresden ausgestiegen, und die Fans wollten zur S-Bahn, ich habe ihn in den Arm genommen, um ihn zu beschützen, da kamen uns Dynamo-Fans aus Freital entgegen, darunter Nazis, die riefen das F-Wort, Nigger, Schlampe und machten Affengeräusche. Das passiert natürlich auch in Freital. Es ist so absurd: Ich komme mit ihm gerade von der Trauma-Behandlung, der Arzt versucht, ihn wieder aufzurichten, und an dem Abend ging's ihm ganz okay, er hat gelacht. Wir kommen in Freital an, laufen die Treppen runter, und dann kommt uns eine Horde entgegen, alle hatten Bier in der Hand, und sie rufen ‹Ich hasse alle Flüchtlinge› und ‹Du Alte willst doch auf die Fresse haben›, dann wird der Stinkefinger gezeigt. Das war im Winter, nach 18 Uhr, also stockdunkel, da ist in Freital niemand auf der Straße. Mein Pflegesohn wird Freital verlassen, es geht nicht anders. Und wenn man das hier anspricht, wird gesagt, dass das nur Einzelfälle sind, der Großteil der Freitaler sei nicht so. Ich bekomme so einen Hals, weil weggeschaut wird. Oder wenn mein Pflegesohn mir erzählt, dass er bewusst vom Zugpersonal stigmatisiert wird. Er wird als Einziger kontrolliert, kein anderer muss den Fahrschein zeigen, nur er. Und viele Leute sitzen daneben und lachen ihn auch noch aus. Es gibt keine Zivilcourage.»

Ines Kummer erzählt das alles, ohne zu stocken, aber ich merke, dass sie sehr bewegt ist. Ich auch, ich schlucke schwer. Das also ist auch Freital. Wie kommt Dirk Jähring zu seiner Einschätzung, dass es hier im Grunde friedlich ist? Liegt es daran, dass er als Deutscher einfach nie Alltagsrassismus erlebt? Oder hat er schlicht gelogen? Ich frage Ines Kummer.

«Der hat eine andere Wahrnehmung. Man verdrängt ja auch. Was ich Ihnen erzähle, würde nicht in sein Weltbild passen. Für mich ist das ein Rassist in Nadelstreifen. Gucken Sie sich einfach mal sein Facebook-Profil an.»

Das mache ich. Am 20. Mai veröffentlichte er dort ein Meme, dass Fotos von Flüchtlingen und abgemagerten Kindern gegenüberstellt, Darunter der Text: «Traurig, aber wahr. Jeder Asylbetrüger kostet 40000 Euro pro Jahr. Ein Kind in der dritten Welt vor dem Verhungern zu retten, kostet 0,40 Euro pro Tag. Statt einen Asylbetrüger in Deutschland zu versorgen, könnten also ca. 274 Kinder in der Dritten Welt jährlich vor dem Hungertod gerettet werden!»

Ansonsten werden lustig *(Stoppt Tierversuche. Nehmt meine Exfreundin!)* oder nachdenklich *(Wenn ein Glas bricht, wird es*

auch nicht ganz, wenn man sagt ‹Entschuldigung›) gemeinte
Sprüche geteilt, dazwischen immer wieder viele Meldungen
über Flüchtlinge, die sich danebenbenehmen oder kriminell
sind.

Ja, Dirk Jährling ist ein Rechter, ich mag diese Memes
nicht, aber ich finde, das muss man aushalten können, also:
Dagegen kann man argumentieren, das muss man aber nicht
verbieten. Gut, es gibt noch dieses Foto von einem Mann auf
dessen T-Shirt steht: «Warum ich braun bin? Weil es mir hier
langsam zu bunt wird!» Dirk Jährling schreibt dazu: «Ohne
Worte».

Aber was ist mit der anderen Seite? Ich will von Ines Kummer wissen, wie sich die Leute im Hotel Leonardo, der Flüchtlingsunterkunft, benommen haben.

«Es gab natürlich Konflikte. Das passiert in jeder Einrichtung mit vielen Menschen. In den großen Studentenwohnhei-
men in Dresden gibt es auch ständig Zoff. Da regt sich kein
Mensch drüber auf. Natürlich gibt es auch unter den Geflüchteten solche, die sich nicht an Regeln halten. Ich arbeite seit
fast zehn Jahren mit Geflüchteten zusammen. Ein einziges
Mal hat ein Flüchtling versucht, sich an mir zu vergreifen,
und ich habe ihm eindeutig klargemacht, dass ich sofort zur
Polizei gehe, dass er hier alles auf Spiel setzt, und wenn er will,
dass wir ihm helfen, dann hat er uns zu respektieren. Das hat
er sich zu Herzen genommen, seitdem ist nie wieder etwas
passiert.»

«Wie reagiert denn die Politik auf Rassismus?», hake ich
nach. «Sind die wirklich so tatenlos, wie alle sagen?»

«Im Stadtrat gibt es keine Differenzierung, wenn gesagt
wird: Wir haben kein Nazi-Problem.»

Michael Richter, dessen Auto in die Luft gesprengt wurde,

sieht das ähnlich: «Der Oberbürgermeister und andere Institutionen haben die Bürger lange Zeit nicht über die schweren Entscheidungsprozesse informiert, die wir im Stadtrat treffen müssen, und so fühlen sich die Leute zurückgelassen und entwickeln Neid auf die Flüchtlinge.»

Nun – für eine Mehrheit der CDU im Stadtrat hat es bisher immer gereicht. Aber wäre die CDU dann nicht noch mehr in der Pflicht, sich nach rechts abzugrenzen? Ines Kummer ist sich sicher, dass Freital ein massives Problem hat:

«Wenn jemand von der NPD im Stadtrat sitzt, heißt das, er ist von mindestens 500 Bürgern gewählt worden. Wenn die AfD bei den Bürgermeisterwahlen fast so viele Stimmen bekommt wie der SPD-Kandidat, dann haben wir auch ein Problem mit Rechtspopulisten. Ein Großteil der Wählerschaft in Freital ist konservativ oder rechtskonservativ, mehr als 80 Prozent, wenn man die Ergebnisse der CDU, der Wählervereinigung Bürger für Freital, der AfD und von René Seyfried, dem Oberhetzer aus Freital und Kopf der «Nein zum Heim»-Initiative, zusammenrechnet.»

Die CDU wird sich nicht als Teil des Problems begreifen, das verstehe ich. Sie hat trotz sinkender Wahlergebnisse immer noch einen entscheidenden Einfluss in Freital, bei den Stadtratswahlen kommt sie auf knapp ein Drittel. Oder anders formuliert: Wenn nur 20 Prozent bei der OB-Wahl links wählen – haben dann 80 Prozent rechts gewählt? Entscheidend für die Antwort ist, wo die CDU steht.

Tja, und wo steht die? Ich schreibe dem CDU-Bürgermeister, um mit ihm zu sprechen. Der Bürgermeister hat zu viel zu tun, schreibt mir sein Vorzimmer. Klar, meine Anfrage war auch kurzfristig. Ich schreibe zurück, dass er doch einen Termin in den nächsten Monaten vorschlagen solle. Keine Reaktion. Damit hatte ich gerechnet. Ich telefoniere mit seinem Parteifreund, Peter Pfitzenreiter, auch er kann so kurzfristig nicht. Aber er meldet sich wenig später per Mail:

«Leider bin ich in den kommenden Wochen terminlich stark eingebunden. Deshalb möchte ich Ihnen anbieten, mit meinem Fraktionskollegen Candido Mahoche das Interview zu führen. Er kann Ihnen einerseits die politische Perspektive schildern, aber auch von seinem Leben als Mosambikaner in Freital berichten. Als Fußballtrainer engagiert er sich für die Integration durch Sport und organisiert jährlich Integrationsfußballturniere für verschiedene Altersklassen.»

Willkommen zur großen Freitaler Gegenoffensive. Schon unser Treffpunkt zeigt, dass Candido Mahoche mir eine andere Seite von Freital präsentieren möchte: Wir treffen uns an Schloss Burgk, einem phantastischen alten Gemäuer, etwas erhöht gelegen, drum herum ein paar Fachwerkhäuser, sodass man sich fast fühlt wie im Bayerischen Wald. Es ist früher Morgen, die Sonne scheint, alles ist bereit für das Kontrastprogramm.

Hier kommt Candido Mahoche, dunkle Haut, in der CDU, ja, ist es denn der komplette Wahnsinn? Nein, noch ist er nicht komplett: In seiner Freizeit ist er nicht nur Fußballtrainer, von Beruf ist der Stadtratsabgeordnete Bierbrauer. Er kommt strahlend auf mich zu, trägt einen Dynamo-Dresden-Trainingsanzug. Nein, Freital ist nicht rassistisch, sagt er.

«Wenn ich krank bin, gehe ich zum Arzt, und der behandelt mich als Mensch. Wenn ich auf die Straße gehe, grüßen viele Menschen und fragen, wie es mir geht. Und ich frage zurück. Wir sind hier nicht eingeschränkt. Es gibt immer ein paar, die nicht mit einem einverstanden sind. Das gibt es in Berlin, das gibt es in Freital. Das gab es zur DDR-Zeit, das gab es in Ost- und Westdeutschland. Mir kann kein Westdeutscher erzählen, dass da alles perfekt ist. Rassismus gibt es auch in den USA, mit Herrn Obama, aber wir bekommen das nicht mit. Diese kleine Minderheit gibt es immer, die müssen wir bekämpfen. Und wenn die Freitaler alle Rassisten sind, dann sind auch die Grünen Rassisten.» Ich frage ihn, wie man diese rassistische Minderheit bekämpfen könnte.

«Da fragen Sie mich, der ich über 30 Jahre hier gelebt habe? Am Anfang gab es einen kleinen Protest, aber im Laufe der Zeit haben die Menschen mitbekommen, dass ich ihnen die Arbeit nicht wegnehme.»

Ich kenne Candido Mahoche nicht, vielleicht diskutiert er immer sehr engagiert, aber ich werde den Eindruck nicht los, dass er genervt ist. Genervt davon, dass er so häufig die gleichen Fragen beantworten muss, dass er immer wieder betonen muss, dass Freital nicht rassistisch ist – wo er doch das beste Gegenbeispiel ist. Ich kann die Aggression nach- vollziehen. Was für ein ungeheurer Vorwurf in diesen immer gleichen Fragen steckt – als sagte man ihm: Ich bin zwei Tage in der Stadt, ich merke, dass die Leute hier rassistisch sind, ich lese über Anschläge und Attentate, und du checkst es auch nach 30 Jahren einfach nicht.

Vielleicht ist es nicht so, dass er etwas ausblendet, sondern es schafft, etwas in Relationen zu setzen? Vielleicht bringt er als einer der wenigen Menschen das Kunststück fertig, eine Beleidigung nicht zehnmal schwerer wiegen zu lassen als ein Kompliment?

Deswegen sage ich: «Ich könnte mir schon vorstellen, dass man im Alltag immer mal wieder von dieser fremdenfeindlichen Minderheit angegriffen wird. Muss man sich dann oft selbst versichern, dass es nur eine Minderheit ist?»

Er bejaht und erzählt mir, was seine Strategie ist: «Ich versuche in Freital über den Sport mit allen ins Gespräch zu kommen. Und zu erklären, wie es damals mit uns war. Wie sie mir geholfen haben und wie heute unsere Situation ist. Und manche sagen zu mir, Candido, wenn alle das so machen, wie du es damals gemacht hast, ist es in Ordnung. Man merkt, dass es eine Distanz gibt zwischen der Bevölkerung und den Leuten, die hierherkommen, und ein bisschen Angst. Also müssen wir mehr Gespräche führen, damit diese Angst verschwindet.»

Wenn alles nicht so schlimm ist, frage ich zuerst mich, dann ihn, wie kommen die anderen Bürgerinitiativen darauf, dass Freital ein Problem mit Rassismus hat? Haben die einen anderen Begriff von Rassismus oder eine andere Wahrnehmung?

«Ja, es wurde manchmal übertrieben. Ich sage nicht, dass alles gut ist. Ich habe bloß von der Mehrheit gesprochen. Auch im Sport darf der Schiri ein paar Sachen nicht hören. Da sagen manche auch: Du Schwarzer, dann musst du analysieren, warum der das sagt. Weil er den Ball nicht gekriegt hat? Nach dem Abpfiff ärgert der sich manchmal selbst und sagt: Mensch, das habe ich nicht so gemeint. Manchmal kommt der Spruch ‹Du Schwarzmann›. Das ist ein Schimpfwort, aber es kommt immer darauf an, wie man es sagt. Und manchmal wollen sie dich nur provozieren, aber ich reagiere gar nicht. Wir müssen jetzt eine saubere Politik machen und nicht immer die Schuld anderen geben. Das hilft uns nicht. Die Linke und die Grünen müssen auf dem Teppich bleiben. Wenn wir ein Problem in Freital haben, müssen wir es alle gemeinsam lösen. Wenn es wirklich Rassismus in Freital gibt, wie können wir das ändern?»

Es gibt da offenbar unterschiedliche Perspektiven. Ich frage ihn, ob er von dem Vorfall mit den Hakenkreuzen am Autohaus weiß, er ist überrascht und regt sich auf: «Das sind diese Kakerlaken, das sind diese kleinen Gruppierungen. Und die muss man beseitigen. Die wollen unseren Staat, unseren Frieden stören. Und die müssen wir bekämpfen. Aber das hat mit Rassismus nichts zu tun.»

Beim Wort Kakerlaken horche ich auf. Kakerlaken? Verwendet man solche Begriffe, wenn man in sich ruht? Es klingt wie erkalteter Hass eines Mannes, der eigentlich immer noch sehr verletzt ist. Ich weiß nicht, ob ich das alles überinterpretiere, aber es wäre plausibel.

Vor einiger Zeit, im August 2015, hat die Zeitung *Der Freitag* ein großes Porträt über Candido Mahoche veröffentlicht. Darin spricht er anders, zweifelnder. Er erzählt auch die Geschichte seiner Ankunft in Freital anders, dass es Proteste gab, rassistische Beleidigungen. Und sogar hier äußert er Verständnis dafür, dass Leute sie nicht haben wollten, sie seien auch wirklich laut gewesen, meint er. Sie, das waren Mosambikaner, die durch ein Regierungsabkommen die Chance auf eine Lehre in der DDR erhielten. Wer sich nicht benahm, wurde zurückgeschickt, Mahoche blieb, er schaffte es, wahrscheinlich, weil er sich besser und schneller anpasste als andere. Deswegen rät er Flüchtlingen, dass man zeigen müsse, dass man wolle. Ich denke an Lisa, die sich ähnlich durchgebissen hat wie Candido Mahoche, an diese «Ich habe nichts geschenkt bekommen»-Attitüde, die auch Dirk Jährling hat.

Die, die anderen am wenigsten gönnen, sind oft die, die sich alles hart erarbeiten mussten. Man ist neidisch auf die anderen, wenn sie es leichter haben. Das zeigt die ganze Willkür, mit der man Menschen behandelt. Warum muss es Candido schwerer haben? Es ist Zufall, dass er es schwerer hat. Aber man kann es nicht einfach als Zufall akzeptieren. Irgendwann ist es Teil der Identität, dass man es nicht so leicht gehabt hat wie andere. Zu akzeptieren, dass man zufällig einen steinigeren Weg als andere hatte, hieße, die Lebensleistung zu etwas Willkürlichem zu machen. Vielleicht erzählt Dirk Jährling auch deshalb, dass es für ihn in Ordnung war, in Spanien und der Schweiz so behandelt worden zu sein, und er daraus sein Recht ableitet, hier andere genauso zu behandeln – er hat es schließlich auch geschafft, warum sollen es die anderen leichter haben? Und das ist wohl auch ein Grund, warum so säuberlich zwischen Wirtschaftsflüchtlingen und den Kriegsflüchtlingen unterschieden wird: Wenn der Flüchtling jetzt alles umsonst bekommt, soll er zumindest vorher so gelitten haben wie ich.

Ich sage Candido Mahoche, dass gesprühte Hakenkreuze mit Sicherheit etwas mit Rassismus zu tun haben. Er antwortet: «Das sind diese Minderheiten. Das gibt es auch hier in Freital. Ich habe auch nicht gesagt, dass mich alle hier in Freital mögen. Ich bin 30 Jahre hier und mit einer Freitalerin verheiratet, und da weiß man genau, was für Menschen hier sind. Die Menschen leben friedlich miteinander. Und die haben mir damals, als ich hergekommen bin, zusammen mit meiner deutschen Frau und den zwei kleinen Kindern wahnsinnig geholfen. Ich habe sehr viel Hilfe bekommen, ich bin sehr gut integriert. Mir geht es gut.»

Herr Mahoche muss jetzt eigentlich zum Fußballtraining, aber er möchte mir noch zeigen, wie gut es ihm geht. Deswegen gehen wir zu einem Lokal auf dem Schlossglände, er will mir eine Flasche seines Biers schenken, *Feldschlösschen*. Die Inhaber des Lokals begrüßen Candido überschwänglich, man umarmt sich, er bekommt die Flasche Bier, klar könne er später zahlen, er fragt, ob man sich auf einer Feier sehe, nein, leider nicht, Candido ist kurz betrübt, man merkt: Es wäre jetzt besser gewesen, wenn sie zugesagt hätten, aber macht nichts, er strahlt mich an. «Siehst du?», fragt er triumphierend. «Alles ganz normal.» Ich nicke und bedanke mich, dann verabschieden wir uns. Ein paar Minuten später stehe ich ratlos auf dem Schlossplatz, eine Flasche Bier in der Hand.

Nein, ich lebe hier nicht, wie sollte ich beurteilen, was hier los ist? Woran macht man fest, dass eine Stadt fremdenfeindlich ist?

Ich kann die Graffiti zählen, die in der Stadt verteilt sind, «NS» steht auf Stromkästen, oder «Nein zum Heim». Oder die Vorfälle, die sich ereignet haben, die Sprengstoffanschläge, die 2000 Menschen, die gegen das Flüchtlingsheim protestierten.

Ines Kummer, die grüne Stadträtin, berichtet: «Candido Mahoche lässt sich mit dem Statement, er habe in 30 Jahren in Freital noch nie Fremdenfeindlichkeit erlebt, von der CDU instrumentalisieren, und auch das ist rassistisch. Mein Pflegesohn hat geweint, als er davon gelesen hat, weil er und auch die Menschen aus Eritrea andere Dinge erleben. Da wird die Haustüre eingetreten, sie werden mit Pfefferspray attackiert, es wird ständig gepöbelt.»

Ich brauche noch mehr Meinungen, um mir ein Bild zu machen. Deswegen treffe ich Steffi Brachtel und ihren Sohn

Nico in dem Dönerladen, in dem auch Dirk Jährling Stamm-gast ist. Er ist direkt Thema. Ich frage die beiden so wie Ines Kummer, ob Jährling eine andere Wahrnehmung hat oder lügt. Steffi antwortet ohne Zögern:

«Er lügt definitiv. Und er war auch bei einem Treffen mit dem Bürgermeister dabei, als der anregte, mal etwas zusam-men mit den Flüchtlingen zu machen, Cocktails mixen oder so. Und darauf sagte Jährling: Es gibt Dinge, die werde ich einfach nie tun.»

Steffi und Nico Brachtel sind auf der Gegenseite engagiert, in der Initiative für Weltoffenheit und Toleranz, wie es etwas sperrig heißt. Steffi Brachtel: «Ich bin hier groß geworden, ich habe hier eine schöne Kindheit gehabt. Es ist auch meine Stadt. Ich will mir meine Stadt von solchen Idioten nicht weg-nehmen lassen.»

2015 wurde ihr Briefkasten gesprengt.

«Mit Freunden bin ich daraufhin zur Polizei gegangen. Und da wird einem dann gesagt, nachts um zwei: Wenn jeder Bürger, der sich bedroht fühlt, zu uns kommen würde, dann könnten wir unsere Arbeit nicht mehr tun. Ich war bisher der Meinung, dass die Polizei genau dafür da ist, aber anschei-nend nicht. Das sind sächsische Verhältnisse.»

Sächsische Verhältnisse. Das ist ein geflügeltes Wort für viele Sachsen, die sich politisch und links engagieren. Für alle, bei denen das Wort noch nicht fliegen kann: Der sächsischen Justiz und Polizei wird seit langer Zeit nachgesagt, dass sie auf dem rechten Auge blind seien, also bei rechtsextremen Straftaten wegsehen. In Freital gibt es Anzeichen dafür, dass dem so ist. Das heißt nicht, dass noch nie ein Nazi verurteilt worden wäre – es geht nur nicht so schnell.

Bei den Ermittlungen gegen die Gruppe Freital sieht es so aus, als hätten dort Polizisten bewusst vertuscht oder zumindest verzögert. Man kann sagen: Es gab Merkwürdigkeiten. Aber urteilen Sie selbst. Am 18.10.2015 attackiert die Gruppe Freital das linke Wohnprojekt «Mangelwirtschaft» mit Sprengsätzen und Buttersäure. Nach Berichten des *Spiegel* wusste die Polizei bereits drei Stunden vor dem Anschlag Bescheid, es existiert das Abhörprotokoll eines der Hauptverdächtigen. Der erkundigt sich per Telefon, was er denn für den Anschlag mitbringen solle, mit der Polizei bereits vorher bekannten Codewörtern. Später nennt er dann auch den Tatort – zumindest ist der für Ortskundige klar («Zeckenbude» in Übigau). Trotzdem hält niemand sie auf. Der *Spiegel* hält es für möglich, dass das Protokoll elektronisch aufgezeichnet wurde, also keiner «live» zugehört hat, oder keiner der abhörenden Polizisten ortskundig war.

Es geht weiter: Am 27. Oktober meldet sich ein Zeuge bei der Dresdener Polizei. Es handelt sich um den besten Zeugen der Welt: Er berichtet von Struktur, Namen und jeweiligen Spitznamen der Gruppe, berichtet vom Überfall auf das Wohnprojekt und zeigt Chatprotokolle. Er war sogar bei dem Anschlag dabei, er habe aber nichts Strafbares gemacht, beteuert er. Der beste Zeuge der Welt ist dazu noch sehr bescheiden: Er bleibt im Protokoll namenlos, und als Adresse steht dort: Dienstmarke. Der beste Zeuge der Welt hat sich benommen wie ein verdeckter Ermittler, urteilt der *Spiegel*. Es gab aber keine verdeckten Ermittler innerhalb der Gruppe, sagt die Polizei. Warum «Dienstmarke» im Protokoll stand? Weiß man nicht. Wer auch immer der Superzeuge war: Man hatte jetzt Infos zu einer Gruppe, die Anschläge verübte. Vielleicht habe ich zu oft Tatort geguckt, aber ich weiß, was jetzt

eigentlich passieren müsste: Vor mir sehe ich einen schnauz-
bärtigen Polizisten, der in sein Funkgerät spricht: «An alle
Einheiten. Brauchen Verstärkung, rechtsradikale Gruppe in
Freital gesichtet, heute Abend Hausdurchsuchung in mehre-
ren Wohnungen. Vorsicht, Täter sind womöglich bewaffnet.»
Er blickt in das skeptische Gesicht seiner Kollegin, runzelt die
Stirn, dann weiß er, was zu tun ist, und sagt: «Nein, halt. Sie
haben recht. Da muss das SEK ran.» Die Realität ist nicht weit
davon entfernt, nur gemütlicher: Am 5. November werden von
der Polizei neun Wohnungen durchsucht. Das SEK ist nicht
beteiligt, aber immerhin gibt es zwei Festnahmen. Es ist aber
eben schon der 5. November, also gute drei Wochen nachdem
man durch die Telefonüberwachung die Täter identifizieren
konnte – oder hätte können. Immerhin eine Woche nachdem
die Gruppe genau benannt wurde. Und bereits davor hat es
Hinweise auf die Täter gegeben.

Am 19. September werden durch einen Sprengsatz ein Fenster einer Unterkunft in Freital sowie Teile der Küche zerstört.
Die Polizei trifft bereits hier auf Mitglieder der Vereinigung
und nimmt deren Personalien auf. Am 20. September werden
die Scheiben des Linke-Büros in Freital mit einem Sprengsatz
zerstört. Am 9. Oktober kontrolliert die Polizei die Autos von
Mitgliedern der Bürgerwehr FTL/360. Sie findet Feuerwerks-
körper, die denen gleichen, die für die Sprengstoffanschläge
verwendet wurden.

Dadurch, dass die Polizei erst so spät zuschlägt, kann am
1. November die Gruppe noch ein Flüchtlingsheim attackieren,
wieder mit Sprengstoff. Der Bundesstaatsanwalt nennt das
versuchten Mord. Die sächsische Generalstaatsanwaltschaft
nennt das «demonstrativen Charakter». Oder eben sächsische
Verhältnisse.

Kommen wir zur Justiz. Das ist passiert:

Am 1. November werden drei Sprengladungen an jeweils drei Fenstern einer Flüchtlingsunterkunft angebracht. Weil die brennende Lunte von einem der vier syrischen Bewohner bemerkt wird, können sich alle auf den Boden werfen und die Türen schließen. Nur ein Flüchtling wird im Gesicht durch die Glasscherben verletzt.

Jetzt zur Interpretation der Justiz: Die Generalstaatsanwaltschaft Dresden spricht davon, dass der Angriff einen demonstrativen Charakter hätte, also lediglich einschüchtern sollte. Es ist keine Rede von Terrorismus. Alle Delikte, die die Gruppe Freital mutmaßlich verübt hat, sollen auf unterster Ebene einzeln angeklagt werden – beim Amtsgericht Dresden.

Am 11. April 2016 übernimmt der Generalbundesanwalt Dr. Peter Frank den Fall. Man könnte auch sagen: Er entreißt ihn den Kollegen. Die sind laut eigener Aussage «verwundert» – man könnte auch sagen: sauer. Das Eingreifen soll zeigen, dass Peter Frank gegen rechtsextreme Straftaten hart durchgreift. Wenn es «zu pogromartigen Szenen wie in den 90er Jahren in Rostock-Lichtenhagen» komme, müsse man ein «Gegenfanal» setzen, sagte er Medien. Ab jetzt ist von Einschüchterung in Verbindung mit versuchtem Mord in vier Fällen die Rede. Für den Generalbundesanwalt hängen die einzelnen Anschläge zusammen. Deswegen wird wegen Bildung einer terroristischen Vereinigung ermittelt. In der sächsischen Justiz ging man nicht von einer organisierten Gruppe aus.

Um einen besseren Eindruck der sächsischen Verhältnisse zu bekommen, muss man eigentlich nur Karolin von Hoaxmap zuhören. «Martin Dulig, unser Wirtschaftsminister und stellvertretender Ministerpräsident, hat öffentlich Kritik an der Polizei in Sachsen geäußert, dass die Pegida-nah und AfD-nah ist. Und die Polizeigewerkschaft muss natürlich ein Statement dagegen verfassen. Aber wo machen sie das? In der *Jungen Freiheit*!»

Wer sie nicht kennt: Die *Junge Freiheit* ist eine rechte Zeitung. Sehr rechts. Wie rechts? Sehr konservativ ist zum Beispiel die *Welt*. Gegen die *Junge Freiheit* wirkt die *Welt* wie ein linkes Sponti-Blatt.

Aber ich sitze noch immer mit Steffi Brachtel im Dönerladen. Ich will von ihr wissen, warum die Stadt so geworden ist. Sie beginnt zu erzählen: «Freital ist in den zwanziger Jahren aus drei Dörfern gegründet worden. Und man hat extra den Namen Freital, freies Tal gewählt, es war eine sozialdemokratische Hochburg. Selbst in Zeiten des Zweiten Weltkriegs hat die NSDAP hier keinen Fuß auf den Boden gebracht. Und dann war der Krieg vorbei, es kam die DDR-Diktatur, und nach der Wende war es so, als ob die Leute alles von sich streifen wollten, was irgendwie mit DDR, mit Kommunismus, mit Sozialismus zu tun hatte. Jeder hat sofort das Parteibuch weggeschmissen. Und man hat sich um 180 Grad gedreht. Dazu kommt, dass Freital immer eine Arbeiterstadt war. Wir hatten sehr viel Industrie hier zu DDR-Zeiten, die Menschen hatten Arbeit, und nach der Wende ist sehr vieles weggebrochen. Einige hatten Glück, konnten in den Vorruhestand. Andere hatten das Glück nicht, haben sich ihrem Schicksal ergeben und fühlen sich als Verlierer, sind seit damals zu Hause, arbeitslos. Und jetzt kommen die Flüchtlinge, haben ein Handy und Markenklamotten, und die AfD sagt, dass die den Leuten jetzt auch noch das letzte bisschen Hartz IV wegnehmen. Und die glauben das.»

Steffi Brachtel spricht über die Menschen, über die der AfD-Mann Jährling sagt: «Wenn ich von Hartz IV lebe, kann ich nicht ‹Wir sind das Volk› schreien und nie etwas für das Volk tun, aber immer mehr haben wollen. Das ist nicht die Zielgruppe, die die AfD anspricht.»

Wenn ich die Geschichten von Steffi Brachtel, Ines Kummer und Michael Richter höre, bin ich von deren Mut beeindruckt. Und ich bin wütend, dass sich nur so wenige engagieren. Aber ich frage mich auch: Warum tut ihr euch das eigentlich an? Warum nicht frei nach den Bremer Stadtmusikanten sagen, etwas Besseres als Freital findet man überall? Diesmal widerspricht Nico Brachtel energisch:

«Was wird denn aus der Stadt, wenn alle so denken? Man kann doch Freital nicht wie Jamel werden lassen und ganz den Rechten überlassen. Es ist ja auch in Jamel nicht ganz hoffnungslos. Es soll ja immer noch Widerstand geben.»

Als wir uns verabschieden, sagt Steffi Brachtel, dass ich mir mal ein paar Videos von Dirk Jährling angucken solle. Zu Hause setze ich mich sofort vor den Laptop. Und tatsächlich: Ich sehe eine Aufnahme, die an dem Tag entstanden ist, als wir das Interview geführt haben.

Im Freitaler Nachbarort Dippoldiswalde steht Jährling leicht erhöht auf ein paar Stufen, Mikrophon und Manuskript in der Hand. Es solle um das Thema Asyl gehen, sagt er, aber eigentlich sei das Thema viel größer, man wisse ja gar nicht mehr, wer und wie viele ins Land kämen: «Wir kriegen es ja kaum noch mit. Ihr bekommt keine Informationen mehr, es sei denn, ihr habt Facebook.»

Ein paar Stunden, nachdem er mir sagte, dass er auch

keine passenden Antworten mehr auf diese Ausländerthematik habe, ruft er:

«Wenn ich lesen muss, dass an nur einem Wochenende 4000 Menschen aus dem Meer gerettet wurden – wo bitte soll das enden? Was ist mit den Krankheiten, die diese Menschen mitbringen? In Italien sind in diesem Monat Mai vierzig Fälle von Ebola ausgebrochen. Darüber berichtet keine öffentliche Presse, nur mal kurz am Rand. Fakt ist doch, wir haben es alle befürchtet: Jetzt ist die Umverteilung nach Quoten, das bedeutet, es kommen auf das jeweilige Land so viel Flüchtlinge, wie dessen wirtschaftlicher Faktor ist. Das bedeutet: Deutschland, Österreich, Frankreich werden den größten Anteil zu tragen haben. Das ist das Problem.»

Er zählt Länder auf, die keine Flüchtlinge aufnehmen: «Das Problem ist: Diese Länder sind nicht Deutschland. Denn die Deutschen dürfen das nicht. Wir haben ja eine Schuld, und wenn wir uns nicht daran halten, werden die Amerikaner schon dafür sorgen, uns daran zu erinnern, dass wir immer noch ein besetztes Land sind.»

Und weiter geht es: «Die wollen alle hierbleiben, reden von Deutsch lernen und arbeiten gehen und wenn's dann mit der Arbeit nicht klappt, gibt es in Deutschland immer noch Hartz IV. Das muss aufhören, Schluss damit! Meine Meinung: Wenn die Regierung Geld raushauen will, dann bitte auch für die eigene Bevölkerung. Schlimm ist doch auch die Kriminalität, die jeden Tag steigt. In Schweden hat die Zuwanderung dafür gesorgt, dass jede derzeit lebende Schwedin statistisch gesehen in ihrem Leben mindestens einmal vergewaltigt wird, und zwar häufig von Zuwanderern, und das ist nicht bloß 'ne dumme Ideologie, sondern das sind Zahlen. Schweden, welches offen für die Migrationsströme aus Afrika und aus dem

Orient ist, verzeichnet eine Zunahme von Vergewaltigungen um 1472 Prozent und hat jetzt die zweithöchste Vergewaltigungsrate der Welt, und das kann man nicht wegreden.»

«Pfui», rufen Leute aus dem Publikum, weil sie das genauso empörend finden wie Dirk Jährling.

Mir reicht es. Dieses Mal will ich genau nachfragen, wie das denn genau ist mit Schweden, den Muslimen und der Vergewaltigung?

Der Parteitags-Slogan der AfD lautet «Mut zu Wahrheit»; Dirk Jährling, der besorgte Kai, all diese Menschen stellen ihre Meinung als Wahrheit da, die man leider akzeptieren müsse – die Fakten wären doch eindeutig. Wenn das so ist, will ich mir diese Fakten ansehen, das Fundament vieler Meinungen, die ich nicht teile, die Munitionskammer der anderen Seite. Schweden hat also eine krasse Vergewaltigungsquote. Stimmt das?

Im Internet finde ich den Artikel, aus dem Jährling offenbar zitiert hat, die Seite heißt statusquo-news.de. Von 1975 bis 2014 sei die Zahl der Vergewaltigungen von 421 auf 6620 gestiegen, und angeblich würden die Gründe dafür von den schwedischen Politikern und Medien verschwiegen. Und natürlich sehen die Betreiber der Seite den Grund ganz klar in der vermehrten Zuwanderung.

In der Online-Ausgabe der *Frankfurter Rundschau* wird genau das unter dem Titel «Die Mythen der Rechten» bestritten. Diese Statistik sei verzerrt, sprich: Es gibt mehr junge Männer unter den Einwanderern als in der sonstigen schwedischen Bevölkerung. Und junge Männer vergewaltigen häufiger als alte Frauen.

statusquo-news.de kommt zu anderen Schlüssen. Eine Grafik zeigt die Zahl der Asylgewährungen als Balkendiagramm, darüber spannt sich eine rote steigende Linie – es ist die Zahl der Vergewaltigungen. Mehr Asyl, mehr Vergewaltigung.

Im Impressum der Seite steht: «Wir sehen uns nicht als Überbringer ‹Der Wahrheit™›. Wir machen Fehler und recherchieren ggf. nicht immer 100 % korrekt, aber im Gegensatz zu den fremdbestimmten, diabolischen Medienmogulen und ihren Erfüllungsgehilfen, sind wir dazu bereit, unsere Fehler zu korrigieren.»

Als ich die Suchergebnisse für «Vergewaltigungsrate in Schweden» anschaue, stelle ich fest: Dieser Suchbegriff ist der Schlüssel zu einer anderen Welt. Ich habe die Büchse der Pegida geöffnet. Eine der Seiten heißt fluechtling.net, hier finde ich etwas zu Schweden unter dem Titel «Vergewaltigungen durch Migranten», auf einer weiteren Seite ist das Thema «Rassenunterschiede in IQ», der *Michael Mannheimer Blog* will, laut Selbstauskunft, «Islamisierung und Linkstrend stoppen», auf der Seite de.gatestoneinstitute.org ist Schweden «die Vergewaltigungsmetropole des Westens», weitere Artikel heißen «Migrantenvergewaltigungsepidemie erreicht Österreich» und «Islamisten infiltrieren die schwedische Regierung», eine andere Seite heißt asylterror.com.

Ich kenne die Studien und Forschungsergebnisse nicht, von denen die Seiten berichten, sie sind auch nicht verlinkt. Ich weiß nur: Statistisch gesehen werden Frauen in Schweden immer noch sehr selten vergewaltigt, es ist die Rede von maximal 65 pro 100 000 Menschen. Ich will nicht verharmlosen, aber das heißt auch: 99 935 von 100 000 werden nicht vergewaltigt, einerseits. Andererseits: Natürlich kann man demographische Faktoren geltend machen und miteinbeziehen. Der Gedanke «Der vergewaltigt mich jetzt nicht, weil er Immigrant ist, sondern jung und männlich», hat wenig Tröstliches.

Ich frage den Risikoforscher Prof Dr. Ortwin Renn; er benennt zwei weitere Faktoren für die steigende Vergewaltigungsquote:

«Alkohol ist in Schweden ein großes Problem. Wenn Alkohol da ist, gibt es meist keine Hemmung mehr. Außerdem war Schweden das Land der sexuellen Aufklärung, die auch dazu geführt hat, dass Schranken, die man viel früher unter dem Aspekt des Anstandes einhielt, heute weggefallen sind.»

Ich kann mir vorstellen, dass die Zahl der Vergewaltigungen steigt, wenn man mehr Flüchtlinge aufnimmt. Das ist erst einmal logisch – mehr Menschen gleich mehr Menschen, die kriminell sind. Und man kann nicht vorschnell behaupten, dass die hierher geflüchteten Menschen häufiger zu sexueller Gewalt neigen. Es ist mir aber auch unklar, ob nicht die kulturelle Prägung, der extreme Stress durch die Flucht, Traumatisierung durch Krieg und der Kulturschock nicht auch eine Art Brandbeschleuniger für sexuelle Gewalt sein können.

Ich zweifele, aber Dirk Jährling weiß Bescheid:

«Erstaunlich ist nicht die hohe Zahl der Fälle, sondern das Schweigen dazu in unseren Medien. Vor wenigen Tagen machte das Tabuthema dennoch einmal kurz Schlagzeilen, und so stand das wirklich drin: In deutschen Flüchtlingsheimen seien Vergewaltigungen an der Tagesordnung. Ich kann's immer nur wieder sagen: Die Leute, die wirklich verfolgt sind, diesen muss geholfen werden. Schluss mit der Politik des offenen Landes! Abschiebung krimineller Ausländer beim Begehen der ersten Straftat. Hilfe in den Ländern vor Ort, auch durch Entsendung von Friedenstruppen. Eine dezentrale Unterbringung von wirklichen Flüchtlingen. Keine Vermischung unterschiedlicher Volksabstammungen in zentralen Heimen. Schluss mit der Spaltung der Menschen durch die Medien. Schluss damit, dass uns die Amerikaner sagen, wie wir zu leben haben. Schluss mit der unkontrollierten illegalen Einwanderung. Und: Deutschland muss wieder dem deutschen Volke gehören und nicht einer geldgeilen amerikanischen Regierung, die in Berlin im Bundestag ihren Sitz hat. Danke!»

So langsam habe ich die Schnauze voll. Ich habe genug gehört, es ist so oft das Gleiche, es ist so oft so uneinsichtig. Und ich bin enttäuscht – ich bin bereit, meine eigene Meinung zu hinterfragen, könnt ihr das denn nicht auch?

Aber was habe ich mir vorgestellt? Dass meine Gesprächspartner nach zwei mittelklugen Fragen von mir zusammenbrechen, auf die Knie fallen und um Vergebung bitten? In mir wächst der Zweifel, ob mein Ansatz bisher richtig war, erst einmal nur Fragen zu stellen, zuzuhören, darzustellen, ohne zu urteilen. Wenn man mit Rechten diskutiert, betritt man eine Welt mit eigenen Regeln und anderen Verhaltensweisen. Gegenargumente und andere Statistiken sind gleich Lügenpresse. Vor allem aber haben diese Menschen eine andere Vorstellung davon, wie unsere Gesellschaft sein *sollte*. Es soll ordentlich sein, in Deutschland sollen Deutsche leben, und die sollen auch so aussehen. Eine sehr geringe Zahl an Menschen, die nicht so aussehen, ist noch akzeptabel. Es gibt nicht umsonst Nationen, jede muss sich erst mal ums eigene Volk kümmern.

Wenn diese Wunschvorstellungen so offen ausgesprochen werden, kann man damit umgehen. Der Freitaler AfD-Mann hatte aber keinen ehrlichen und offenen Standpunkt. Er gibt allen, was sie brauchen: mir etwas Moderates, den anderen die Schärfe. Warum geht man nicht offen damit um, dass man keine Flüchtlinge will, Deutschland den Deutschen, fertig? Weil man sich das nicht traut?

Ich komme mir verarscht vor; ich bin der Chance beraubt worden, mich mit der wirklichen Meinung eines «Asylkritikers» auseinanderzusetzen. Wenn man ein politisch engagierter Mensch ist, ist man doch stolz auf seine Meinung, dann will man Menschen überzeugen, sich mit ihnen auseinandersetzen, dann gibt man nicht klein bei und redet dem Publikum nach dem Mund. Ist das Angst, in der Diskussion unterlegen zu sein? Oder Angst sich selbst gegenüber? Oder einfach nur Opportunismus? Dirk Jährling muss klar sein, dass ich mir YouTube-Videos von ihm ansehen kann, die mir zeigen, dass er sonst in anderem Ton redet.

Die Frage, wie man damit umgehen soll, bleibt. Wie reagiert man auf diese Argumente, Statistiken, Thesen und Sprüche, was macht man mit denen, die verharmlosen, und denen, die lügen?

Ich will mir noch einen ähnlichen Fall anschauen, um Antworten zu bekommen. Aus der Liste der vielen unrühmlichen Orte wie Freital, Heidenau und Clausnitz wähle ich einen, der nicht in Sachsen liegt: Tröglitz. Hier will ich zwei Widerstandskämpfer treffen, deren Fall überregional bekannt wurde.

*Dirk Jährling wird Ende Juni 2016 als Mitarbeiter von André
Barth entlassen, weil man laut Barth «menschlich nicht zusam-
mengepasst hat». Dirk Jährling hatte Mitte Juni ein Video bei
Facebook geteilt, das den Holocaust leugnet. Auf Facebook stellt
er den Konflikt anders da: Er habe sich als hauptamtlicher Mitarbeiter der AfD nicht politisch äußern können und übernehme
deswegen bald ein anderes Amt in der AfD. Sein Verhältnis zu
André Barth sei ungetrübt.*

*Nach Ermittlungen des Operativen Abwehrzentrums ist der
Anschlag auf Michael Richters Auto Anfang Juni 2016 aufgeklärt:
Die Täter sollen eng in Kontakt mit der Gruppe Freital gestanden
haben.*

Die große DDR-Show

Überall, wo ich bin, begegnet mir die DDR – in den Reden
bei Pegida und als Erklärungsmuster bei der Linken. Es wird
dann von «früher» geredet, und mir schläft das Gesicht ein.

Ich will nämlich von heute sprechen. Sosehr ich gegen
Geschichtsvergessenheit bin, mache ich hier gerne eine Ausnahme. Jaja, war mal, is' ja gut jetzt. Für mich ist die DDR der
verstaubte Sperrmüll in der Abstellkammer der Geschichte.

Das Problem ist, dass der Sperrmüll immer noch überall
herumliegt – im übertragenen Sinne. Dazwischen stehen
Ossis, und wenn man nicht schnell genug wegläuft, fangen
sie an zu erzählen, wie man in der DDR tatsächlich gelebt
hat. Für einen Wessi klingt das, als ob eine Frau von ihrem
prügelnden Exmann schwärmt.

So arrogant ist die Sicht meiner Wessi-Generation auf die DDR. Und diese Generation kann nichts dafür – sie hat, irgendwann in den Achtzigern geboren, nichts von der DDR mitbekommen und auch kaum etwas darüber gelernt. Okay, vielleicht habe *ich* im Geschichtsunterricht einfach nicht so gut aufgepasst, aber was bei mir hängen blieb, ist: Die hatten nicht viel, die Leute, da war alles grau, die Stasi hat alle bespitzelt. Das war's.

Wer die heutigen Ost-Bundesländer verstehen will, muss wissen, welche Auswirkungen die DDR bis heute hat. Ich glaube, dass es fünf Ursachen gibt, warum der Osten offenbar einen guten Nährboden für Rechtsradikalismus darstellt. Damit es nicht zu langweilig wird, stellen Sie sich das Ganze doch als Ranking-Show vor, moderiert von Sonja Zietlow. Also, Explosion, Musik von Scooter, hier sind die Top 5 der besten Gründe dafür, warum DDR-Vergangenheit Fremdenfeindlichkeit begünstigt!

Grund 1: Wende-Verlierer

Wenn man den Gedanken zulässt, dass Menschen in der DDR mit der gleichen Selbstverständlichkeit gelebt haben wie die Bevölkerung in Westdeutschland, bekommt man eine grobe Ahnung, wie krass der Umbruch gewesen sein muss. Das klingt als Erkenntnis banal, aber es ist schwer, das wirklich nachzuvollziehen. Deswegen mal umgekehrt gedacht: Wenn die DDR jetzt Westdeutschland schlucken würde wie seinerzeit der Westen den Osten, hätte das für mich so ausgesehen:

Man demonstriert jeden Montag auf einer westdeutschen

Straße gegen den Kapitalismus, gegen die Entfremdung, gegen Kriege in anderen Ländern. Und dann: Die Bevölkerung wird, völlig überraschend, erhört. Die Mauer fällt. Begeistert strömen die Westdeutschen ins andere Land. Ich brülle im Freudentaumel «Sozialismus, fuck, yeah!» Beziehungsweise jetzt unamerikanisch «Sozialismus, formidabel, juhu!». Wie toll, das Land, von dem uns die anderen immer nur erzählt haben, in dem es keine Arbeitslosigkeit gibt, das keine Kriege führt, in dem es Kinderbetreuung für alle gibt, das Land der Gleichberechtigung, herrlich, endlich sind wir im Paradies! So oder so ähnlich reden alle meine Wessi-Freunde, wir freuen uns, dass sich der lange Kampf gelohnt hat. Aber ein paar Wochen später bekommt ein Freund von mir einen Besuch vom Staat, der ihn fragt: «Was sind Sie eigentlich von Beruf? Flash-Programmierer? Nie gehört! Können Sie auch was Richtiges? Klempner oder so? Nee? Gut, dann dürfen Sie sich ab Montag zum Kehrdienst melden, da sind mehr solcher vollbärtigen Zausel wie Sie.»

Und auch ich verliere meinen Vertrag bei Rowohlt. «Jaja, immerhin, Rowohlt, ist ja schon etwas links, aber viel zu unkritisch dem faschistischem System gegenüber geschrieben», moniert ein Staatsbeamter. «Wie viele Marx-Zitate haben Sie denn in diesem Buch?», fragt er mich.

«Leider keins, aber Rosa Luxemburg kommt einmal vor.»

«Nur einmal? Faschist!», brüllt mich der Mann an. Rowohlt wird verstaatlicht und veröffentlicht jetzt marxistisch-lenistische Lexika und maoistische Tiergedichte. Ich muss Kugellager in einer Fabrik in Brandenburg polieren. Hinter meinem Rücken tuscheln die Kollegen wegen meiner fragwürdigen Vergangenheit. Ich sei systemkonform gewesen. Sie tuscheln aber auch wegen meines Musikgeschmacks, ich muss heimlich Hip-Hop hören, dass finden die anderen lustig. Wenn Betriebsfest ist, hören wir die Puhdys und andere Ostbands, die mir nichts sagen, in Endlosschleife. Viele erkennen sofort, dass ich Wessi bin, und sagen es mir – ich sei so komisch angezogen. Nur weil ich eine Jeans trage!

Auch das Fernsehen ist ein anderes. Es gibt nicht so viele Programme und keine Bundesliga. Also klar: Es gibt die Bundesliga, aber da spielen vor allem Ossis. Ansonsten wird im Fernsehen die Geschichte der BRD immer nur am Rande behandelt, meistens handelt sie von Udo Lindenberg oder dem Nazi-Bundeskanzler Kiesinger. Wenn ich versuche, etwas schneller zu arbeiten, kommt mein Vorarbeiter zu mir und sagt: «Na, machste wieder auf Besser-Wessi? Du, wir müssen 200 Kugellager am Tag polieren. Weißte, wie viel wir dann polieren? Genau, 200. Das müsst ihr noch lernen: Wenn einer mehr arbeitet, werden die anderen vom Chef gefragt, warum sie das nicht auch können. Wir arbeiten hier miteinander, nicht gegeneinander.»

Insgesamt muss man sagen: Wir leben in einer neuen Wirklichkeit mit neuen Regeln. Alles, was vorher da war, gibt es nicht mehr. Im Rückblick erscheint unser Leben so, als sei es durch und durch falsch gewesen. Jetzt, erzählen uns alle, im Sozialismus seien wir endlich frei. Aber ich fühle mich weniger frei als vorher, es ist mir fremd, wie die Menschen denken, wie sie sich gebärden. Fast ist es so, dass ich mir das alte System zurückwünsche.

Wolfang Schaller, der Chef des Kabaretthauses Herkuleskeule aus Dresden, meint: «Für viele im Osten hat sich mit der deutschen Einheit alles verändert, Lebensläufe wurden unterbrochen, gebrochen, zerstört, Leute, die früher mal was waren, sind plötzlich nichts mehr. Diese Veränderungen haben viele noch gar nicht verkraftet. Sie fühlen sich als Verlierer. Nun sehen sie die Flüchtlinge als neue Bedrohung, befürchten, erneut was zu verlieren.»

Der ostdeutsche Psychologe Dr. Hans-Joachim Maaz beschreibt, wie das Gefühl kurz nach der Wende war: «Wir waren naiv. Viele haben an den repressiven Verhältnissen in der DDR gelitten. Es war kaum möglich, individuelle Konflikte von den durch die gesellschaftliche Enge erzeugten Problemen gut zu differenzieren. So hatten viele einen ganz undifferenzierten Wunschtraum: Ach, wenn man im Westen wäre, wäre bestimmt alles besser. Die Diskussion darüber, ob es einen dritten Weg geben könnte, wurde schnell abgeschmettert, damit hätte man beide deutschen Gesellschaftssysteme kritisch analysieren müssen, entgegen einer Primitivformel der Spaltung: im Westen alles besser – im Osten alles schlechter. Dann kam die Realität und teilte die Ostbevölkerung in Gewinner und Verlierer. Auffällig aber war, dass in meine Praxis auch Menschen kamen, denen es durchaus besser ging: Sie hatten wieder Arbeit, verdienten mehr denn je, hatten ein neues Auto, machten Reisen – und waren doch nicht glücklicher damit. Sie litten an der neuen Lebensform: Konkurrieren zu müssen, sich immer gut darstellen, anbieten und letztlich verkaufen zu müssen. Hilfreiche Freundschaften wurden zu konkurrierenden Beziehungen, und Geld bekam eine überwertige Bedeutung. Aber am meisten litten viele Menschen an Arbeitslosigkeit und Bedeutungsverlust.»

Grund 2: Demokratie ist wie Fahrradfahren. Macht Spaß, aber muss man lernen.

Da kommen Menschen aus einer Diktatur, die quasi nach dem Zweiten Weltkrieg entstanden ist – ohne dass in ihrem Land wie im Westen durch die 1968er Bewegung eine Demokratisierung angestoßen worden wäre. Silvio Lang erzählt über seinen Eindruck aus Sachsen: «Ich glaube, dass viele nicht verstanden haben, wie Demokratie funktioniert – und vielleicht auch nie verstehen wollten, dass eine Demokratie von Streit lebt. Ich habe zehn Jahre lang Besucherdienst im sächsischen Landtag betreut und hörte ganz häufig: Warum streiten die sich denn immer so viel im Parlament, die sollen sich endlich mal einigen, und dann geht das voran. Und genau so funktioniert Demokratie nicht. Es gibt eine Sehnsucht nach einem starken Mann mit pseudodemokratischem Denken.»

Auf Pegida-Demonstrationen habe ich oft gehört, dass man eine «Spaltung verhindern» wolle, außerdem wird immer wieder die «Einheit des Volkes» betont. Das ist genau diese Sehnsucht nach Konsens, von der Lang erzählt.

Grund 3: Nachdenken? Machen wir hier arbeitsteilig.

Der Wunsch nach einem starken Führer passt zu der stärkeren Autoritätshörigkeit von Ostdeutschen. Ich weiß: Das klingt extrem pauschalisierend. Ich höre jetzt schon den ersten wütenden AfD-Wähler rufen: «Aha! Nee, gegen die Syrer und Marokkaner und die ganzen Muselmanen dürfen wir nix sagen, aber bei den Ostdeutschen macht das linksversiffte

Gutmenschenpack 'ne Ausnahme? Die darf man gerne über einen Kamm scheren?»

Dir, lieber wütender AfD-Wähler, möchte ich antworten: «Lieber Hans. Ja, ich nenne dich Hans, nicht Ronny, um nicht noch mehr Klischee ins Feuer zu kippen. Also, Hans: Grundsätzlich gebe ich dir recht. Vorurteile und Pauschalisierungen sind wie Pickel: Egal, wer sie hat, welche Form sie haben und was man damit macht, man sieht nie gut damit aus. Aber ich will wissen, wo die Pickel herkommen. Wenn Deutschland ein Gesicht ist, stellt man fest: Der Ost-Teil ist pickeliger als der West-Teil. Warum werden im Osten mehr rechtsextreme Straftaten begangen, warum gibt es hier eine höhere Beteiligung bei Pegida und bei Demos gegen Flüchtlingsheime, warum bekommt die AfD in Sachsen-Anhalt fast ein Viertel der Stimmen? Bevor sich wer aufregt: Nicht alle sind so, es gibt nicht «den Ossi» an sich und nicht «den Wessi», ich vereinfache, um unterschiedliche Prägungen klarzumachen, und natürlich prägen 40 Jahre Diktatur.

Mir erzählten viele Frauen und Männer Anekdoten, deren Pointe immer die gleiche war: In Ostdeutschland gibt es oft eine andere Form, mit Autorität umzugehen.

Die Rektorin Birgit Kilian zum Beispiel ist von Duisburg nach Leipzig gezogen, und ihr ist aufgefallen: «Viele Sachsen sind obrigkeitshörig. Ich habe Kollegen getroffen, die mir offen ins Gesicht sagten: Ist mir eigentlich egal, was Sie wollen. Sagen Sie mir einfach, was ich tun soll, ich mach's.»

Und die in Leipzig geborene Linken-Politikerin und Aktivistin Jule Nagel sagt: «Ich merke auch in der Linkspartei, dass es noch ein starkes Hierarchie-Denken und eine Zentriertheit auf den Vorstand gibt.»

Ein letztes Zitat, das das alles schön zusammenfasst; es

kommt von Susanna Nierth aus Tröglitz, wir werden sie später noch näher kennenlernen. Sie berichtet von einer Bekannten ihres Mannes, die den bemerkenswerten Satz sagte: «Na ja, wir mussten ja auch nichts machen, für uns ist ja gedacht worden.»

Grund Nummer 4: International? Klar, aber jeder für sich.

Der Vollständigkeit halber, auch wenn es schon erwähnt wurde: Es gab in der DDR kaum Begegnungen mit anderen Ausländern. Da sind sich Vertreter aller Parteien einig, deswegen sei hier der innenpolitische Sprecher der CDU-Fraktion Christian Hartmann zitiert, der es in einem Satz zusammenfasst: «Die DDR hat zwar einen Internationalismus gepredigt, aber nie gelebt.»

Deswegen ist die Skepsis anderen Menschen gegenüber größer.

Grund 5: Meine Revolution gehört mir!

Nicht nur die DDR-Vergangenheit, auch die Art, wie «die Wende» durchgeführt wurde, hat zu Pegida geführt, meint der Psychologe Dr. Hans-Joachim Maaz:

«Wir hätten unser eigenes DDR-Leben kritisch analysieren müssen: Vor- und Nachteile sozialistischer Lebensform, Unrecht, Repression, Schuld, Bespitzelung und Denunziation. Warum und wie wird man zum Mitläufer und Mittäter? Individuelle und politische Schuld? Wir haben unsere Revolution nicht zu Ende gebracht: Rechtsstaatlichkeit, Strafverfahren, Klärung der Besitzverhältnisse und neue Wirtschaftsformen aus eigener Regie – das hätte uns Ostdeutschen wesentliche Entwicklungsschritte abverlangt, aber auch in Würde gebracht. Stattdessen haben wir die Revolution verkauft mit der bequemen Hoffnung, wir werden in «blühende Landschaften» geführt. Vor allem ist damit die notwendige Kritik kapitalistischer Lebensformen vermieden worden.»

Auf eine komische Art und Weise wollen Pegidisten, die «Wir sind das Volk» schreien, also ihre Revolution zu Ende bringen?

«Ja, so eine Deutung würde ich diskutieren», meint Maaz.

Das war sie, die Top 5, warum Ostdeutschland immer noch anders tickt als der Westen. Und um es spannender zu machen, habe ich so getan, als sei ein Grund wichtiger als der andere. Kann man so aber nicht sagen. Es gehört alles zusammen. Wie Deutschland. Na, war das nicht ein versöhnliches Ende?

Wut

Dieses Kapitel habe ich «Wut» genannt, weil ich mit etwas Abstand festgestellt habe, wie wütend ich durch die nachfolgenden Geschichten geworden bin. Das nahm schon vorher seinen Lauf: Ich habe mich mit Menschen unterhalten, die gegen die Aufnahme von Flüchtlingen waren und auch gegen Flüchtlinge an sich. Mal mehr, mal weniger offensiv, mal mehr, mal weniger verschleiert. Mich hat die Wiederholung der immer gleichen Parolen genervt. Dass nicht ehrlich mit mir gesprochen wurde, hat mich am meisten wütend gemacht – auch wenn ich weiß, dass das ein bisschen naiv ist. Aber all das war noch auszuhalten – solange ich nicht mit Menschen zu tun hatte, die massiv unter der Fremdenfeindlichkeit ihrer Mitbürger leiden müssen. Ich treffe Markus und Susanna Nierth aus Tröglitz.

Von ihnen möchte ich erfahren, wie man sich Rechtspopulisten gegenüber verhält. Die beiden sind darin reichlich geschult, denn sie sind in ihrem Heimatort täglich damit konfrontiert.

Tröglitz: «Tätliche Bosheit»

Tröglitz ist ein bisschen wie Freital in klein. Der Ort hat knapp 3000 Einwohner. Ansonsten ist die Geschichte eine ähnliche, nur die Rollen sind anders besetzt: Als 2014 Bürger dagegen protestieren, dass 60 Flüchtlinge im Ort untergebracht werden, ist es der ehrenamtliche Ortsbürgermeister Markus

Nierth, der sich gegen diese Stimmung wendet. Er ist als Parteiloser von der CDU aufgestellt worden und versucht, die Bevölkerung für die Idee zu begeistern, die Flüchtlinge herzlich zu empfangen. Es gelingt nicht. Ab Januar 2015 finden wöchentliche Demonstrationen gegen die Flüchtlinge statt. Bei der zehnten Demonstration sollte die Endkundgebung vor dem Privathaus von Markus Nierth enden. Weder die Bürgerschaft noch die kommunalen Entscheider verhindern das. Deswegen tritt Nierth im März 2015 als Ortsbürgermeister zurück. Markus Nierth ist Pfarrer und kann reden, und er redet mit den Medien – darüber, wie sich ein Bürgermeister nicht mehr gegen eine Mehrheit der Rechten wehren kann. Diese Geschichte verstehen viele als Warnsignal, und Tröglitz wird überregional bekannt. Einen Monat später brennt eine geplante Unterkunft. Der Ministerpräsident von Sachsen-Anhalt und der Innenminister besuchen den Ort. Es gibt eine Gegendemonstration mit 300 Teilnehmern.

So viel weiß ich schon. Alles andere will ich aus erster Hand erfahren, deswegen fahre ich nach Tröglitz.

Als mein Navi mir sagt, ich hätte mein Ziel erreicht, stehe ich inmitten eines riesigen Industriekomplexes. «Du wolltest nach Tröglitz, da haste Tröglitz», denkt sich mein Navi wohl. Die Suche nach dem Ortskern ist schwieriger als gedacht. Irgendwann stelle ich fest: Tröglitz habe ich längst hinter mir gelassen. Ich gebe als erneutes Ziel «Tröglitz, Markt» ein, «Pennymarkt» ist der Vorschlag. Gut, also erst mal zu Penny, wie es so schön heißt, dort angekommen ist auch endlich die Ortsmitte ausgeschildert, was sehr präzise ist, «Markt» kann man es nicht nennen: Die Ortsmitte ist ein großer Parkplatz, umringt von einer Lottoannahmestelle, einer Sparkasse, einer Volksbank und einer Apotheke. Außerdem sehe ich noch einen Supermarkt, an dessen Eingangstür ein Schild klebt: «Dieser Markt schließt am 14. 09. 15, wir danken unseren langjährigen Kunden.» In der Lottoannahmestelle frage ich, ob ich hier auch etwas zu trinken kaufen könne. Die Mitarbeiterin lacht. Nee. «Wo bekomme ich etwas zu trinken?»

«In der Koofhalle.»

«Bei Penny?»

«Ja.»

Als ich wieder ins Auto steige, hält neben mir ein Wagen, zwei bullige Männer mit Glatze steigen aus, auf dem Hemd des einen steht «Division Nord», sie gehen in die Sparkasse. Willkommen in Tröglitz.

Als ich Susanna und Markus in ihrem Zuhause treffe, essen sie gerade im Garten zu Abend, und man versteht auf Anhieb, wie schön es hier auch sein kann und dass es ihnen sehr schwerfällt, einfach wegzuziehen.

Beide wirken aufgeschlossen und voller Energie. Doch wenn man ihnen zuhört, erfährt man, wie viel Ätzendes ihnen widerfahren ist – sie haben Morddrohungen bekommen, standen unter Polizeischutz, ihnen wurden kotgefüllte Briefe geschickt. Sie könnten eine Heldengeschichte erzählen – weil sie hier immer noch wohnen, weil sie sich so tapfer wehren, weil sie immer noch fröhlich sind. Aber sie erzählen auch, dass sie gescheitert sind. Dass sie es nicht geschafft haben, die Leute auf ihre Seite zu ziehen. Weil vieles für sich spricht und das Gespräch eine schöne Dynamik hat, werde ich es in Auszügen einfach unkommentiert aufschreiben.

Markus Nierth ist hier in Tröglitz aufgewachsen, reiste dann in die große, weite Welt und beschloss irgendwann, wieder nach Tröglitz zurückzukehren und hier seinen Lebensabend zu verbringen; er kennt die Menschen hier. Ich frage ihn, ob er «seine» Leute durch die Krise noch mal neu kennengelernt habe. Er antwortet: «Ich habe schon vorher gewusst, wie meine Landsleute hier fühlen und wie sie denken. Dass einige auch fremdenfeindlich oder rassistisch sind, dass auch hier ein paar Leute sogar noch dem Dritten Reich nachhängen. Ich habe den Fehler gemacht, dass ich in meiner Weichheit und Harmoniebedürftigkeit nicht deutlich genug widersprochen habe. Aus zwei verschiedenen Beweggründen. Der erste: Ich habe einen ganz anderen Hintergrund als diese Leute. Ich hatte den Segen, anders in der DDR aufzuwachsen als die meisten und bin von meinen Eltern mit einer anderen Bildung beschenkt worden, kirchlich geprägt, aufgeklärt westlich und deutlich kritisch gegenüber dem DDR-System. Und wenn ich dann vor den jungen Leuten mit ihrer rechten Ideologie stand und eigentlich direkt widersprechen müsste, spürte ich oft: Das sind Menschen, die oft einen viel schwereren Start ins Leben hatten als ich, die es nicht so gut hatten wie ich in Bezug auf Bildung oder Persönlichkeitsstärkung durch liebevolle Eltern – ich habe da jetzt ganz bestimmte Menschen vor Augen, deswegen sage ich das so. Manche hatten keine Väter, oder wenn, dann welche, die sie eher kaputt gemacht haben, die vielleicht selbst kein eigenes Rückgrat hatten. Man trifft also auf einen jungen Mann, der eigentlich nach Halt, Anerkennung und Liebe sucht, das nicht findet und so in die Radikalität abgleitet. Was er von außen nicht geschenkt bekommt, nimmt er sich selbst, und so bastelt er sich mühevoll mit dem Intellekt, den er hat, sein schützendes Korsett, seine Fassade, seine rechte Ritterrüstung zurecht, damit er endlich jemand ist. Habe ich als studierter Mensch ein Recht, ihm das sofort zu zerlegen und ihn als Persönlichkeit wieder total an die Wand zu drücken? Der kann doch gar nicht sagen, dass ich recht habe. Ich müsste ihn kaputt machen, und er hätte nicht mal die Chance, sich zu verteidigen. Ich will ihm zuerst Liebe geben, und dann kann er vielleicht seine Rüstung fallen lassen. Und dann können wir in eine politische Diskussion treten. Wenn die Leute mir dann vertraut haben, habe ich irgendwann gesagt: Hast du es denn nötig, diese braune stinkende Rüstung anzuziehen? Es gibt doch viel Schöneres, guck mal hier!»

So entwickelt sich das Gespräch, als sich plötzlich seine Frau Susanna einschaltet: «Und mir wird jetzt etwas klar. Markus ist immer schon christlich erzogen worden. Ich nicht. Mir hat damals, als ich meinen Weg heraus aus meiner Not suchte, nicht geholfen, dass mir jemand gesagt hat, ich habe dich total gern. Ich glaube, dass Wahrheit frei macht. Und die Art, wie du die Wahrheit gesagt bekommst, kann dich befreien von falscher Denke und falschen Gewohnheiten. So erziehen wir unsere Kinder. Wir sagen: Das, was du gemacht hast, war richtig Mist, aber dich liebe ich! Das ist ein Unterschied, und das kann man voneinander trennen, was jemand getan hat und wer er ist.

Markus: «Ich vermute, dass das, was Menschen sind und denken und sagen, dass all das verschmolzen ist, ja.»

Susanna: «Und ich glaube, das darf man trennen. Und vielleicht hättest du diesen jungen Menschen auch sagen können: Du bist ein toller Typ, aber, was du da denkst, ist daneben, weil du das du gar nicht nötig hast.»

Markus: «Ja, das gestehe ich ein. Wir haben auch deswegen Zwist, weil ich meist die Weichei-Art gefahren bin und die Gegenseite die Hardcore-Art. Meine Milde hat noch einen zweiten Grund: Ich war immer Außenseiter. Sicher, ich wusste auch mehr durch mein Elternhaus. Ich habe nicht nur West-fernsehen gesehen, wir hatten ganz viele kluge Leute bei uns, bis hin zu Weizsäcker. Da hat man automatisch andere Dis-kussionen und Informationen mitgekriegt. Aber dieses Ausge-stoßensein hinterlässt eine Wunde, und ich bin später hierher zurückgekommen, um wieder heil zu werden, das war mir klar. Ich habe die Gemeinschaft gesucht, habe sie gefunden und damit Heilung erfahren. Ich bin angenommen worden, ich bin sogar Bürgermeister geworden, für manch Jugend-lichen auch ein Papa-Ersatz und konnte selbst Gutes tun. Was hätte es mehr an Heilung geben können? Und dann macht der «Papa» den Fehler zu sagen: Ihr habt die fremden Kinder liebevoll aufzunehmen, sonst bin ich sauer auf euch.»

Ich staune. Wie wichtig es auch als Erwachsener immer noch ist dazuzugehören. Das erzählt mir ein Mann, der längst selbst Vater ist, der eine Frau hat, Freunde, der also eigentlich sagen könnte: Das ist mit nicht mehr so wichtig.

Wenn man das Glück mit Familie und Freunden nicht hat, und es gibt nur die eine rechte Gruppe im Dorf, ist es schwer zu widerstehen – wenn man nur ein, zwei Überzeugungen über Bord wirft, dann gehört man sofort dazu.

Ich frage Nierth, ob er die Lästereien gegen Ausländer zu DDR-Zeiten jetzt in einem andern Licht sieht.

Er antwortet: «Damals waren für mich Gemeinheiten und Sprüche eine harmlose Dummheit, jetzt ist es eine tätliche Bosheit.»

Von beiden will ich wissen, was das für Leute sind, die ge-gen die Flüchtlingsunterkunft demonstriert haben. Susanna antwortet zuerst:

«Diese 20, 30 Tröglitzer, die bei den Spaziergängen mitgelaufen sind, das sind zu großen Teilen Rassisten. Wenn eine Frau sagt: Tröglitz den Tröglitzern, und ich weiß, sie ist die Frau von einem Halbkasachen – was ist denn das für eine Denke? Diesen Spaziergängern sage ich: Du bist vielleicht kein Nazi, aber mit so einer Einstellung bist du ein Rassist. Du be- oder verurteilst Menschen, nur weil sie Moslems sind oder weil sie aus dem Ausland kommen. Das ist Xenophobie, das ist nicht zu leugnen.»

Markus ergänzt: «Anfangs dachte ich, das sind nur die schlichten Gemüter, die teilweise in zweiter Generation Hartz IV bekommen, das sind Verlierer, die ihren Platz nicht gefunden haben, und da kann ich nachvollziehen, dass sie Angst haben, zurückgedrängt zu werden und dass sie sich bedroht fühlen. Ich merke jetzt erst: Es gibt auch den unteren Teil der Mittelschicht, der sich bedroht fühlt, der es für sich real erlebt, dass es ihnen nicht mehr so gutgeht. Selbst wenn es denen immer noch bessergeht als in der DDR – wenn sie sich mit anderen vergleichen, geht es ihnen halt gefühlt schlechter. Es gibt aber auch Leute, die äußerst gut situiert sind, die es finanziell sichtbar zu einigem gebracht haben und die dennoch in ihrem Inneren voller Angst sind, vielleicht auch aus Habgier. Auch hier kann sich ein erschreckend naiver, aber durchaus tiefsitzender Rassismus äußern.»

Mittlerweile hat sich die Stimmung in Tröglitz gebessert, auch den beiden gegenüber, es muss seit Februar 2016 keine Polizei mehr vor der Haustüre stehen. «Wir gehen davon aus, dass wieder irgendetwas passieren kann, wenn irgendwo ein größerer Zeitungsartikel oder so erscheint», meint Susanna.

Die Nachwirkungen merken sie auch beruflich. Markus

ist Trauerredner, Susanna leitet eine Tanzakademie – beide haben 30 Prozent Umsatzeinbußen. Eine Geschichte von Susanna macht deutlich, dass das kein Zufall ist: «Ich habe ein konkretes Beispiel, da hat eine Mutter vier Wochen am Probeunterricht mit ihrer Tochter bei mir teilgenommen, sie saß also vier Wochen lang mit im Saal und konnte sehen, wie ich Unterricht mit kleinen dreijährigen Kindern mache. Die Tochter und ich haben uns geliebt. Und die Mutter ruft mich an und sagt: Wir können nicht mehr kommen. Und ich denke, na gut, okay, vielleicht liegt es an der Uhrzeit oder am Geld, das kann ja passieren. Aber sie fragt: Haben Sie kurz Zeit? Ich würde Ihnen gerne erklären, warum. Wir können nicht, weil die Eltern der besten Freundin unserer Tochter uns ganz deutlich zu verstehen gegeben haben, dass sie nichts mehr mit uns zu tun haben wollen, weil Sie die Kinder manipulieren. Ich entgegne, dass sie das doch vier Wochen lang gesehen habe, dass ich das nicht tue. Aber die Mutter sagt: Ich weiß, aber wir brauchen Ruhe im Ort. Dann habe ich das Telefonat schnell beendet und überlegt: Wen finde ich jetzt eigentlich schlimmer? Die, die solche Lügen über mich erzählen? Oder die, die sich so beeinflussen lassen?»

Es ist nicht einfacher geworden. Markus erzählt: «Ich bin unsicher, wie ich mich verhalten soll. Wir waren bei der Demonstration nach dem Brand auf dem Friedensplatz, da kamen 300 Leute, 80, 90 aus dem Ort, der Rest von außerhalb. Auch Ministerpräsident Haseloff und Parteichefs aus Magdeburg waren dabei, aber auch fast zehn oder 20 der Spaziergänger, von den Rechten. Und ich bin zu einem NPD-Mann gegangen und habe gesagt: ‹Wie dreist seid ihr eigentlich? Kannst du hier gefälligst verschwinden?›» Das zu sagen ist mir schwergefallen. Ich weiß bis heute nicht, wie ich mit denen umgehe. Ich grüße die nicht mehr, und ich habe früher jeden gegrüßt. Ich will denen so zeigen: Mit entschlossenen Rassisten möchte ich nichts zu tun haben und zeige dir das so. Dazwischen gibt es viele Leute, aus denen ich noch nicht schlau werde, da habe ich mich noch nicht entschieden, deswegen gehe ich auch ungern in den Ort.»

Dieses demonstrative Zeigenwollen, dass man nicht einverstanden ist, das kenne ich. Und auch das komische Gefühl dabei. Ich habe mal in einem Supermarkt gearbeitet, als Pförtner für den Personaleingang. Morgens um halb sechs kamen die Ersten, die die Regale einräumten. Darunter war auch ein stadtbekannter Nazi, der für die NPD aktiv ist. Er war der Einzige, den ich nie gegrüßt habe. Und das ist mir schwergefallen. Es knirscht kurz im Hirn, als würde man etwas mit der falschen Hand schreiben. Es muss wirklich extrem anstrengend sein, bei jedem im dem Dorf zu überlegen: «Linke oder rechte Hand?»

Wie hätte man das alles vermeiden können? Ich frage die beiden, was sie im Nachhinein anders machen würden,

Markus: «Der hauptamtliche Bürgermeister von Elsteraue hätte eine Gemeindeversammlung einberufen müssen, frühzeitig, wenn das schon der Landrat nicht machte. Ich habe überlegt, das notfalls selbst zu machen, in Eigenregie, obwohl man noch nicht wusste, wer genau kommt, aber um schon einmal grundlegende Fakten zu klären. Aber ich hatte nicht das Fachwissen und nicht genügend Informationen. Das allein zu wagen wäre sicher danebengegangen, bei der aufgeheizten Stimmung.»

Susanna: «Wenn mehr Leute aus der Mitte bei uns gestanden hätten, wäre es vielleicht auch anders geworden: alle Partei-Fraktionen, nicht nur die Linken. Der Ortschaftsrat, der Gemeinderat, wenn die positionierter gewesen wären und den Arsch in der Hose gehabt hätten, dann wäre es anders gekommen, da bin ich mir sicher.»

Jetzt schlägt meine Harmoniesucht durch, und ich frage: «Kann es sein, dass sich die Tröglitzer an ihre Flüchtlinge gewöhnen und so Vorurteile abbauen?»

Markus: «Ja, man kann erleben, dass Kinder aller Couleur auf der Straße spielen. Die Menschen geben ihren Kindern Sachen mit für den Flüchtling. Bei den wirklich nur besorgten Bürgern werden die Sorgen verschwinden. Bei den Rassisten wird das harte, böse Herz bleiben, weil es ja gar nicht um die Flüchtlinge geht, sondern darum, dass Leute mit sich und ihrem Leben nicht zufrieden sind.»

Diese Antwort klingt eigentlich ganz hoffnungsvoll, aber sie versöhnt mich nicht. Ich sitze lange mit den beiden im Garten, und ich kann immer besser nachvollziehen, wie die Stimmung hier war, wie die Erlebnisse noch immer auf den beiden lasten.

Als ich im Auto sitze und durch die Nacht fahre, denke ich, dass ich mir als Jugendlicher immer genau so die Nazizeit vorgestellt habe. Ich habe mich damals gefragt, wie das wohl war, als man nicht mehr offen seine Meinung sagen durfte, besser den Mund hielt und Repressalien ausgesetzt war, wenn man Widerstand leistete, als man sich gut überlegen musste, mit wem man worüber sprechen konnte. Was die beiden erzählten, ist davon nicht allzu weit entfernt. Sie kennen viele Menschen, die eingeknickt sind, in vorauseilendem Gehorsam oder vorauseilender Angst, die sich nicht gegen die Rassisten gewehrt haben. Aber es gab auch im Ort einige, die Mut gemacht haben, außerdem äußern sich beide sehr positiv über die Polizei, Markus erzählt, dass einige Polizisten sie sogar ermutigt hätten weiterzumachen.

Und Susanna: «In meiner Familie gibt es einige Polizisten, aber ich komme politisch mehr aus der links-alternativen Szene. Da hab ich viele ungute Szenen in Erinnerung, aber dieses Jahr hat mich mit der Polizei versöhnt.»

Ich sage ihr, dass mein Eindruck von der sächsischen Polizei ein ganz anderer war.

«Ja, hier sind wir auch in Sachsen-Anhalt. Die Polizei sagt selber, dass die sächsische Polizei das schlecht macht, das ist denen bewusst.»

Susanna und Markus haben eine innere Überzeugung, gegen die sie nicht handeln können, weil sie Teil ihrer Identität ist. In ihrem Fall ist das der christliche Glaube, bei anderen eine humanistische Überzeugung, eine Prägung, die über alle Zweifel erhaben ist.

Für die, die keine solche innere Überzeugung haben, sind andere Fragen wichtig: Wie leicht fällt es, Widerstand zu leisten? «Wenn mehr Leute aus der Mitte bei uns gestanden hätten, wäre es vielleicht auch anders geworden», meinte Susanna. Ich kann mir gut vorstellen, wie wichtig es für die beiden schon war, dass sie von der Polizei unterstützt wurden. Wie wichtig ist es dann erst für Menschen, die nicht so mutig sind wie diese beiden, von offizieller Seite bestätigt zu bekommen, dass es okay ist, Widerstand zu leisten?

Offenbar kann es dann klappen: Im sächsischen Bautzen, einem Ort, der genauso groß ist wie Freital, wurde im Februar 2016 eine Flüchtlingsunterkunft angezündet. Die Reaktion von Bürgermeister Alexander Ahrens ist: Jetzt erst recht. Er holt mehr Flüchtlinge nach Bautzen und setzt sich für deren

Integration ein. Der Bevölkerung hört er weiterhin zu, aber ohne seine klare Haltung aufzugeben – nach seiner Einschätzung kommt das an, er ist angesehen im Ort. Schon ein halbes Jahr vor dem Anschlag startet er mit dem Slogan in den Wahlkampf, dass es mit ihm keine Politik gegen Flüchtlinge geben wird – er wird gewählt, obwohl viele das nicht für möglich halten. Bei der Landtagswahl hatte Bautzen den höchsten Stimmanteil für AfD und NPD in ganz Sachsen.

Eine klare Haltung von offizieller Seite hilft denen, die keine haben. Und ich höre immer wieder, dass sich die sächsische CDU nicht positioniert. Oder wenn, dann in die andere Richtung. Mitte Juni sagt der sächsische CDU-Politiker und Fraktionsvize im Bundestag, Michael Kretschmer, im Zuge der Debatte, die Maghreb-Staaten zu sicheren Herkunftsländern zu erklären: «Die Grünen müssen sich hier und jetzt entscheiden: Wollen sie Anwalt der Mehrheit der deutschen Bevölkerung sein oder derjenigen Menschen, die nicht hierhergehören.»

Dazu kommt das Verhalten von Justiz und Polizei. Offenbar ist die sächsische Polizei so verschrien, dass das sogar ihre Kollegen aus Sachsen-Anhalt bestätigen.

Als ich ins Auto steige, stehen ein, zwei Nachbarn der Niehrts an der Straße und gucken zu mir rüber, ihre Kinder spielen auf der Straße. Ich überlege, zu welcher Seite die wohl gehören. Wie schauen die mich an? Neugierig oder abschätzig? Es dämmert schon, ich kann es nicht richtig sehen. Als ich auf die Autobahn nach Berlin fahre, atme ich aus.

Ich habe die Schnauze voll. Das darf doch einfach nicht sein. Wie kann man denn so wenig sehen wollen von der Welt? Warum wird aus Angst denn so schnell Hass? Ich will nicht mehr, möchte keinen einzigen Besorgten mehr treffen, und mir gehen Markus' Worte lange nach: «Ich war ein Weichei.»

Bin ich ein Weichei? Bin ich ein Pegidaversteher? War mein Plan nicht von vornherein dämlich?

Ich finde, ich muss mal ein Wort mit der sächsischen CDU reden. Auf die konzentriert sich gerade meine Wut: Ihr seid feige, und ihr habt noch nicht mal eine gute Ausrede dafür. Ihr wohnt nicht in Tröglitz und müsst befürchten, auf die Fresse zu bekommen. Ihr wollt einfach keine Wähler verprellen, das war's. Ihr seid eine Volkspartei, ihr habt noch wirklich Einfluss, warum redet ihr den Rechten nach dem Mund? Das will ich von den sächsischen CDU-Politikern wissen. Und tatsächlich: Sie wollen antworten, anscheinend sehr gern. Als ich am Samstag, es ist schon Abend, ihren Pressesprecher anrufe, geht er sofort ran. Ich entschuldige mich für die späte Störung, er klingt begeistert, mit mir zu telefonieren, als sei er gerade sowieso auf einem langweiligen Pärchenabend gefangen. Ja, Gesprächspartner, gern, er kümmere sich. Ein paar Tage später bin ich verabredet mit dem innenpolitischen Sprecher der CDU-Fraktion im Landtag, Christian Hartmann.

Bei der Landtagswahl im März bekam der AfD-Kandidat in dem Wahlkreis, zu dem Tröglitz gehört, die Mehrheit der Erststimmen, 35 Prozent. Es ist der Spitzenkandidat der AfD in Sachsen-Anhalt, André Poggenburg.

Die sächsische CDU: Toleranz der Intoleranten

Ich treffe Christian Hartmann im sächsischen Landtag, bin verspätet und verschwitzt, denn ich musste zum Landtag joggen; jetzt stehe ich schwer atmend und wenig souverän vor ihm. Hartmann ist groß, mit breitem Gesicht, er schüttelt kräftig meine Hand. Er beäugt mich etwas skeptisch, aber keinesfalls unfreundlich. Wir gehen in sein Büro. Ich blicke mich um: *Das* ist sein Büro? Ich befinde mich in einer Kammer, schmucklos eingerichtet, sie ist ungefähr sechs Quadratmeter groß. Hartmann ist offenbar leidensfähig. Durch die ganze Rennerei, meine Verspätung, die intime Atmosphäre der Kammer bin ich etwas kleinlaut geworden. Von der Wut aus Tröglitz konnte ich wenig herüberretten. Aber Hartmann nimmt sich Zeit, über anderthalb Stunden werden wir reden – genug Zeit auch für mich, um wieder wütend zu werden.

Ich frage ihn, warum in Dresden seiner Meinung nach Pegida entstehen konnte – Hartmann ist doppelter Experte, er ist auch Vorsitzender der CDU Dresden. Er hat offenbar lange darüber nachgedacht. Hartmann, das soll sich im Laufe des Gesprächs herausstellen, sagt sehr, sehr viel.

Weil Hartmann so viel sagt, stehe ich vor einem Problem: Alles, was ich von seinen Aussagen wiedergebe, ist zwangsläufig verkürzt. Aber was ich doch deutlich heraushöre, ist Verständnis für Pegida. Er möchte der Kanzlerin den Satz «Wir schaffen das» nicht vorhalten, findet aber auch, dieser Satz sei zu kurz gegriffen. «Das ist das Schröder'sche ‹Basta›, und das nimmt die Menschen nicht mit.»

Christian Hartmann findet häufiger, dass etwas natürlich so ist, aber natürlich auch das Gegenteil stimmt.

Unstrittig ist auch, dass in der Pegida-Bewegung rechte Strukturen zu finden sind, die Hooligan-Szene, die freien Kameradschaften, die diese Plattform nutzen, um Mitglieder zu rekrutieren. «Aber das Faszinierende ist, wenn Sie mal bei einer solchen Veranstaltung waren: Da stehen Gruppen, die unterhalten sich miteinander, die interessiert aber überhaupt nicht, was da vorne erzählt wird.»

Aber wie ist denn Hartmanns Meinung dazu? Wie sollte man mit Pegida umgehen, mit den rechten Strömungen, die sich auch in der AfD finden? Wie steht die CDU dazu?

Hartmann antwortet: «Wenn Sie sagen, es gibt große Schnittmengen zwischen Pegida und AfD, dann muss ich sagen: Es gibt auch Schnittmengen zwischen der AfD und der CDU. Und schon deshalb, weil die AfD sehr viel Programmatik der 1990er Jahre der Union als Grundlast vor sich herträgt. Auf das Zehn-Punkte-Papier von Pegida habe ich entgeistert geguckt, denn das war Programmatik der Union. Und wenn Sie sich umschauen: Wir sind uns ja in vielen Positionen parteienübergreifend einig, Schnittmengen sind aber trügerisch. Es gibt auch Schnittmengen zwischen der CDU und den Grünen. Dann müsste man im Umkehrschluss sagen, die Grünen haben Schnittmengen mit der AfD.»

Ich überlege, was meine Frage war. Und dann überlege ich, auf welche Frage er geantwortet haben könnte. Vielleicht: «Glauben Sie, dass inhaltliche Schnittmengen von Parteien etwas darüber aussagen, ob diese zusammenpassen?» Oh, toll, das Spiel macht Spaß – das ist wie *Jeopardy*, die alte Show, in der man die Frage zu einer Antwort finden musste. Ich wähle die Kategorie «Nachhaken» mit 100 möglichen Punkten und stelle folgende Frage: «Nichtsdestotrotz: Wie gehe ich mit Pegida und AfD um und wie mit Menschen, die rassistisches Gedankengut verbreiten?»

Hartmann: «Für mich ist Ihre Fragestellung Teil des Problems. Wenn meine Motivation als Teil des sogenannten Establishments die ist, das Problem kleinzuhalten, dann habe ich im Kern wohl nicht verstanden, was das Thema ist. Diese Bewegung und auch die AfD sind ein Angebot an Bürger, die unzufrieden sind. Also ist doch die erste Frage, die ich mir stellen muss: Was ist meine Position gegenüber den Bürgern? Das ist die Lektion, die wir daraus ziehen müssen.»

Ich fasse seine Antwort zusammen: Meine Frage klingt so, als seien Pegida und AfD ein Problem, das Problem sind aber die alten Parteien. Man muss wieder thematisch auf die Bürger zugehen. Hartmann benennt die Neuerungen unserer Zeit, bei denen die Menschen nicht mehr mitkommen, und vor allem geht es ihm darum, Deutschland zukunftsfähig zu machen:

«Und wenn ich dann mitbekomme, dass wir anfangen, uns einem Mittelmaß zu ergeben, dann stellt sich die Frage: Wie bekomme ich eine relativ satte Gesellschaft dazu, Leistungsanreize zu fahren? Das können Sie sich hier an der TU Dresden anschauen – wir haben hier Studenten aus Osteuropa oder Asien, die mit wenig Deutschkenntnissen, aber starkem Willen herkommen, nach zwei Jahren ein veritables Deutsch sprechen und in der Regelstudienzeit mit vielfach sehr guten Ergebnissen abschließen.»

Die Antwort auf Pegida ist es, mehr Leistung zu fordern? Ich entgegne: «Aber ist das nicht genau das Problem, dass die Leute nicht mehr mitkommen?»

Hartmann: «Und dann sind Sie bei dem Problem, dass jemand jemanden kennt, die bekommt 1000 Euro, arbeitet, kommt damit nicht hin, und eine andere hat drei Kinder und sitzt sich den Arsch breit auf Hartz IV. Die Asyl- und Flüchtlingspolitik ist ein Beschleuniger dieser Diskussion. Ich persönlich glaube: Wir haben es objektiv mit Menschen zu tun, die aus Krisengebieten fliehen. Und die Leute, die hierherkommen, sind höchst unterschiedlich. Da sind auch gebildete Menschen dabei. Aber dieselbe Wahrheit ist, dass die Menschen fliehen, egal mit welchem Bildungsniveau. Und es ist Realität, dass über die Hälfte nicht über Bildungsabschlüsse verfügt. Dann ist es doch gut gemeint und schlecht gemacht, wenn das BAMF Statistiken veröffentlicht, in denen steht, da kommt jemand aus Afghanistan, der hat neun oder zwölf Jahre Schule besucht. Wir wissen doch alle, dass das nicht vergleichbar ist mit unserem Bildungssystem.»

Ich weiß es nicht: War das jetzt eine Antwort auf meine Frage? Ich verstehe die Antwort nicht. Also: Ich verstehe sie schon, gut sogar. Es geht um Neid, um Leistungsbereitschaft, dass Flüchtlinge sich nicht sofort in den Arbeitsmarkt integrieren und dass es nicht hilft zu beschönigen. Stimmt ja auch alles, irgendwie. Aber meine Frage war, ob die Leistungsgesellschaft nicht auch schuld daran ist, dass Menschen nicht mehr mitkommen, sich benachteiligt fühlen und deswegen Flüchtlingen die Schuld geben. Oder ist seine Antwort eine Frage, und ich muss antworten? Ich weiß gerade nicht mehr, wohin wir fahren, aber mir ist schon ganz schwindelig. Wenn man see-krank wird, soll man seinen Blick auf den Horizont fixieren, das hilft dem Körper, sich zu orientieren.

Ich fixiere mich jetzt auf meine Frage. Ich will wissen, wie die CDU Sachsen zu Fremdenfeindlichkeit steht. Ich versuche es noch einmal, den Horizont fest im Blick. Hatte er sich nicht schon einmal konkret zu diesem Thema geäußert? «Sie haben Linkspartei, Grüne und SPD stark attackiert, weil sie Pegida angegriffen haben. Sie sagten, dass hätte Gräben eröffnet.»

Hartmann: «Ich habe das jetzt weniger, aber meine Partei hat das getan, ja.»

«Aber das haben Sie gesagt, in der *Bild*?»

Ja, das Fragezeichen sehen Sie richtig. Ich flehe ihn eher an, die Frage zu beantworten, als das ich dagegenhalte.

Hartmann: «So hab ich das nicht gesagt, aber wenn Sie das so zusammenfassen, okay.»

Tatsächlich lautet seine Antwort genauso, nur dass es um die Oberbürgermeisterin Dresdens ging. Die *Bild* sagte, dass OB Helma Orosz (CDU) einen harten Kurs gegen Pegida führe, und Hartmann antwortete: «Als Vertreterin aller Dresdner hat sie sich aus heutiger Sicht zu schnell positioniert. So wurden Gräben geschaffen. Für einen Dialog müssen diese zuge-schüttet werden.»

Dazu passt meine Frage: «Sorgt man mit mangelnder Positionierung nicht dafür, dass auch Rassismus akzeptiert wird?»

Hartmann: «Sie können Toleranz nicht mit dem Knüppel verordnen. Sie können nicht die liberale, plurale Gesellschaft in ihrer Vielfalt einfordern und gleichzeitig – und das werfe ich Rot-Rot-Grün vor – durch Stigmatisierung ausgrenzen. Man fordert Toleranz gegenüber Minderheiten ein, und wenn ich nicht bereit bin, diese Toleranz aufzubringen, werde ich stigmatisiert. Man muss doch die Frage stellen, ob ein Intoleranter nicht auch ein Toleranzschutz hat. Wenn ich reklamiere, dass dies eine offene, freie Gesellschaft ist, in der jeder nach seiner Façon selig werden darf, muss ich dann nicht auch aushalten, wenn mir Meinungen nicht passen? Muss ich zum Schluss nicht auch aushalten, dass jemand sagt ‹Ich will keine Ausländer haben›? Wir fordern eine Liberalität, aber nur solange sie ins eigene Weltbild passt. Wir brauchen einen Diskus darüber, was eigentlich Meinungsfreiheit ist. Und dazu gehört vielleicht neben der Erkenntnis, dass es eine legitime Linke gibt, auch dass es eine legitime Rechte gibt. Und dann findet ein Diskurs statt, ohne sich die Schädel einzuschlagen – und da tritt die Trennschärfe ein. Die Frage einer wirklich offenen Gesellschaft ist: Wo ist die Grenze zwischen ‹Ich will keine Ausländer› und ‹Ich werde gewalttätig, ich rufe andere zur Gewalt auf und es kommt zu Übergriffen›.»

Huch, da ist sie wieder, meine Wut! Es ist wirklich so, hier wird nicht mal groß drumherum geredet: Klar ist es schlimm, wenn Straftaten begangen werden, aber ansonsten ist Rechtsextremismus ja erst einmal eine Meinung wie jede andere. Die Grenze zur Straftat ist doch hauchdünn! In Freital und Tröglitz gab es eine aufgeladene Stimmung gegen ein Flüchtlingsheim, bevor Anschläge passierten. Das kann man doch nicht losgelöst sehen und sagen: Solange ihr nur gegen Ausländer seid, ist es völlig okay. Klar sollte jeder eine Waffe besitzen – aber wehe, einer benutzt sie!

Allerdings betont Hartmann immerhin: «Ich glaube schon, dass wir hier in Sachsen ein Problem mit Ausländerfeindlichkeit und Rechtsextremismus haben. Und dem muss man sich stellen, und dort, wo Menschen gewalttätig werden, ob gegen Personen oder Sachen, muss der Staat mit aller Konsequenz dazwischengehen. Da reagieren wir auch drauf, ich nenne nur mal das Operative Abwehrzentrum (OAZ), das mit über 70 Prozent Aufklärungsquote auch verdammt gute Arbeit leistet.»

Das Operative Abwehrzentrum ist 2012 geschaffen worden und eine Zentralstelle für die Ermittlung von extremistischen Straftaten in Sachsen. Es ermittelte auch in Freital. Eine gute Sache. Aber Hartmann will nicht ins Schwärmen geraten: «Man muss den Protest gegen Asylbewerber aber auch in den Kontext setzen. Wenn die Ausländerkriminalität steigt, sind Rot-Rot-Grün die ersten, die sagen, ‹Mehr Ausländer heißt natürlich auch mehr Straftaten› und damit haben sie recht. Aber das heißt im Umkehrschluss: Mehr Asylbewerberheime, mehr Übergriffe.»

Ich mag Analogien sehr! Wir müssen nur die richtige finden! Das ist jetzt ein bisschen wie *Memory*. Finde die Gesetzmäßigkeiten, die übereinstimmen. Herr Hartmann und ich haben uns offenbar zu einem Spielenachmittag verabredet. Ist okay, ich mache gerne mit.

Also: ‹Mehr Ausländer heißt natürlich auch mehr Straftaten› meint: Wenn 1000 Ausländer kommen, sind darunter mehr kriminelle Ausländer, als wenn 100 kommen, klar.

Jetzt hebt Herr Hartmann eine zweite Karte: ‹Wenn es mehr Asylbewerberheime gibt, gibt es auch mehr Übergriffe› steht drauf. Passt das zur ersten Karte? Hm. Nee, passt nicht. Ah, da habe ich eine passende: ‹Unter 1000 Deutschen sind mehr Rechtsradikale als unter 100 Deutschen›. Ja, das passt.

Aber was passt jetzt zu ‹Wenn es mehr Asylbewerberheime gibt, gibt es auch mehr Übergriffe›? Da, ich habe die passende Karte: ‹Wenn es mehr Geschäfte gibt, gibt es auch mehr Diebstähle.› Das klingt nach einer guten Analogie.

Hartmann gibt auch immer wieder zu, dass es Probleme gibt. Als es noch um Pegida ging, sagte er, dass man nach 1990 die politische Bildung vernachlässigt habe: «Es ist erschreckend, wie wenig Kenntnis über politische Verantwortungs- und Beziehungsebenen die Menschen haben. Ich wurde neulich angesprochen, dass die Politik von der Merkel ja nicht ginge, das müsse ich ihr sagen. Da habe ich geantwortet, ‹Is gar kein Problem, wenn ich am Sonntag wieder bei ihr zum Eintopfessen bin, dann spreche ich mit ihr darüber.› Und die Leute glauben das. Dann sag ich: ‹Quatsch, glauben Sie denn ernsthaft, dass ich zur Merkel komme?›»

Hartmann sieht auch, dass hier im Osten Fremden anders begegnet wird: «Bei uns in der CDU ist es ein Unterschied, ob Sie es mit einem Christdemokraten zu tun haben, der hier verwurzelt ist, und einem Christdemokraten, der Anfang der neunziger Jahre hierhergekommen ist. Ich habe bei mir jemanden, der ist 1992 aus Stuttgart gekommen, der hat eine ganz andere Tiefenentspanntheit in Sachen Umgang mit Asylbewerbern und Ausländern.»

Irgendwann frage ich: «Also muss man sehr viel in Bildung investieren?»

Hartmann: «Zweifelsohne. Aber Sie werden auch mit Bildungsangeboten alleine nicht viel erreichen, wenn Sie keine Leistungsfähigkeit schaffen.»

Wahnsinn. Schon ist Hartmann wieder bei seinem Lieblingsthema. Ich gebe auf, etwas finden zu wollen, auf das wir uns einigen können. Vorher aber höre ich mir noch sein Beispiel an: «Schauen Sie sich doch mal den Durchschnitt an. Ich mache das an einem einfachen Beispiel fest. Da gibt es ein Sportfest in der Schule, da prämieren wir nicht mehr Platz 3 bis 1, sondern alle bekommen eine Medaille, weil sie mitgemacht haben. Befördern wir so Leistung schon im Kindesalter?!»

Als ich den sächsischen Landtag verlasse, habe ich das Gefühl, für diesen Spielenachmittag mindestens eine Medaille verdient zu haben. Wird sich die sächsische CDU jemals verändern? Oder hat sie so viel Angst vor ihren Wählern, dass sie bei Rechtsextremismus immer beschwichtigen wird? Ich habe wenig Hoffnung, denn als es um Beschleunigung geht, sagt Hartmann: «Und dann sind wir beim Faktor Zeit. Der Wal hat über 25 Millionen Jahre gebraucht, um sich von einem Paarhufer zum Wal zu entwickeln. Das Christentum ist über 2000 Jahre alt, und wir glauben immer, dass wir alles in zwei, drei Jahren ändern müssen.»

Ich beschließe, zu Hause eine Runde «Mensch Ärgere Dich nicht» zu spielen. Allein.

Das Wochenmagazin der Frankfurter Allgemeinen Zeitung berichtet Ende April 2016 davon, dass die Radikalisierung von Menschen, die sich bisher nichts haben zuschulden kommen lassen, anstieg. Noch 2014 waren in Sachsen nur 13 Prozent unbeschrie-

bene Blätter, 2015 war es mehr als ein Drittel, bundesweit hatte 2015 fast die Hälfte der tatverdächtigen Angreifer bisher nichts mit der Polizei zu tun gehabt. Inzwischen gehen Sicherheitsbehörden davon aus, dass bis zu 70 Prozent solcher Täter bisher der Polizei nicht aufgefallen sind.

Malu Dreyer: «Ich kann nicht nachvollziehen, wie viel Raum die AfD erhält.»

Einige Zeit später breche ich auf zum Gegenpol zur sächsischen CDU, zumindest in der Frage, wie man mit Pegida und AfD umgeht. Ich treffe die rheinland-pfälzische Ministerpräsidentin Malu Dreyer in der Staatskanzlei in Mainz. Sie hatte sich entschieden, im Wahlkampf nicht gemeinsam mit der AfD an Podien oder Fernsehdiskussionen teilzunehmen. Die Strategie ging offenbar auf, sie gewann die Wahl. Nicht nur deswegen, aber auch. Und das, obwohl sie in der SPD ist. Ich frage sie, warum sie sich damals entschieden hat, so mit der AfD zu verfahren. Sie antwortet: «Damals war die AfD in Rheinland-Pfalz nicht im Landtag, und ich wollte nicht eine Partei, die aus meiner Sicht in Teilen mehr als rechtspopulistisch und radikal ist, aufwerten, indem ich gemeinsam mit ihren Vertretern an einer Talkshow teilnehme. Ich war der Auffassung, es ist besser, ihnen nicht dauernd ein öffentliches Forum zu geben. Zum damaligen Zeitpunkt ging es der AfD vor allem darum, bekannt zu werden und Öffentlichkeit zu bekommen. Erst bei den ganz großen Talkshows hat man dann zum ersten Mal die Protagonisten so richtig kennengelernt. Die AfD ist keine Partei, die die Argumentation sucht. Sie sucht das öffentliche Forum, um ihre Positionen bekannt zu machen. Aber nicht, um sich mit anderen Podiumsteilnehmern auseinanderzusetzen, zu argumentieren, sondern um populistisch zuzuspitzen.»

«Aber kann man das nicht innerhalb einer Debatte sichtbar machen?»

«Daran üben sich ja sehr viele, und ich finde, dass es meistens nicht gelingt. Es hat natürlich auch mit der Konstellation zu tun, denn meistens sieht es dann so aus, dass viele sich mit dem einen Kandidaten der AfD auseinandersetzen. Fünf gegen einen oder vier gegen einen, das provoziert häufig einen unangemessenen Solidarisierungseffekt nach dem Motto ‹Alle hacken auf mir rum›.»

Lange bevor ich den Termin bei der Ministerpräsidentin bekommen habe, war ich mir sehr unschlüssig, wie ich ihr Verhalten finde. Ich fand es unsouverän, nicht mit der AfD diskutieren zu wollen. Viele Medien haben es als undemokratisch bezeichnet. Jetzt, am Ende meiner Reise, nach den Gesprächen mit Politikern der AfD, kann ich sie besser verstehen: Es geht gar nicht darum, dass man eine Partei ächtet und quasi an den Pranger stellt, es geht darum, ob sich in einer Diskussion alle an die Spielregeln halten. Dazu passt das Lieblingszitat eines guten Freundes: «Spiele nie mit einer Taube Schach. Egal wie gut du spielst, die Taube wird alle Figuren umwerfen, auf das Brett kacken und herumstolzieren, als hätte sie gewonnen.» Und oft habe ich in Gesprächen gemerkt: Da wird einfach eine Behauptung aufgestellt, dann noch eine und noch eine, und man kommt gar nicht hinterher, die Behauptungen zu widerlegen oder auch nur zu überprüfen. Für den Zuschauer eines TV-Duells ist das nervig und wirkt schnell besserwisserisch. Die Basis eines guten Gesprächs ist ja eigentlich, dass man davon ausgeht, dass der andere nicht lügt. Wie kann man gewinnen, ohne zu lügen?

Ich frage Malu Dreyer: «Wie könnte man denn diesem Solidarisierungseffekt begegnen?»

«Ich glaube, dass man eine AfD nicht in Talkshows outen kann. Ihre Vertreter haben eine Art zu sprechen, die ihre Inhalte teilweise verschleiert. Es müsste ein Format geben, in dem man einfach sehr viel Zeit für diese Personen hat. Das gelingt ja manchmal bei Interviews in Printmedien, wo Redakteure wirklich lange mit AfD-Vertretern sprechen. Aber unabhängig davon kann ich persönlich es nicht nachvollziehen, wie viel öffentlichen Raum und Aufmerksamkeit die AfD erhält. Und wie unkommentiert die oft regelrecht gefährlichen Positionen und Aussagen wiedergegeben werden.»

Die Ministerpräsidentin schweigt die AfD jetzt aber nicht fünf Jahre lang an: «Die AfD ist nun in unseren Landtag gewählt, eine demokratische Entscheidung, und jetzt geht es darum, sich parlamentarisch mit ihr auseinanderzusetzen, und das unter demokratischen Spielregeln. Und die müssen dann auch ganz klar von der AfD eingefordert werden. In der ersten Plenarsitzung gab es zum Beispiel von der AfD Zwischenrufe wie «Brandstifter» und anderes. Da offenbart sich dann nebenbei gesagt ihre Geisteshaltung. Man muss hier immer wieder die demokratischen Regeln einfordern und gleichzeitig in der Sache die Diskussion suchen. Das halte ich für sehr wichtig. Es ist ganz oft so, dass AfD-Vertreter in Floskeln sprechen, ohne dass unmittelbar erkennbar ist, was eigentlich die Aussage dahinter ist. Einen inhaltlichen Antrag der AfD zu unterstützen, halte ich für nicht denkbar. Es gab natürlich Absprachen zur Geschäftsordnung, auch mit der AfD, und das halte ich auch für richtig. Man kann sie nicht bei demokratischen Spielregeln ins Abseits stellen.»

Dieses Interview ist natürlich schon mal geglättet worden. Deswegen klingt Malu Dreyer ein bisschen wie eine Antwortmaschine. Das ist sie im besten Sinne nicht. Sie ist die einzige Politikerin, die sehr präzise auf meine Fragen antwortet – anders als so mancher Kollege, der meine Frage nur als Stichwort nahm und so lange redete, bis ich ihn unterbrach. Malu Dreyer antwortet in fünf Sätzen und schweigt dann. Wenn sie etwas nicht weiß, dann sagt sie: «Das weiß ich nicht» oder: «Das habe ich mich auch schon oft gefragt.»

Vielleicht stelle ich ihr deshalb eine Frage, die keine ist: «Die meisten grünen Wähler haben SPD gewählt, weil Sie sich in der Flüchtlingsfrage positioniert haben. Das ist ein großes, wichtiges Thema für die Grünen-Wähler, also sind sie zur SPD gegangen. Und die CDU-Wähler haben sich wohl gedacht, wenn Julia Klöckner so herumeiert, dann können wir auch gleich das Original wählen, dann gehen wir zur AfD.»

Zum Glück antwortet die Ministerpräsidentin:

«Ich habe schon immer die Auffassung vertreten, dass es in diesen Zeiten mit der AfD einer konservativen Partei gar nichts nutzt, noch weiter nach rechts zu rücken, um hier auf Stimmenfang zu gehen. Das gilt genauso umgekehrt im linken Spektrum. Die Leute wählen lieber das Original. Aber die grünen Wähler, die haben ja teilweise mich gewählt, weil es um die Frage ging: Dreyer oder Klöckner? Das hat schon eine große Rolle gespielt.»

Also: Man kann auch Wahlen gewinnen, wenn man sich klar gegen die AfD positioniert. Ich glaube, entscheidend ist: *wie* man das macht: Bernd Grimmer, der Pforzheimer AfD-Kandidat, führte seinen Erfolg darauf zurück, dass die anderen Parteien ihn wie einen Kinderfresser dargestellt hätten.

Fazit: Wer Angst hat

Zu Beginn meiner Reise habe ich mich gefragt: Was wollen die besorgten Bürger eigentlich wirklich? Geht's denen vielleicht um eine konstruktive Kritik an der Flüchtlingspolitik? Haben sie recht damit, wenn sie sich verunglimpft fühlen?

Ich habe mit genug Menschen gesprochen, um zu wissen: Ja, es gibt viele, denen Angst macht, dass Fremde hierherkommen – oder die sich zumindest über die Umstände sorgen, unter denen das geschieht. Manchmal ist die Angst berechtigt, manchmal ist sie überzogen und hat einen wahren Kern, manchmal bin ich auf reine Hirngespinste gestoßen.

Ich hatte längst nicht genug Zeit, um immer und bei jedem genau herauszufinden, was eine wirkliche Sorge ist und wann Ängste vorgeschoben wurden, um Hass zu kaschieren. Aber mir ist im Gespräch mit besorgten Bürgern aufgefallen, dass bei ihrer Angst der Hass meistens nur ein paar Haustüren entfernt ist, dass neben der Angst die Vorurteile wohnen, neben den Vorurteilen der Nationalismus, neben dem Nationalismus die Fremdenfeindlichkeit und neben der Fremdenfeindlichkeit der Rassismus.

Das heißt nicht, dass eines zwangsläufig zum anderen

führt. Aber der Weg ist kurz. Es heißt auch nicht, dass jeder, der Angst hat, ein Rassist ist. Aber besorgte Bürger haben sich eine schlechte Nachbarschaft für ihre Ängste gesucht.

Regelmäßig organisieren Pegida und AfD Nachbarschaftsfeste, zu denen alle Ausformungen von Angst und Hass herzlich eingeladen sind. Wenn die Aussagen der AfDler, die ich getroffen habe, halbwegs repräsentativ sind, muss man sagen: Die meisten machen sich keine Sorgen, dass die AfD sich nicht nach rechts abgrenzt. Es gibt ein paar rühmliche Ausnahmen. Aber die sind eine klare Minderheit.

Ich kann nicht jede geäußerte Sorge analysieren. Aber ich kann grob drei Typen ausmachen, die die Flüchtlingspolitik kritisieren. Und ich spreche vor allem von der AfD, weil es mir um die Gegenwart geht und darum, einen Ausblick zu wagen. Pegida spielt für die Diskussion in Deutschland kaum noch eine Rolle und wird keine mehr spielen – ihre Positionen gehen in der AfD auf.

Typ 1: Der Entschleuniger

Hier sei noch einmal Bernd Klingler zitiert: «Nicht ich habe mich verändert, sondern die Welt um mich herum.» Diese Menschen sind konservativ und wünschen sich eigentlich nur eines: dass die Welt mal ein bisschen Pause macht. Wenn die Erde sich schon immer drehen muss, dann bitte etwas langsamer. Und dann bitte um Deutschland. Sie stehen der Flüchtlingspolitik skeptisch gegenüber, weil sich Deutschland verändert, aber eigentlich ist das nicht ihr Thema. Viele Anhänger der alten «Lucke-AfD» sind hier zu finden, die sich engagierten, als es vor allem um Wirtschaftsthemen (gegen den Euro) ging, frustrierte CDU- und FDP-Wähler, die Marktwirtschaft super fanden – solange sie übersichtlich und Deutschland Exportweltmeister war. Globalisierung lehnen sie ab. Sie sehnen sich nach einer Pause von den Revolutionen der letzten Jahre – Atomausstieg, Bankenrettung, Griechenlandrettung, Schwule, Lesben, Frauen und jetzt auch noch Flüchtlinge. In dieser Pause hätten sie endlich mal Zeit, dieses Modem anzuschließen und mit AOL ins Internet zu gehen. Größter Wunsch: Ruhe und Ordnung.

Typ 2: Die Hüpfburg der Abgehängten

Ein Klassiker der Küchenpsychologie: Wenn es jemandem schlechtgeht, sucht er sich jemanden, dem es noch schlechter geht. Das ist das Hüpfburg-Prinzip: Je doller man nach unten tritt, desto höher kommt man – allerdings immer nur kurz.

So funktioniert auch Fremdenfeindlichkeit. Ein Beispiel ist Lisa, die es in einem Satz gut zusammenfasst: «Ich finde das blöd, dass die Flüchtlinge so viel Geld bekommen, 670 Euro als Unterhalt stand im Internet, und ich kriege jetzt 1000 Euro für mich und meine beiden Kinder, ich muss 550 Euro für die Miete bezahlen, 48 Euro für den Strom.»

Diese Menschen haben Angst, dass sie etwas weggenommen bekommen oder, das reicht schon: dass die anderen mehr bekommen als man selbst, obwohl sie sich nicht genug anstrengen. In einer Hüpfburg herumzuspringen macht Spaß, aber es geht schnell die Luft aus. Angst und Abwertung brauchen Nahrung: Es braucht Geschichten von undankbaren, dreisten Flüchtlingen (die es sicher auch gibt) und, wenn das

nicht reicht, die Gerüchte, dass Flüchtlinge 2000 Euro Begrüßungsgeld und ein Smartphone geschenkt bekommen und
eine Begrüßungsvergewaltigung frei haben.

Der größte Traum der Hüpfburger: «Gerechtigkeit – zumindest für mich!».

Typ 3: Der Rechte

In Deutschland sind 20 Prozent der Bevölkerung fremden-
feindlich. Diese Zahl veröffentlichte die IG-Metall-Stiftung
Otto Brenner in der Studie «Die enthemmte Mitte» aus dem
Jahr 2016; die Studie fußt auf einer Umfrage. Demnach ist eine
Person fremdenfeindlich, die allen drei Positionen zustimmt:

1. Die Ausländer kommen nur hierher, um unseren
Sozialstaat auszunutzen.

2. Wenn Arbeitsplätze knapp werden, sollte man die Ausländer wieder in ihre Heimat zurückschicken.

3. Die Bundesrepublik ist durch die vielen Ausländer in
einem gefährlichen Maß überfremdet.

20 Prozent der Deutschen stimmten allen drei Aussagen
zu. Unter AfD-Anhängern sind es 52 Prozent. Die AfD kann
offenbar viel von diesem Potential abschöpfen.

Fremdenfeindlichkeit ist ein deutscher Klassiker – aber sie hat
wenig mit dem klassischen Jamel-Nazi zu tun. Ein rassistisches, in sich geschlossenes Weltbild vertreten nur 5 Prozent
der Menschen in Deutschland. Auch Rechtsextremismus ist
individuell geworden. Jeder kann sich sein Feindbild selbst
zusammenrühren wie die Bestandteile seines Müslis – Haupt-
sache, es schmeckt.

Dabei gibt es verschiedene Dosierungen der Radikalität, sie reicht von: «Wenn die Leute hier kriminell werden, sollten sie schnell abgeschoben werden» bis «Die meisten Flüchtlinge sind Wirtschaftsflüchtlinge, wollen nur unser Geld, sind kriminell und vergewaltigen unsere Frauen und Kinder, die man muss alle abschieben».

Niemand, den ich traf, rief dumpf «Ausländer raus!». Allen ist wichtig, mehr als das zu sagen, die Meinung zu rechtfertigen. Ein wichtiges Hilfsmittel für diese Rechtfertigungen ist der Islam. «Moslems sind gegen Schwule und Frauen und passen nicht hierher.»

Wenn es passt, wird der «Mainstream» als Argument für die eigene Meinung benutzt. Das zeigt, dass viele sich mehr daran orientieren, als sie behaupten.

Dazu passt, dass «Nazi» oft sogar als Schimpfwort für die Gegenseite benutzt wird – das sind dann «Linksfaschisten». Diese Form von Fremdenfeindlichkeit bringt Leichtigkeit und Schwung in die Geschichte: Man ist nicht böse, man sagt nur die Wahrheit, hoppla, hab ich da Rapefugee gesagt? Das war ein Ausrutscher!

Dadurch, dass viele offenen Rassismus ablehnen, etabliert sich mehr verdeckter. Rechtsextreme Parolen sind raffinierter geworden: Man erkennt sie nicht sofort, und sie bieten Neulingen einen sanften Einstieg. Rechtspopulismus ist das E-Bike der Rechtsextremen: Sieht von außen peinlich aus, aber man kommt schnell rein.

Der größte Wunsch der Rechten: ein homogenes Volk.

Wovor sie Angst haben und was dran ist

All diese Typen sind Anhänger der AfD. Aber wovor haben die Menschen denn jetzt Angst? Und weil das mit der Rankingshow beim Thema DDR schon so gut geklappt hat, machen wir das gleich noch mal – diesmal allerdings mit meiner ganz persönlichen Wertung: Das, was ich am häufigsten gehört habe, kommt nach vorne. Ich erlaube mir, die Statements zu kommentieren – es ist schließlich meine letzte Chance.

Herzlich willkommen! Wir präsentieren Ihnen heute: Flüchtlingskrise 2016 – die krassesten Ängste, die größten Sorgen, die berechtigtste Furcht! Los geht's mit unserer Top 7!

Platz 7: Man weiß gar nicht, wie viele kommen.

Ungefähr schon: 2015 sind knapp 1,1 Millionen Flüchtlinge registriert worden. Es sind aber eher weniger, weil es auch Doppelregistrierungen gibt und man nicht weiß, wie viele Flüchtlinge weiter gereist sind. 2016 sind die Zahlen drastisch gesunken: von Anfang 2016 bis Ende Juni 2016 kamen etwa 220 000 Flüchtlinge nach Deutschland.

Platz 6: Die sind kriminell, die da kommen.

Stimmt nicht. Also fast nicht. Fragen wir doch die Polizei! Ulf Küch ist Polizist, Chef der Kriminalpolizei in Braunschweig und hat Straftaten von Flüchtlingen dokumentiert und in seinem Buch *Soko Asyl* aufgeschrieben. Ich hoffe für Ulf Küch, dass es sich gut verkauft, aber ich fürchte, nicht. Denn darum geht es, zusammengefasst: Zuwanderer sind nicht krimineller als Deutsche. Das ist kein Kassenschlager. Und nur 1,1 Prozent der Delikte richteten sich gegen die sexuelle Selbstbestimmung. Allerdings, meint Ulf Küch: «Man muss zwischen Asylsuchenden, die aus Not hierherkommen, und denen, die unter dem Asylstatus ihre kriminellen Machenschaften planen, unterscheiden, und das tun wir. Die Anzahl der asylsuchenden Kriminellen ist ganz gering.»

Ich frage ihn, was man gegen Kriminalität von Asylbewerbern tun kann.

«Sicherlich Aufklärung. Das wird in den Aufnahmestellen auch gemacht, die Menschen werden darauf hingewiesen, was hier No-Gos sind. Die überwältigende Masse versteht das. Man muss sich mit der Situation auseinandersetzen, aus der die Menschen kommen, ich glaube schon, dass das für die eine Art Kulturschock ist, aber es sind ja keine Verbrecher, keine unanständigen Menschen. Und die, die es nicht begreifen, kriegen es mit uns zu tun.»

Solange es Polizisten gibt, die besonnen sind, aber auch markiges Polizeisprech können, als spannten sich zwei Patronengürtel um ihren Körper, bin ich beruhigt. Und wer noch nicht beruhigt genug ist, kann sich an den Risikoforscher Ortwin Renn halten, der sagt, dass Deutschland eins der sichersten Länder der Erde ist.

Platz 5: Wenn wir nur ein paar helfen, ist das ungerecht.

Die Argumentation lautet so: Wenn wir manchen Menschen Asyl gewähren, müssten wir auch allen anderen helfen, sonst ist das ungerecht. Aber wir können nicht allen helfen, also sollten wir keinem helfen. Angenommen, ich stehe als Feuerwehrmann vor einem brennenden Haus, in dem sich noch zehn Menschen befinden – dann müsste ich dieser Argumentation zufolge sagen: «Ganz ehrlich, wenn ich jetzt ein paar Leute rette, ist das doch unfair denen gegenüber, die ich nicht mehr retten kann – ich mache am besten gar nichts.»

Platz 4: Die könnten auch einfach hierherfliegen oder eine Fähre nehmen.

Ich gebe zu: Dieser Satz hat es nur wegen seiner Absurdität auf Platz 4 geschafft – habe ich aber immerhin zweimal gehört, der aufmerksame Leser erinnert sich.

Allerdings kann man Syrien schon lange nicht mehr per Flugzeug verlassen. Aber ganz ehrlich: Warum fliegen die Menschen dann nicht aus einem der Nachbarländer, in denen kein Krieg herrscht? Ich frage Christian Jakob, Autor des Buchs *Die Bleibenden*. Er ist Redakteur bei der *taz* und beschäftigt sich vor allem mit Migration. Er hat Ahnung – und er hat auf all meine Fragen geantwortet. Also: Ja, man könnte theoretisch fliegen, von einem Nachbarlands Syrien zum Beispiel.

«Aber die Fluggesellschaft lässt dich nicht an Bord, wenn du kein Visum hast. Es gibt eine EU-Richtlinie, die besagt, dass Fluggesellschaften Strafe zahlen müssen, wenn sie jemanden in die EU transportieren, der kein Visum hat. Und sie müssen die Person dann wieder zurückfliegen. Passagiere müssen immer Pass und Visum vorzeigen. Deswegen fliegen die Flüchtlinge nicht. Das ist auch der Grund, warum du zum Beispiel nicht auf eine Fähre in Tunesien steigen kannst oder eine Fähre in Marokko. Die Fährgesellschaft will deinen

Pass mit dem Einreisevisum sehen. Es gibt eine Ausnahmeklausel, die besagt, dass diese Restriktionen nicht gelten sollen für Leute, die möglicherweise Asylanspruch haben, aber die Fluggesellschaften und Fährgesellschaften können das ja nicht entscheiden. Deswegen kommst du ohne Visum nicht an Bord. Du brauchst eine Einreiseerlaubnis, zum Beispiel über einen Familiennachzug, die aber extrem schwierig zu bekommen ist.»

Platz 3: Die meisten sind Wirtschaftsflüchtlinge.

Wir erinnern uns: Nur 20, nur 10, nur ein Prozent der Menschen, die hierherfliehen, sind richtige Flüchtlinge, der Rest kommt aus wirtschaftlichen Gründen – es kursieren viele Zahlen.

Das Wort Wirtschaftsflüchtling ist ein Wort der Rechten. Es impliziert Raffgier. Dabei kommen die meisten Flüchtlinge tatsächlich, um ihr Leben zu retten, erklärt Christian Jakob:

«Das beste Maß für die Frage, wie viele sogenannte Wirtschaftsflüchtlinge sind, ist die Gesamtschutzquote, also der Anteil aller positiven Entscheidungen des Bundesamtes. Die war lange Zeit sehr niedrig, weil das Bundesamt für Migration und Flüchtlinge immer sehr restriktiv war. Diese Zahl ist letztes Jahr auf ein Rekordhoch gestiegen, da war es dann fast die Hälfte. Und es gibt dazu noch Anträge, die nur aus formalen Gründen abgelehnt werden. Weil man sagt: Ja, du bist Kriegsflüchtling, aber du hast schon einen Antrag in einem anderen europäischen Land gestellt, zum Beispiel. Es gibt natürlich das, was die NPD Wirtschaftsflüchtlinge nennt. Ich würde das allerdings Arbeitsmigration nennen.»

Die Gesamtschutzquote aller bisherigen Anträge beträgt 61,5 Prozent für das erste Halbjahr 2016. Selbst bei sehr strenger Auslegung muss man also sagen: Die Mehrheit sind «richtige» Flüchtlinge. Wie kommen manche dann auf die vielzitierten 99 Prozent Wirtschaftsflüchtlinge?

Es könnte sein, dass sie sich darauf beziehen, wie viele nach dem Grundgesetzartikel 16a Asyl erhalten. Der Paragraph alleine zieht aber schon lange nicht mehr, sagt Max Pichl von Pro Asyl: «Der Hauptanteil von fast 50 Prozent der Anerkennung im letzten Jahr passierte nach der Genfer Flüchtlingskonvention. Aber Artikel 16a des Grundgesetzes läuft faktisch leer. Das Problem ist, dass viele von konservativer Seite immer noch von dem nationalstaatlichen Denken der Neunziger ausgehen, so als ob wir unser Asylsystem nach eigenem Gusto verändern könnten, das funktioniert aber nicht in einer transnationalisierten Welt.»

Platz 2: Das kostet Deutschland extrem viel Geld.

Ja. «Extrem viel» ist natürlich extrem ungenau. Als ich klein war, fragte ich meine Eltern, ob 100 eine große Zahl sei. Sie meinten, es käme darauf an. Damit konnte ich nichts anfangen, deswegen fragte ich sie, ob 1000 eine große Zahl sei. Sie ahnten, wohin die Reise ging und bejahten – und ich war glücklich.

Und weil auch ich glücklich machen will, sage ich: Ja, die Flüchtlinge kosten Deutschland extrem viel Geld. Wie viel, weiß niemand so richtig. Aber es kursieren Faustregeln: 800 Euro pro Monat pro Nase, 10 000 oder 12 000 Euro pro Jahr.

Mehrfach habe ich auf meiner Reise gehört, die Flüchtlinge kosteten 50 Milliarden pro Jahr. Tatsächlich finde ich die Quelle dieser Zahl – es geht um eine Prognose des Instituts der deutschen Wirtschaft Köln für die Jahre 2016 und 2017, um Unterkunft und Verpflegung mit Sprach- und Integrationskursen, und die Schätzungen beruhen auf der Annahme, dass es 2017 eine Steigerung auf insgesamt 2,2 Millionen Asylbewerber gibt. Das ist die größte Zahl, die ich finde. Die Kosten werden dann wohl im Laufe der Zeit abnehmen, weil einmalige Investitionen in Unterkünfte und Einrichtungen nicht mehr geleistet werden müssen. Dann stellt sich die Frage, wie viele Leute wie schnell Arbeit finden. Christian Jacob meint: «In den vergangen Jahren war es so, das ungefähr 50 Prozent innerhalb von fünf Jahren nach ihrer Ankunft einen Job bekommen haben, das war aber auch in einer Zeit, in der das Asylrecht die Leute eher daran gehindert hat, einen Job zu ergreifen. Jetzt ist das Arbeitsverbot gekürzt worden, es gibt eine große Zahl an Ausbildungspakten und Coachings, ich vermute deswegen, dass das jetzt schneller geht.»

Ich bin verwirrt: War da nicht auch von einer Frau vom Arbeitsamt die Rede, die gesagt hat, dass nach 15 Jahren 70 Prozent einen Job hätten? Das klingt nicht so positiv wie Christians Aussage.

Also: Man weiß es nicht. Es kostet viel Geld, aber es wird schon bald weniger Geld kosten. Wie viel, weiß kein Mensch wirklich – nur, dass es sich in Dimensionen bewegt, die machbar sind. Das klingt paradox, ist es aber nicht. Ich möchte das mit einem allseits beliebten Fußballvergleich darstellen: Man weiß nie, wie ein Fußballspiel ausgeht. Aber man weiß, dass es sehr wahrscheinlich ist, dass es kein Basketball-Ergebnis sein wird. 60 zu 56 ist beim Fußball einfach nicht drin. Und genauso wahrscheinlich ist es, dass Deutschland unter der Last der der Flüchtlinge zerbricht.

Zu den Dimensionen noch zwei Beispiele: Es gibt in Deutschland eine Million Menschen, die eine Million und mehr Euro an Vermögen besitzen. So reich ist Deutschland. Und: Über 34 Milliarden werden im Jahr 2016 für Verteidigung ausgegeben. Also: Man gibt immer noch pro Jahr mindestens 9 Milliarden Euro mehr aus, um Menschen im Zweifelsfall zu töten, als sie zu versorgen. Zu moralisch? Zu vereinfachend? Ich weiß, aber mir wurde von der Volker-Pispers-Stiftung nahegelegt, diesen Witz zu machen – ich verliere sonst meine Zulassung als Kabarettist.

Zusammenfassend lässt sich also sagen: Die Flüchtlingsituation wird extrem viel Geld kosten. Alles andere wäre Spekulation.

Platz 1: Man weiß ja nicht, wer kommt.

Mein Lieblingssatz! Weil mich die Entgegnung von Prof. Werner Schiffauer darauf ernsthaft überrascht hat: «Selbstverständlich weiß man nie, wer kommt. Das suggeriert, dass der moderne Nationalstaat überhaupt auf Bekanntheit beruht. Wir wissen aber nicht, wer unser Nachbar ist, und wir wissen auch bei denen aus dem Inland nicht, wer was macht. Klar ist, dass wir in einer Kriegssituation mit dem IS sind. Wir sind Teil einer Kriegspartei, und wir müssen deshalb auch damit rechnen, dass tatsächlich Anschläge passieren. Aber das hat mit Flucht relativ wenig zu tun.»

Wie demokratisch ist denn jetzt die AfD?

Die AfD ist ein bisschen antidemokratisch und vor allem undemokratisch. Spätestens jetzt werden AfD-Anhänger wütend dieses Buch verbrennen. Ich gebe zu: Es ist sehr unwahrscheinlich, dass dieses Buch bis hierhin überlebt hat. Aber manche lesen ja von hinten! Die AfD-Anhänger sind wütend, weil sie die AfD sehr demokratisch finden. Und das stimmt oberflächlich gesehen auch: Der Parteitag lief basisdemokratisch ab, die Partei fordert mehr direkte Demokratie nach dem Vorbild der Schweiz.

Nur: Das Mindesthaltbarkeitsdatum des Demokratiebegriffs der AfD ist lange abgelaufen. Seit ein paar tausend Jahren. Weil die Maßstäbe so alt sind, fühlt sich die AfD wie eine freche, junge Partei. In diesem Sinne ist die AfD sogar feministisch: Sie erlaubt es Frauen, zu wählen. Noch vor 250 Jahren war man damit vorne dabei.

Demokratie bei der AfD heißt: Die Mehrheit entscheidet. Demokratie heute heißt: Die Mehrheit entscheidet, Minderheiten haben Rechte, die man nicht antastet. Die AfD macht aber auch Politik gegen Minderheiten. Das ist antidemokratisch.

Und die AfD ist in weiten Teilen undemokratisch, weil sie nicht nach demokratischen Regeln spielt, wie es auch schon bei Malu Dreyer anklang. Warum nicht? Das Parteitagsmotto der AfD lautete: «Mut zur Wahrheit». Ich gebe zu: Parteitagsslogans sind selten smart und nichts, das man überbewerten sollte. Aber in diesem Fall trifft es das Demokratieverständnis der AfD sehr gut: Es gibt eine Wahrheit, und die AfD kennt sie.

Wenn ein Politiker für hohe Steuern ist und der andere für niedrige, ist klar: Einer lügt.

Wer glaubt, dass es *eine* Wahrheit gibt, für den ist Demokratie die Hölle, für den sind grundsätzlich Meinungen, die nicht die eigene sind, die Hölle. Und so tritt die AfD in weiten Teilen auf: Presse? Lügt! Andere Politiker? Haben keine Ahnung, alles Idioten.

Viele fallen darauf herein und glauben, dass es tatsächlich eine Wahrheit gibt – nur eben nicht die der AfD. Deswegen meinen manche, man müsse die AfD nur der Lüge überführen, dann wähle sie keiner mehr.

Und natürlich geht die AfD oft von falschen Annahmen aus – vor allem dann, wenn sie fremdenfeindlich agiert. Fremdenfeindlichkeit ist einfach nicht die Königsdisziplin des Denkens. Da braucht es ein paar solide Lügen, damit das alles so hinhaut.

Aber das ist nicht der Punkt. Die AfD hat eine andere Vorstellung davon, wie dieses Land aussehen soll, als andere Parteien. Sie glaubt an den alten Nationalstaat, an ein homogenes Volk und ist der Meinung, dass sie den Volkswillen repräsentiert. Aber es gibt nicht *das* Volk. Es gibt Tausende Meinungen und Wünsche, wie Deutschland aussehen soll. Die Gegenvorstellung ist eine Nation, in der es nicht mehr darum geht, «biodeutsch» zu sein, und Nationalstaaten keine Rolle mehr spielen. Das sind sehr unterschiedliche Wünsche, man muss darum streiten, wer recht bekommt – das ist Demokratie.

Warum?

Woher kommen auf einmal die besorgten Bürger, Pegida, die AfD?

Ich habe schon einige Gründe genannt, und ich glaube, es gibt zwei tiefer gehende Ursachen.

Erstens: Der kleine Mann (da isser wieder!).

Achtung, ich hole etwas aus – aber es ist wie bei Matrix – Zum Schluss macht rückblickend sogar am Anfang alles Sinn. Bleiben Sie am Ball, es lohnt sich! Ich verspreche, ich gebe mir Mühe, es kurz zu halten.

In Pforzheim wurde mir gesagt, die AfD sei vor allem gewählt worden, weil sie die «Partei des kleinen Mannes» sei. Das stimmt. Damit das stimmen konnte, musste einiges schieflaufen.

Früher gab es in Deutschland das Aufstiegsversprechen: Alle profitieren vom Wachstum. Es wurde gehalten und endete in den neunziger Jahren. Die Bruttolöhne stiegen nicht mehr, und es bildete sich eine neue Unterschicht.

Die neue Unterschicht kam aus dem Dienstleistungsbereich und musste trotz 40-Stunden-Woche ihren Lohn mit staatlichen Mitteln aufstocken. Genau das (und noch mehr) beschreibt der Soziologe Oliver Nachtwey in seinem Buch *Die Abstiegsgesellschaft*:

«Eine Unterschicht gab es vorher auch, aber die hatte sich stark verkleinert, und man hat auch der Unterschicht eine stärkere Würde zugestanden. Zum Beispiel dadurch, dass es keinen Arbeitszwang gab. Man hat gesehen, dass manche Leute nicht arbeiten konnten. Seit 2003, 2004 hat sich für Sozialhilfebezieher viel geändert, weil sie als Couchpotatoes stigmatisiert wurden, die nur Chips essen und fernsehen. Die

Wahrnehmung dieser Menschen hat sich verändert, indem man gesagt hat: Die sind doch eigentlich selbst schuld.»

Das ist der Schrecken, der auf die Mittelschicht abstrahlt: Man könnte dazugehören. Und wenn man dazugehört, ist man selbst schuld. Daher kommt der häufig geäußerte Satz: «Ich mache mir Sorgen um Deutschlands Zukunft.»

Gleichzeitig gibt es auch bei Akademikern mehr Unsicherheit, befristete Arbeitsverträge und prekäre Beschäftigung. Aber das haben viele in Kauf genommen für mehr Freiheit, Kreativität und weniger Hierarchie in der Arbeit – und, weil sie meistens durch ihre Eltern finanziell abgesichert sind. Sie genießen die neuen Freiheiten einer Gesellschaft, die Toleranz und Internationalität von Großstädten.

So ähnlich beschreibt es auch die rheinland-pfälzische Ministerpräsidentin: «Ich erlebe unsere Gesellschaft oft als zweigeteilt. Um es etwas klischeehaft zu sagen: Da sind die sehr gut gebildeten, die global und international orientiert sind, im Bioladen einkaufen gehen, die auch schwule oder lesbische Freunde oder Freundinnen haben, die relativ autonom agieren. Deren Lebenswelt ist eine andere als die Lebenswelt beispielsweise einer Verkäuferin. Und trotzdem glaube ich, dass es in der Vergangenheit so war, dass die Verkäuferin, um im Beispiel zu bleiben, kein Problem damit hatte, dass zum Beispiel Homosexuelle endlich heiraten können.»

Bis jetzt. Aber dazu gleich. Zuerst kann man festhalten: Es sind zwei unterschiedliche Wahrnehmungen entstanden. Deswegen ist es häufig so, dass die Linken sagen, die Gesellschaft würde immer rechter. Die Rechten sprechen vom linksversifften 68er-Deutschland.

Sie haben beide recht, denn sie reden von unterschiedlichen Dingen. Der Linke redet davon, dass die Spaltung von Arm und Reich größer wird. Die Rechte redet davon, dass die Gesellschaft immer liberaler wird – was auch stimmt. Klar, es ist längst nicht alles für alle supi-toll, aber über Jahrzehnte ist die Tendenz klar: Meine Eltern wurden noch schief angeguckt, als sie unverheiratet eine Wohnung mieten wollten. Heute werden «sogar» Geschiedene nur noch selten stigmatisiert, Schwule und Lesben haben mehr Rechte als noch vor 40 Jahren, Männer- und Frauenbilder kippen, es gibt mehr Internationalität. Meine Generation guckt US-amerikanische Serien auf Englisch, ohne Untertitel. Die Hälfte versteht deswegen kein einziges Wort, aber es ist einfach verdammt cool, so international zu sein.

Viele derer, die nicht mehr mitkommen, denen Angst gemacht wird, die Sorge haben abzusteigen, wenden sich nicht gegen ihre materiellen Verhältnisse, sondern gegen diese Freiheiten.

Malu Dreyer sagt: «Mit der AfD erleben wir einen Rollback in ein klar festgelegtes und überwundenes intolerantes Rollenverständnis der Vergangenheit, das ist das Problem. Ich glaube in Wahrheit, dass sich viele Wähler der AfD gar nicht damit beschäftigen. Viele Leute, die AfD wählen, wissen gar nicht, was und wen sie wählen. Da gibt es die nationalistisch Denkenden, die gibt es schon immer. Aber ganz viele in der AfD machen sich keine Gedanken, welches Frauenbild, welche Ideologie die AfD vertritt. Sie protestieren. Sie können nichts mit der sogenannten etablierten Politik anfangen und finden eine Ansprache durch die AfD.»

Sie finden auch eine Ansprache, weil die beschriebenen Freiheiten eine Irritation auslösen und die AfD Orientierung verspricht.

Und damit sind wir beim zweiten Punkt: Vielen AfD-Wählern fehlt die Heimat. Ich habe mich noch lange gefragt, was die AfD-Wähler aus Pforzheim gemeinsam haben. Die Deutschrussen, die Abgehängten, die konservativen Christen: Allen fehlt die Heimat. Das ist gar nicht wortwörtlich, also in nationalem Sinne gemeint, sondern als eine Umgebung und ein Wertekosmos, in dem man sich zu Hause fühlt. Der bröckelt jetzt, weil man Abstiegssorgen hat, weil man bei den Entwicklungen nicht mehr hinterherkommt. Da stößt die AfD vor, die die Welt wieder etwas einfacher macht und den einfachsten Heimat-Ersatzstoff der Welt produziert: Abgrenzung durch ein Wir-ihr-Denken. Die Flüchtlinge sind schuld. Unsere Heimat ist durch die bedroht. Schluss mit Multikulti-Wahn.

Wie gehe ich mit denen um?

Eine Frage, die mich umgetrieben hat, war, wie man mit besorgten Bürgern, mit Pegida und AfD umgeht. Zum einen in Bezug auf Parteien, zum anderen in Bezug auf die ganze Gesellschaft.

Prof. Werner Patzelt von der TU Dresden vertritt die Auffassung, dass die CDU weiter nach rechts rücken muss, um auch die Rechtspopulisten einzubinden und so unschädlich zu machen:

«Man fühlt sich von der CDU und ihrer Vorsitzenden nicht

mehr vertreten im rechten Rand, und folglich entsteht Freiraum für die AfD und Pegida, also Freiraum für den deutschen Rechtspopulismus.»

Viele sind der Meinung, dass ein Rechtsruck der CDU die beste Lösung wäre, um mit der AfD fertig zu werden.

Aber man kann nicht einfach nach rechts rücken und dann nicht rechts sein. Das heißt: Wer will, dass die CDU nach rechts rückt, der nimmt eine restriktive Flüchtlingspolitik in Kauf. Das passiert schon jetzt.

Prof. Werner Schiffauer sagt: «De Maizière ist ein wunderbares Beispiel für diese ganze Politik. Das Integrationsgesetz sendet das Signal: Diejenigen, die kommen, wollen sich nicht integrieren, da muss man hinterher sein. Man muss Sanktionen haben, wir müssen denen drohen. Das passiert in einer Situation, wo die Sprachkurse, die angeboten werden, überhaupt nicht ausreichen. Man hat den Eindruck, das Integrationsgesetz richtet sich nicht an die Geflüchteten, sondern an die deutsche Öffentlichkeit, der man suggeriert, hier ist der Staat, der steuert das, der schaut schon nach dem Richtigen. Also macht man eine Gesetzeslage, die einen Popanz produziert, und man kann natürlich den Standpunkt vertreten, dass das erst mal nichts schadet. Es schadet aber insofern, als dass Misstrauen geschürt wird.»

Wenn die CDU nach rechts rückt, macht sie die Politik der AfD, ohne dass diese je in der Regierung sein musste.

Christian Hartmann von der sächsischen CDU sagt über die Linken: «Man fordert Toleranz gegenüber Minderheiten ein, und wenn ich nicht bereit bin, die Toleranz aufzubringen, werde ich stigmatisiert.»

Das ist entlarvend, weil man den Satz auch umdrehen

kann: «Man fordert von mir Toleranz gegenüber Pegida ein, aber wenn ich nicht bereits bin, die Toleranz aufzubringen, werde ich stigmatisiert.» Das zeigt, wem man sich nahe fühlt: Man will rechte Wähler nicht verprellen.

Ich glaube an die andere Seite, die sagt: Dass die AfD sich als Partei des kleine Mannes verkaufen kann, ist ein Problem der Linken.

Denn viele, die jetzt AfD wählen, müssten eigentlich Linke wählen. Nicht der, die zum fünfzigsten Mal bei Pegida mitläuft – aber die, die nach langer Zeit mal wieder wählen gegangen sind, weil ihnen die Sprache der AfD gefällt – und vor allem die Lautstärke. Dabei ist die AfD nicht für Arme, sondern für mehr Leistungsdruck. Ich habe bei allen AfD-Politikern eine Verachtung gegenüber Hartz-IV-Empfängern herausgehört. Man ist nicht länger eine Person, sondern nur noch Almosenempfänger.

Genau dagegen bräuchte es linke Parteien, die vermitteln: Wie sind für euch da. Aber, sagt Oliver Nachtwey: «Die Linke hat sich lebensweltlich immer stärker von ihrem Klientel entkoppelt. Das waren Leute, denen es leichtgefallen ist, zu studieren. Bei der SPD gibt es noch einen Arbeiter im Parlament. Bei der Linken sind die Hälfte der Parteitagsdelegierten nicht mal Gewerkschaftsmitglieder. Es gibt so eine kosmopolitische Linke, die gesund ist, die Kinder sind zweisprachig, die machen Sport und kaufen im Bioladen ein.»

Viele der Menschen, die ich getroffen habe, konnten sich nicht vorstellen, wie reich Deutschland ist – weil sie selbst kaum etwas davon merken. Deswegen denken sie, dass der Kuchen kleiner wird – und wenden sich gegen die Flüchtlinge.

Ich glaube, dass es drei Dinge gibt, die in Bezug auf die gesamte Gesellschaft gegen Rechtspopulismus helfen: Bildung, Begegnung und Mut. Es braucht mehr politische Bildung darüber, was Demokratie ist und wo Toleranz endet, mehr Initiativen, die Begegnungen schaffen mit Geflüchteten – man hat einfach seltener Angst vor dem, was man kennt. Und Mut von Verantwortlichen in der Politik und denen, die bisher schweigen, zu sagen, dass man auf Seiten der Geflüchteten steht.

Und ja, man kann mit allen diskutieren. Aber wenn – dann richtig. Ich habe gemerkt, dass es wichtig ist, nachzufragen und im richtigen Moment Fakten zu kennen.

In gewisser Weise verordnet die AfD der Demokratie Nachsitzen: Sie muss noch mal erklären, was Demokratie bedeutet und warum Fremdenfeindlichkeit ein sehr schlechtes Hobby ist.

Aber haben die nicht recht?

Ganz am Anfang meiner Reise habe ich mich gefragt, ob ich vielleicht so geprägt worden bin, die Tatsachen auszuklammern, die besorgte Bürger einfach nur mutig ansprechen.

Ich habe von diesen besorgten Bürgern Geschichten gehört, die sicher oft wahr sind. Sie sagen im Kern: Die, die da kommen, sind nicht alle gut. Es gibt Menschen, die klauen, die ausnutzen, die sexuell übergriffig sind, die mittelalterliche Vorstellungen haben; die alle kommen hierher. Und das stimmt. Aber die andere Seite wird bewusst ausgeblendet. In einem Zeitungsartikel der *Frankfurter Allgemeinen Zeitung* stand sinngemäß, dass viele Flüchtlinge aus der Maghreb-Region in letzter Zeit vor allem durch Übergriffe aufgefallen seien. Die Frage ist: Wodurch fallen die Flüchtlinge aus der Maghreb-Region auf, die keine Übergriffe begehen?

Man kann durch diesen Effekt sehr leicht die Relationen verlieren. Mir hat eine Bezugsgröße geholfen: Seit 2014 sind 10 000 Flüchtlinge im Mittelmeer ertrunken. Das macht klar, um was es eigentlich geht: um Menschen, die Angst haben, etwas weggenommen zu bekommen, und um Menschen, die Angst haben zu sterben.

Es hilft auch dabei, selbstbewusster aufzutreten, wenn man sich vor Augen führt, dass es immer noch sehr viele freiwillige Helfer gibt. Man muss Ängste ernst nehmen. Aber mindestens genauso ernst muss man die Mutigen nehmen.

Dank

Ich bedanke mich bei all meinen Gesprächspartnern: Lisa, Stefan, Benjamin, Birgit Schaller, Wolfgang Schaller, Jule Nagel, Werner Patzelt, Silvio Lang, Michal Tomaszewski, Bruno Kolterer, Ortwin Renn, Borwin Bandelow, Bernd Wagner, Bernd Klingler, Alexander Hensel, Bernd Grimmer, Dirk Jährling, Ines Kummer, Michael Richter, Candido Mahoche, Steffi Brachtel, Nico Brachtel, Karolin Schwarz, Birgit Kilian, Hans-Joachim Maaz, Markus Nierth, Susanna Nierth, Christian Hartmann, Malu Dreyer, Ulf Küch, Max Pichl, Oliver Nachtwey.

Christian Wolff, Fabian Köhler und Ruud Koopmans waren mindestens so interessante Gesprächspartner – sie sind nur nicht im Buch zitiert, weil das den Rahmen gesprengt hätte. Trotzdem habe ich ihre Gedanken mitgenommen. Danke.

Mir haben viele tolle Freunde geholfen. Ich danke: Hannah für die weltbeste Kritik, Robert fürs Post-its-an-Wände-Kleben, das gute Essen und tausend kleine gute Taten, Moritz fürs stoische Gegenlesen, Simon und Roman fürs Interview-Anbahnen, Jascha fürs Händchenhalten bei Bärgida und Lisa für das Herstellen unzähliger Kontakte.

Ich danke meiner Lektorin Susanne für ihre unerschütterliche Zuversicht – «Eine Krise ist ganz normal.»

Außerdem durfte ich sehr kollegiale Journalisten kennenlernen, die mir wie selbstverständlich geholfen haben: Ich danke den Redakteuren, mit denen ich in Dresden war, Sebastian Leber vom *Tagesspiegel*, Olaf Lorch-Gerstenmaier von der *Pforzheimer Zeitung*, Christian Jakob von der *taz* und David

Ehl von – jetzt – *Perspective Daily*, Paul von Katzenstein von *Katzen gegen Glatzen.*

Ohne euch alle wäre dieses Buch nicht möglich gewesen. Zuletzt danke ich meinen Eltern, ohne die ich nicht möglich gewesen wäre. Danke für euer Mitfiebern.